九州文库

转换生成语法的基本概念

庄会彬 付有龙
马宝鹏 田良斌 孙文统
王蕾 张培翠 编著

九州出版社
JIUZHOUPRESS

图书在版编目（CIP）数据

转换生成语法的基本概念／庄会彬等编著 . −−北京：
九州出版社，2021.12
　　ISBN 978−7−5225−0805−4

　　Ⅰ.①转… Ⅱ.①庄… Ⅲ.①转换—生成语法 Ⅳ.
①H04

　　中国版本图书馆 CIP 数据核字（2022）第 014243 号

转换生成语法的基本概念

作　者	庄会彬　等　编著
责任编辑	郭荣荣
出版发行	九州出版社
地　址	北京市西城区阜外大街甲 35 号（100037）
发行电话	（010）68992190/3/5/6
网　址	www．jiuzhoupress.com
印　刷	唐山才智印刷有限公司
开　本	710 毫米×1000 毫米　16 开
印　张	18.75
字　数	330 千字
版　次	2025 年 1 月第 1 版
印　次	2025 年 1 月第 1 次印刷
书　号	ISBN 978−7−5225−0805−4
定　价	98.00 元

序

转换生成语法给人的印象一向是概念抽象，操作复杂，术语繁多，变换频繁，国内涉足这一领域的人并不是很多。造成这一现状的原因有不少，其中重要的一条就是国内缺少相关书籍资料。要知道，国外这方面的专著多艰涩难懂，而国内这方面的书籍又奇缺，国内讲授句法学只能用国外原著，教师费力，学生吃力。因此，亟须一本生成语法的入门书籍。

庄会彬等编著的《转换生成语法的基本概念》，以他们独到的理解，对乔姆斯基（Noam Chomsky）的转换生成语法做了精辟的论述和诠释。该书不但强调了学术性，还考虑到了应用性，有助于读者理解转换生成语法的实质。可以说，这是一部不可多得的教材，非常适用于转换生成语法的初学者乃至高级阶段提升者。我认为，它至少有四个优点。

第一，本书以中文写成，给国内的读者扫除了语言上的障碍。虽然，学习西方理论最好阅读原著，但乔姆斯基的原著对中国生成语法初学者来说，的确难懂，其中的原因不仅是语言的问题，而是乔姆斯基的作品晦涩艰深。也许这也是许多人喜欢读雷德福（Andrew Radford）而不喜欢读乔姆斯基的原因所在。该书选择用中文阐述，保证了语言的畅通，其思维模式也更接近中国读者，这就能够更好地将其中的转换精神及方法论意义传达给读者，对理解转换生成语法有很大的帮助。

第二，本书"薄古厚今"，注重实用。早期（原则参数之前）的转换生成语法理论现在已影响不大，书中一述而过，只用了两章：一为生成，一为转换。"原则参数"前期的理论成果最为丰富，研究也最为深刻，该书也是以这一时期的理论为中心，前后一共用了二十一章。对于原则参数后期的"简约论"，该书也使用了一定的篇幅，不仅传达了乔姆斯基原著的精神，还尝试利用它来解决"原则参数"前期理论框架中的一些矛盾问题。

第三，读者友好型（reader-friendly）的编排特色。在章节编排方面，以往的教材多是按照生成语法的发展顺序，先介绍标准理论，然后管约理论，之后最简方案，其中转换可能是标准理论框架下的转换，X-杠是要放在转换之后再谈。这本书却不是这样，先谈生成、短语结构，接着对短语结构提升，就有了X-杠。在X-杠基础上，接着谈管辖、约束，然后再谈转换（移位）。作者如此做的原因再明显不过：事实上，管辖、约束在一开始讲授时可以不牵涉移位操作，这样更有利于学生的掌握。而管辖和约束这两种关系本身也必须在X-杠基础上展示：一层XP足以展示X-杠理论的精髓，两层可能会涉及管辖关系，三层及三层以上的XP才有约束的可能（如果不考虑VP-内主语假说的话）。

第四，开放性的探讨。本书中的许多问题都是开放性的，如一个问题有多种观点，作者尽量给出多种观点，从不拘泥于一家之言。显然，作者这样做的目的是和读者一起参与理论建构。

当然，该书也不是说没有缺点。如书中的例子时而是英语，时而是汉语，且英语的居多。其中的原因倒是可以想象得出：作者的想法是好的，要尽量使用汉语的例子；但他们又有不得已的苦衷，因为汉语的许多语言现象尚无定论，如果书中硬性地全部使用汉语的例子，其结果恐怕会适得其反。这一点，想来读者在阅读中能够体会得出。

庄会彬、付有龙、张培翠、马宝鹏、李杰都曾是我的学生，他们都有海外经历，在读书、工作期间一直致力于形式语法的教学与（或）研究；孙文统、田良斌、王蕾是庄会彬的学生，对生成语法有着浓厚的兴趣。师徒两代联手编纂这一教材，当是学术史上的一段佳话。早已晋升"师爷爷"的我，看着他们的成长和担当，无疑乐在其中。

是为序。

2019 年 12 月 10 日

前　言

转换生成语法兴起于 20 世纪 50 年代，至今已有六十多年的历史。顾名思义，它既有生成的特点，又有转换的特点。以乔姆斯基为首的生成语法学派认为，每种语言都是句子的无穷集合，不能列举，只能用规则描述，因此他们大量采用数学和逻辑学的符号和公式等形式化的手段，从形式的角度来描写语法结构。比如假设一套规则来描写语言能力，用范畴规则来描述句子、词组等各种范畴的内部结构。这种形式化被称之为生成（generation）。另一方面，传统语法学的规则太含混，只能意会，不易发展成精密科学；而结构主义语法学的规则又内容太贫乏，只能作成分分析，不易揭示丰富多彩的语言规律；转换生成语法与它们不同，它采用了灵活的规则以描写表面不同、彼此之间有其内在联系的句子。这种规则被称为转换（transformation）。

自诞生之日，转换生成语法的理论结构、内容就一直处在变化之中，外行人眼花缭乱，内行人也不能处之泰然，甚至一些生成语法的"老将"也被拖得精疲力竭。于是，有人质疑，有人不屑。但是，纵观世界语言学界，转换生成语法还在"统治着"语言学界。正如陆俭明先生所说，不管转换生成语法的形式怎么变化，它所依据的哲学基础始终未变，乔姆斯基探索人类"既高度概括、又极为简单明了"的普遍语法的追求始终没有变过（石定栩，2002：序言）。

不妨先简单回顾一下转换生成语法的历程。20 世纪 50 年代，以布龙菲尔德为代表的形式化描写的结构主义盛极一时，其方法是描写，而且力求"叙述简单"。它的心理学基础是斯金纳的行为主义，把人看成生物机器，只要给予刺激，人这个有机体便会做出反射；其哲学基础是经验主义和实证主义，主张我们的一切知识都在经验里扎根，知识归根到底由经验而来。乔姆斯基对于这些理论的局限性很是不满。他于 1957 年出版的《句法结构》一书给这些理论以沉重的打击。乔姆斯基公开主张笛卡尔（René Descartes）的理性主义，认为人的知识除了经验成分之外还有先验成分。就语言而论，乔姆斯基认为，人的语言

1

知识或语言能力中包含天赋的成分，语言是一种心理能力，而不是行为习惯的系统。语言能力指的是语言的知识，它是普遍性的，即它适用于人类的全部语言能力，而且不受空间和时间的限制。他反对从行为主义的角度来研究语言，认为人的行为背后还有心智活动，语言与人脑有关，语言反映了心理。他主要强调人的创造性、人的理性思维在学习和使用语言时的作用。为此他提出了与当时处于鼎盛时期的语言理论背道而驰的语言观——注重人的创造力的"语言天赋论"，强调语言学的研究是解释人的语言生成能力，着重刻画自然语言的形式特征。在研究方法方面，乔姆斯基扬弃了结构主义形式描写的研究方法，从哲学语言学家们那里吸取养分以充实他的理论，如他继承了17世纪法国波尔-罗瓦雅尔（Port-Royal）的唯理语法的传统和19世纪德国洪堡特（Wilhelm von Humboldt）关于"语言是有限手段的无限运用"的学说。

　　乔姆斯基认为，语法学家的任务是把人们头脑中内在的语感或语法知识通过某种方式表达出来。他把研究人类语言的共性作为首要任务，以期找到能说明人类语言共性的理论"普遍语法"（universal grammar）。按照Chomsky的设想，普遍语法是人类通过生物进化和遗传先天获得的。出生时大脑的结构已经决定了人类具有先天的语言能力，这种能力是每个人都有的，而且人人都是一样的。正如乔姆斯基所说的那样，语言学理论主要着眼于纯粹单一的语言集体之中的一个理想的说话者或听话者，他精通这种语言而且不受与语法无关的种种条件的影响。对于转换生成语法来说，每种语言都被设想成统一的，没有地方方言、社会方言和个人方言的差异。

　　研究普遍语法的最终目的就是要发现适用于一切语言的普遍语法规则，用来限制人类语法的可能范围。转换生成语法在研究中运用的方法是内省法（introspection），即取一些句子，由语言学家本人或者没有受过语言学训练的人凭他们对本族语的语感来判断这些句子是否能够接受。由此出发，再采用演绎的方法。因此，转换生成语法关注的是语言的生理和心理特征以及个体的语言能力，它从个体内部（intraorganism）的角度来研究语言，即从个体的心理和生理特征的角度来研究大脑的活动机制，以此发现个体是如何运用天赋的语言能力生成无限的合乎语法规则的句子的。

　　说起来容易，可真正动手做起来可并非易事。为了保证精确性，转换生成语法从形式的角度来描写语法结构，要大量采用数学和逻辑学的符号和公式等形式化的手段。早期的生成语法学家研究以数学的集合论为语法研究的基础。他们认为，每种语言都是句子的无穷集合，不能列举，只能用规则描述，因为学语言的人不可能一句一句地学会，必须掌握语法规律。但是，一般人虽然有说话和听话的能力，却并不能意识到有哪些规律在起作用。生成语法学家认为，应该假设一套规则来描写语言能力。经过不断地研究，转换生成语法规则越来越丰富，规则系统也越来越复杂，结果是有利于描写，却不利于解释。为了解决这个矛盾，乔姆斯基从 20 世纪 70 年代起另辟蹊径。他认为，语法能力体现在辨别哪些句子合格，哪些句子不合格上，想要反映这种能力，不一定靠假设具体的规则来生成一切合格的句子，也可以靠假设更概括的原则来排除那些不合格的句子。他认为，掌握语法主要是掌握一些抽象的原则，于是他逐步转而深入研究什么是原则，原则有什么作用，有什么特点。

20 世纪 80 年代以来，生成语法已经明确提出以普遍语法（Universal Grammar）为研究对象。生成语法认为，普遍语法是一个由原则和参数（Principles and Parameters）所构成的系统。原则体现语言的共性，参数则反映原则允准的各语言间的差异。原则是人类所共有的、由生物遗传所确定的语言机能，它数量有限，但具有人们在认知系统的研究中所发现的模块式结构，这些模块决定着具体语言的精细规则。参数通过经验而设定，一旦设定，整个系统即开始运作。用乔姆斯基（Chomsky, 1986a：146）的比喻说，系统与一套数量有限的开关相联系，每一个开关都有一些数量有限的位置（也许是两个）。经验被用来设定这些开关，一旦被设定，系统便开始产生作用。

乔姆斯基还提出了"核心语法"（core grammar）与"外围"（periphery）的概念。核心语法是通过设定普遍语法的参数值所确定的系统，外围是任何添加进入系统的东西。与此相关的概念是"标记性"（markedness）问题。核心语法的内容是无标记的（unmarked），添加性的外围成分是有标记的（marked）（Chomsky, 1986a：147）。就儿童语言习得问题而言，乔姆斯基认为，儿童是以普遍语法和与之相联系的标记理论来完成这一习得过程的。标记理论有两个作用，一是它将一个优先选择的结构施加于普遍语法的参数；二是它允许核心语法扩展到有标记的外围。经验对设定语法的参数值是必要的，而在缺少证据的情况下，无标记的选项被选择。

普遍语法又包含相互作用的子系统。其中两个最主要的是规则系统和原则系统。规则系统构成如下（Chomsky, 1981：5）：

i. 词库

ii. 句法

a. 范畴成分

    b. 转换成分

iii. PF-成分

iv. LF-成分

原则包括多个子系统，乔姆斯基（Chomsky, 1981：5）给出的如下：

i. X-杠理论（X-Bar Theory）

ii. 界限理论（Bounding Theory）

iii. 管辖理论（Government Theory）

iv. θ-理论（θ-Theory）

v. 约束理论（Binding Theory）

vi. 格理论（Case Theory）

vii. 控制理论（Control Theory）

除了以上的规则系统和原则系统之外，原则和参数方式所研究的普遍语法模式中还有一些独立的、一般性的原则，如"投射原则""放行原则"等。与原则子系统相比，这些一般性原则更具抽象性。

原则与参数理论具有较强的解释力，许多句法学家以此为研究工具，取得了丰硕的研究成果。但是，乔姆斯基并没有就此打住，为取消"原则参数"中那些"为理论而理论"的东西，追求"完美的理论"，乔姆斯基又踏上了"简约论"的征程。合并、移位及特征核查成为其核心理念。这一阶段的理论模型更为简化，深层结构和表层结构在句法推导过程中不复存在，合并（merge）和移位（movement）成为句法运算的主要方式。特征核查是驱动移位的内在动因，移位过程则受到语段（phase）等条件的限制。从词库中提取的词项经过狭义句法（narrow syntax）运算之后，分别移交至语义部门和语音部门进行语义解释和语音解释，整个句法运算体系表呈为"倒T"模式。

本书各章内容如下：

第一章阐述"生成"涉及的三个核心概念：范畴、词库、短语结构。在厘清范畴和词库概念的基础上，这一章初步阐述了生成的基本理念，如短语结构规则、次范畴、LIR等。

第二章说明X-杠理论是对第一章短语结构的升华。有的表征式，如*VP → N，短语结构规则很难予以排除，而对于X-杠理论来说，则不是问题，因为它要求每一个最大投射必须有中心语，而最大投射则为中心语的投射。运用X-杠理论，该章还探讨了句子、超句的X-杠结构，区分了补语和附接成分；在"结构维系假说"（structure preserving principle）的基础上，区分了两种不同类型的移位：附接移位和替代移位。最后两节分别介绍了"VP-壳结构"（VP-shell）和 DP 假设（DP hypothesis），前者重新分析了 give sb. sth. 这样的结构，把它们统一到了"两分支"结构下，从而保持了 X-杠理论在形式表述上的一致性，后者则统一名词短语与小句结构于 X-杠结构之下。

第三章和第四章紧接第二章在 X-杠理论的基础上谈管辖和约束。通常说来，管辖会涉及两层的 XP，约束则会牵涉三层及三层以上的 XP。第三章谈及 c-指令、管辖，以及宾格、主格、属格这三种格的指派问题。第四章阐述约束理论只涉及三类显性的 DP，即照应语（anaphor）、代词（pronoun）、r-表达式（或指称表达式，referential expression）。它们具有不同的约束条件，分别表示为 BC A、BC B、BC C。为定义这三个条件，这一章用很大篇幅讨论"局部域"（local domain）的问题。本章还涉及汉语中"自己"的特殊性。

第五章讨论转换，包括有关 NP 与 wh-短语的词汇范畴的转换，以及涉及词缀跳跃、do-支撑以及动词的提升移位等终端范畴的转换。需要指出的是，这一章的讨论是在 X-杠结构的基础上进行的。

第六章讲述 θ-理论。这一章探讨了词项的论元结构，即，既定词项的论元数量决定了它的 θ-角色的数量，在论元结构中，每一个论元都在该词项的题元结构中对应着一个 θ-角色。接着探讨了 θ-角色在各种情况下的指派，如涉及多元 wh-短语以及量化词的时候则需要从 LF 层面考察，这就需要通过 QR 的途径。然后区分了内、外论元，又推出了"θ-标准"（θ-criterion）。

第七章讲述格理论。在管约论推出之前，人们谈移位，只是为了移位而移位，移位时只有一个根本目标或者说要求，就是为了得到想要的表层结构以及 PF 层面的形式。格理论的研究，从根本上解决了移位的动因问题——移位为了获得格（case）。当然，格理论是与 θ-理论紧密联系的，一个论元要想得到 θ-角色，必须首先得到格（§7.2）。在这一基础上，§7.3 区分了结构格和例外格。§7.4 给出了格指派方向假设，这对汉语的语序有很强的解释力。§7.5 讨论了两种特殊的 θ-角色指派及格指派，例外格标记（ECM）和 VP-壳动词。本章是一个初步探讨，将分门别类地论述各种格的指派问题，像主格、宾格、与格、属格等。格与 θ-角色的结合，将在下一章具体讨论。

第八章继续探讨 θ-理论、格理论。§8.1 探讨了格与移位的问题，认为移位的内在动力来自格要求（case requirement）。§8.2 讨论了"VP 内主语假说"（subject-inside-VP hypothesis），这一假设使得词汇范畴的结构与论元结构有了更紧密的联系。§8.3 一节中探讨了多种论元结构以及它们的格指派问题，包括动词性被动式、形容词性被动式、非宾格动词、中动词以及派生名词。

第九章讲述生成语法中一个重要概念——"空范畴"（empty category）。先对空范畴进行了分类，并在此基础上对移位 α 所生成的语迹做出了句法规定，这就是空范畴原则（ECP），接着展示了几种空范畴，包括 DP-语迹、变量和 PRO 的约束条件：DP-语迹遵循 BC A，变量遵循 BC C，但这里的 BC C 是一个比第四章更严格的 BC C——"r-表达式必须在其算子所 c-指令的域内 A-自由"。这一章还涉及一个跨越受阻（crossover）的概念，为此还专辟出一节（§9.1.3）讨论寄生空位（parasitic gap）。§9.2 讨论了 PRO 与控制，其中关键是 PRO 定理，即，PRO 不能被管辖。PRO 没有 GC，它的特点与动词的控制特点有关，因此，它需要一个单独的控制理论，而不能归为照应语或者代词。这一问题探讨得相当开放。

第十章界限理论涉及两个核心概念："移位 α" 和毗邻（subjacency）。通过"移位 α" 来统一前面第五章的各种转换。但这又带来了另一个问题——过度生成（overgeneration）。于是，句法学家就原则上允许移位 α 过度生成，但实践中却又将其产出加上条件，排除不恰当的表征式。为阻止过度生成，学者们把前面各种条件统一到界限节点之下，称之为毗邻（subjacency）。此外，本章还会谈及生成语法中一种重要关系——"恰当管辖"（proper government）。

第十一章继续探讨"移位 α"条件问题，其中涉及"恰当管辖"（对前面的概念做出修正）、"先行语-管辖"（antecedent-government）、"θ-管辖"（θ-government）等概念。在§11.2 则统一管辖与毗邻于语阻，§11.3 则统一（先行语-）管辖与约束于 Rizzi（1990）的"相关最小限度条件"（relativised minimality）。

以上理论的阐述所涉及的大都是英语的语言现象，少数涉及了汉语。在阐述普遍原则的同时略谈了几种参数问题，如中心语参数或方向参数［head（or directionality）parameter］、毗邻参数（subjacency parameter）及 wh-移位参数（Wh-movement parameter）。接下来六章则运用多种语言来演示这些参数。

第十二章探讨中心语参数，以德语的语料为基础，其语序在嵌套小句内为严格 OV 语序，然而在根句内则为"动词位二"，本章尝试用格指派的方向性给予解释。

第十三章讨论代词脱落问题，基于意大利语语料，涉及空主语、空宾语（null subjects and objects）以及界限节点（bounding nodes）。

第十四章介绍了 VSO 型的语言，主要涉及两种语言：威尔士语和标准阿拉伯语。

第十五章介绍了融合现象 (incorporation phenomena), 此类现象多见于多式综合语。

第十六章介绍附着 (clitics and cliticisation), 其现象来自法语。

第十七章在比较英语的 I-降落 (I-lowering) 与法语的 V-提升 (V-raising) 基础上, 介绍了 INFL 分解假设。

第十八章介绍 CP 分裂假说 (split CP hypothesis)。

以上十八章是本书的核心, 主要阐述原则参数的管辖约束理论 (简称 "管约论")。"管约论" 的理论成果最为丰富, 研究得也最为深入。这十八章涵盖了普遍语法的基本原则, 包括 X-杠理论、界限理论、管辖理论、约束理论、θ-理论、格理论、控制理论、参数理论, 并且还有专门章节 (如第八章) 对一些交叉性的问题做了进一步扩展性的探索。

本书最后三章介绍原则参数的最简方案理论 (又称 "简约论"), 主要侧重于介绍其新发展的推导理念, 如最简方案 (minimalist program)、核查理论 (checking theory) 和语段 (phase), 在这一阶段, "管约论" 中的 DS、SS 两个层面被删除, 以至于 "简约论" 中只剩下 PF、LF 两个层面。在句法操作方面, "简约论" 使用了早期的 "概化转换" (generalized transformation) (见第十九章)。

第二十章介绍 "简约论" 的核心句法技术 "核查论", 并阐述了经济原则 (economy principle) 的理念。

第二十一章介绍简约论的最新发展——语段 (phase)。

目　录
CONTENTS

1 生成：范畴之间的逻辑演绎
(Generation：Inter-Categorical Logic Deduction)

1.1 范畴 (Categories)

生成语法中经常使用一个"范畴"的概念。在此，范畴（category）① 指的是在某种特定的语言中起到相同或相似功能的一组语言项，如句子、短语或词。在所有人类语言中，词语都能按某种功能分门别类，组成各种句法范畴。分类可能依据不同的因素，如按照词义本身、词的搭配以及词缀等。词语层面的范畴通常是句法研究的核心范畴，句法范畴通常是围绕着某些特定的词语建立起来的。该范畴的性质由这个词语决定，如果该词是一个名词，那么所建立的短语就称名词短语（noun phrase），如果该词是一个动词，那么所建立的短语就是一个动词短语（verb phrase）。在早期生成语法的句法分析中，最常用的短语范畴有 NP（noun phrase，名词短语）、VP（verb phrase，动词短语）、AP（adjective phrase，形容词短语）、PP（prepositional phrase，介词短语）。短语可以由一个单独的词构成，也可以包含其他成分，如下：

1a. [NP女孩]

1b. [NP善良的女孩]

1c. [AP坏]

1d. [ADVP很坏]

1e. [VP dream often]

1f. [PP on the table]

早期生成语法将句子用短语结构规则（Phrase Structure Rules，简称 PS

---

① 国内有些学者喜欢将 category 翻译成"语类"，笔者未采用这种翻译，是因为"语类"一词在国内用得有些混乱，有的学者甚至把 genre 也翻译成"语类"。

Rule）表示出来，称之为"改写"（rewrite），一个句子可以改写成动词短语（VP）加上一个名词短语（NP）。名词短语和动词短语可以再进一步改写，名词短语可以进一步改写成限定词（Det）与名词（N），动词短语可以改写成动词（V）与名词短语。将其程式化，如下所示（Chomsky，1965：68）：

2a. S →NP Aux VP

2b. NP →Det N

2c. VP →V NP

2d. PP →P NP

为了生成（generate）特定的句子，如"This student can solve the question""警察逮捕了小偷"，除了要使用（2a-c）规则之外，还要引入另一套规则以生成特定的词项（Chomsky，1965：68）：

3a. S →NP Aux VP

3b. NP →Det N

3c. VP →V NP

3d. Aux →can

3e. Det →the、this、that、这个、那个……

3f. N →student，question、警察、小偷……

3g. V →answer、逮捕

（3a-c）生成短语范畴（phrasal categories），（3d-g）生成终端范畴（terminal categories）。通过两套规则生成的结构称为短语标记（phrase marker）。终端范畴是指那些不可以再进一步改写的范畴，如节点 V、N。但问题是，这些终端成分来自哪里？通过什么引入的呢？是不是存在规则呢？为了回答这个问题，我们就需要了解词库的概念。

1.2 次范畴化（Subcategorization）

按照生成语法的观点，人类大脑中有一套与生俱来的普遍语法系统，但是使用的词却不是生而有之，需要一个一个地学会。一般认为，人类大脑中有一个"词库"（lexicon）；我们学会的词就放在这个词库里。词库与日常使用的词典类似，由一个个的词项（lexical item）组成。

因此，有了短语结构规则，人们就能从词库中提取词项，造出句子。当然，这并不意味着，有了短语结构规则，人们就能造出正确的句子。我们看下面根据这个规则生成的句子（其中"＊"表示该句完全无法接受，"！"表示该句在语法上能够接受，但语义上无法接受）：

4a.　S →NP Aux VP

4b.　＊The boy relied.

4c.　$[_S [_{NP}$ the boy$] [_{Aux}$ Tense$] [_{VP}$ relied$]]$

5a.　！The boy frightens sincerity.

5b.　$[_S [_{NP}$ the boy$] [_{Aux}$ Tense$] [_{VP}$ frightens $[_{NP}$ sincerity$]]]$

6a.　！恐惧骂他了。

6b.　$[_S [_{NP}$恐惧$] [_{Aux}$ Tense$] [_{VP}$骂了$[_{NP}$他$]]]$

这就需要对词类做进一步的划分来限制（1-3）这种句子的出现。

可以设想，在词库中每个词项下都应该列有一些词汇信息，以保证词的搭配正确。相应地，在句法操作中，为了限制生成不合格的句子，就需要把动词分成小类，然后规定哪一类动词用哪一条规则，这称为次范畴化（subcategorization）。按照惯例，动词的次范畴特点通常用框架表示出来，称为次范畴框架（subcategorization frame）。

7a.　吃：[V；— NP]

7b.　哭：[V；—]

7c.　认为：[V；—S']

7d.　put：[V；—NP PP]

7e.　rely：[V；—PP]

次范畴框架是次范畴规则（subcategorization rule）的基础，这种规则可以表示如下（Ouhalla，1999：46）：

$$8.\ \ V \to Y\ /\ \begin{cases} —NP] \\ —] \\ —PP] \\ —NP\ PP] \\ —S'] \\ \cdots \end{cases}$$

名词也必须根据语义特征进行分类才能与动词搭配。例如：

9a.　boy：[+N, + HUMAN]

9b.　ball：[+N, -ABSTRACT, -HUMAN]

9c.　思想：[+N, +ABSTRACT, +HUMAN]

9d. 火：[+N, -ABSTRACT, -HUMAN]

上面两种限制的结合被称为选择限制（selectional restrictions），它规定一个词项在深层结构里可以出现在哪些位置。如下（Ouhalla, 1999：47）：

10. $[V] \rightarrow Y/\begin{Bmatrix} (i) \ [+/-abstract]\ Aux— \\ (ii)\ —\ [+/-animate] \end{Bmatrix}$

横线表示动词的位置，（i）是对其主语特征的要求，（ii）是对其宾语特征的要求。

目前已经有了词汇选择的限制，那么又如何将词汇组合成句子并且保证生成的句子合乎语法呢？如何保证词项插入由短语标记生成的恰当的节点下？答案是可以利用次范畴规则来限制词项的选择和插入。这条规则为 LIR（词项插入规则，Lexical Insertion Rule）：

将词项 X 插入终端节点 Y 下，要求使得 Y 与 X 的范畴特点相应，YP 与 X 的次范畴特点相应。

LIR 执行插入词项的操作有两个条件：①插入节点必须与词类相符，这就保证了动词插入 V 节点，名词插入 N 节点；②包含该节点的短语必须与词项的次范畴化特征相符，这就是说，如果词项是一个要求 NP 的动词，那么包含 V 的 VP 必须包含一个 NP 补语。

1.3 短语结构：范畴关系的层级呈现（Phrase Structure：A Hierarchical Representation of the Categorical Relationship）

短语组成的句子，并不是线性的组合，而是以层级（heirarchy）出现的。如下面的抽象图：

11.

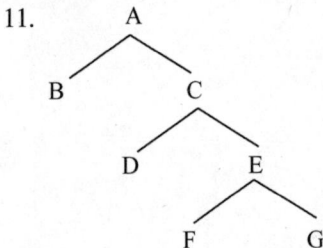

通常，我们称（11）为树形图（tree diagram），B、C、D、E 都是 A 的成分（constituent），其中，B、C 是 A 的直接成分（immediate constituent），D、E 是 C 的直接成分。它们的层级关系也用关系术语来表示，称为统制（dominance）。A 直接统制（immediately dominate）B、C，C 直接统制 D、E。A 虽然不直接统制

D、E，但它的成分 C 直接统制 D、E，所以说，A 也统制 D、E。树形图中，范畴用加标节点（labeled node）表示，各个节点通过分支（branch）相连。范畴间的关系常用亲属关系来指代，如母节点（mother node）、子节点（或"女儿"节点，daughter node）、"姐妹"节点（sister）。B、C 为"姐妹"节点，B、C 都是 A 的子节点，A 为它们的母节点。同样，C 为 D、E 的母节点，D、E 为 C 的子节点，D 和 E 是"姐妹"节点。A 称为根节点（root node），B、D、F、G 称为终端节点（terminal node）。

下面我们看一个句子如何表示成树形图的。

12. 那个学生能回答这个问题。

第一步，先给句子的每一个词项加标签以表明它的词类范畴。通常用词类的缩写形式作标签：N 表示名词，Aux 表示助动词，V 表示动词，Det 表示定语。这些缩写形式称为范畴标签（categorial label）。这样，就可以把（12）的每个词项加上标签。如下：

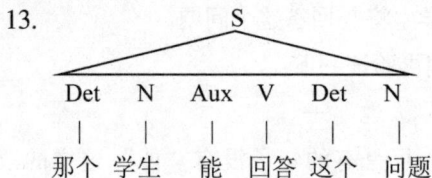

13.
```
                    S
        Det   N   Aux   V   Det   N
         |    |    |    |    |    |
        那个  学生   能   回答  这个  问题
```

可是如何将句子建立起有层级关系的树形图？第二步就是要检验有哪些成分成块（block/unit），也就是说，哪些成分关系更紧密。这种检验方式称为成分验证（constituency tests）。验证方法有：删除（deletion）、移位（displacement）、（同其他成分）并列（coordination）、（为替代形式所）替代（replacement）。下面列出一个"回答这个问题"，我们可以逐个检验，找出其成分，如下：

14a. 删除：老师不能回答这个问题，那个学生能［—］。

14b. 移位：回答这个问题，那个学生能［—］。

14c. 并列：那个学生想回答这个问题并［提出另一个问题］。

14d. 替代：那个学生能回答这个问题，别人也能［做到］。

因此，"回答这个问题"成块。由于该词以动词为中心，我们称之为 VP（动词短语，verb phrase），通过同样的成分验证方法，我们还得到，"那个学生""这个问题"分别都能成块，这两个以名词为中心，我们称之为 NP（名词短语，noun phrase）。因此，我们得到如下的树形图（参考 Chomsky，1965：65）：

15.

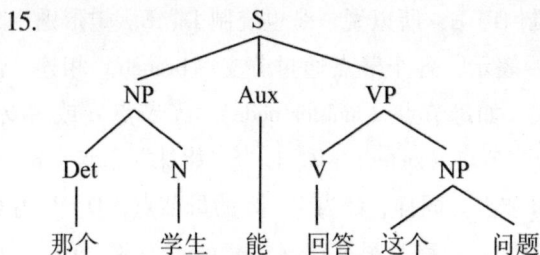

出于简便，树形图经常用一种加标括号法（labelled brackets）来表示，（15）因此可以表示为：

16. [S [NP [Det 那个] [N 学生]] [Aux 能] [VP 回答 [NP [Det 这个] [N 问题]]]]

我们为什么单独列出"能"，而不把它归为其他成分？事实证明，"能"必须单独列为一个成分，如果和它前面的成分合在一起，就不可以成块，我们不妨验证一下：

17. *[那个学生能] 并且 [这个学生将] 回答这个问题。

它和后面的合在一起也不行，我们再验证一下：

18. *那个学生能回答这个问题，别人也 [—]。

如此看来，"能"只能单独列出，可是有的句子没有"能"这样的成分，那么，这样一来，句子结构岂不是不统一了？如下面两个句子：

19a. 学生将回答问题。

19b. The boy answered the question.

（19）中显然没有 Aux。这就带来了麻烦，因为如果使用（15）的规则，Aux 是 S 的必要成分。为了把（19）这样的句子纳入短语结构规则中，我们需要修正（3a）。

解决方案之一是把 Aux 设为选择性的成分。书写时把它放在括号里，即，S → NP（Aux）VP。

还有一种方案是将（19）纳入（15）中。我们觉得这种方案更是可行，因为（20）中时态范畴（tense）很显然是 Aux 而不是 V。

20a. 那个学生 [将] 回答这个问题。

20b. The boy [will] answer the question.

20c. The girl [doesn't/didn't] like the party.

20d. The girl didn't like the teacher, but the boy did.

20e. 学生回答问题。

（20a&b）中的时态表现在情态范畴（modal）will 上。而主动词不带时态。（20c）的时态出现在助动词 do 上。（20d）的 VP 删除没有影响时态。（20e）没有表现时态的词语，但懂汉语的人都能够判断出它的时态是现在时①。

既然句子都有时态范畴，而时态又是 Aux 的成分，那么所有的句子都有 Aux 范畴，其差异只是有的 Aux 为情态动词加上时态，有的 Aux 单纯是时态。这样看来，Aux 不是可选择性的成分，而是必需的成分，情态是可选择的。这样，短语结构规则可表示如下（Chomsky，1965：65）：

21a. S →NP Aux VP

21b. Aux →Tense（Modal）

否定范畴（Neg）也属于 Aux，不论它是完全形式 not 还是附着形式 n't，如（22）所示：

22a. 那个学生［不］喜欢生物老师。

22b. This teacher［cannot］and［will not］answer the question.

22c. ［Can't］this teacher［—］answer the question?

因此，Aux 就包括时态、情态以及否定范畴。

1.4 本章简评

本章的内容，可以说是标准理论及其扩展时期的，已经不同于早期的理论。次范畴规则是这一时期的重要发展和建树。词库概念的提出减轻了改写规则系统的负担，作为语法基础的组成部分，词库把那些不能用一般性规则概括的特征集合在一起，简化和纯洁了规则系统的作用。自此开始，词库就成了生成语法的主要内容。Aux 成分的单独设置为后来的功能成分开辟了道路，正是在这一基础上，X-杠理论将短语、小句、超句统一到 X-杠结构之下。

---

① 这个句子在不同的语境下可能有不同的时态，但生成语法研究的对象是独立的小句，不涉及语境。单独拿这一个句子判断的话，我们只能把它看成现在时。

2 X-杠理论：短语结构的一次升华
(X-Bar Theory: A Revised Version of Phrase Structure)

2.1 投射原则 (Projection Principle)

要想深入全面地了解 X-杠理论，我们先比较以下次范畴与短语结构规则的关系。

1a. 吃：$[V; -NP]$ →   VP →V NP

1b. 哭：$[V; -]$ →   VP →V

1c. 认为：$[V; -S']$ →   VP →V S'

1d. put：$[V; -NP\ PP]$ →   VP →V NP PP

1e. rely：$[V; -PP]$ →   VP →V PP

1f. answer：$[V; -NP]$ →   VP →V NP

从以上我们看出，短语结构规则不过是复制次范畴的信息。很明显，这一复制过程并非必要的，所以，我们设法删除它。

很明显，对短语结构规则的删除也就意味着要找一个新的机制来代替，因为我们需要一套机制来确定词汇范畴在句法结构层面上的位置。

事实上，以上举措不仅删除了短语结构规则，而且还删去了 LIR，因为后者是由短语结构规则所生成，这样，我们还要一种机制来代替 LIR。

LIR 的一部分作用在于根据"回答"的次范畴特点保证（2）的正确，而排除（3）。（4）为"回答"的次范畴特点。

2a. 我回答问题

2b. 我 Aux $[_{VP}$ 回答 $[_{NP}$ 问题$]]$

3a. *我回答。

3b. *我 Aux $[VP 回答]$

4. 回答：[+V；-NP]

LIR 的另一部分作用是将词项引入短语中。在引入词项时，它要求两个条件：一个是其终端节点必须与词项同一范畴（词性相同），另一个是终端范畴所处的语境一定要与该词项的次范畴特点相一致。然而，如果我们规定词汇特点必须投射到结构表征式上，那么我们也能获得同样的结果。（4）中既包含了"回答"的范畴信息，也含有它的次范畴信息，这些在含有"回答"的结构层面上都必须表达出来。我们把这一规则称为投射规则（projection principle）。

> 每个句法层面的表征式（即 DS、SS、LF）都是从词库投射的，词项的次范畴化特点须得到反映。

2.2 X-杠理论（X-Bar Theory）

短语结构规则通常指辨识终端节点之上的表征层面，即短语层面，如 VP、AP、PP。如下（Ouhalla，1999：113）：

5a. VP →…V…

5b. NP →…N…

5c. AP →…A…

5d. PP →…P…

从右往左，我们看到，每个范畴的结构表征式都有一个短语层面的投射 XP，我们称之为最大投射（maximal projection），如 V 的结构表征式含有 VP，N 的结构表征式则含有 NP。从左向右，每个 XP 中都有一个必要的成分 X，我们称之中心语（head），如 VP 有一个必要成分 V，NP 有一个必要成分 N。我们把这种关系用一个图式表示（Ouhalla，1999：114）：

6. XP →…X…

可能我们会觉得这个图式不过是把上面几个的共性总结了一下，而事实上，它比短语结构限制性更强。因为短语结构不过是一个复写规则，而复写规则原则上通常能够复写任何符号，甚至任何数量的符号，所以很难排除就像*VP → N 这样的表征式。然而现在我们可以用上面的图式排除，因为它没有遵循每一个最大投射必须有中心语的条件。

然而，问题是，短语结构中不只是有中心语，中心语的前后也可以有一些限定或修饰成分，如英语中的名词短语就可能前面有一个定语，后面有一个介词短语, 如 Susan's answer to the question①。用图式（6）表示，它的结构就应该是：

7. NP →Det N PP⋯

这些中心语前后的成分是不是也可以概括地表示出来呢? 生成语法将这种中心语左边的成分叫作指定语（specifier）②，右边的成分叫作补语（complement）。这样，就得到（戴炜栋，2002：47）：

8. XP →（specifier）X（complement）

用树形图表示，也就是（戴炜栋，2002：47）：

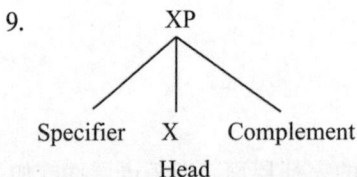

9.

```
              XP
           ／  |  ＼
  Specifier    X    Complement
              Head
```

上面的短语 Susan's answer to the question 用（9）来表示，即：

10a. Susan's answer to the question

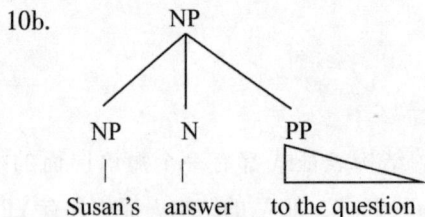

10b.

```
              NP
           ／  |  ＼
       NP      N      PP
        |      |     ◺
    Susan's  answer  to the question
```

PP *to the question* 即为中心语 answer 的补语，而 NP *Susan* 是中心语 answer 的指定语，PP、NP 两个都与中心语 N 为 "姐妹" 关系。

然而，这种短语结构似乎并不理想，因为，这种句法结构无法反映语法功能，而只是一个简单的成分分析。要通过句法结构反映语法功能，我们期望指定语和补语有着不同的层级结构。如在结构（11）中，answer 与 to the question 之间的关系显然要密切于 Susan's 与 answer 的关系。

因此，这一树形图需要修正。我们可以在中心语与它的最大投射再加一个层面，称之 X'，使得这一层面包含中心语与它的补语，而将主语排除在外。这

---

① 这也是生成语法的一种研究方法，即找出最复杂的句式，归纳其结构，再把简单的纳入其中，汉语中有关 X-杠结构尚有争议，如这一句的汉语 "苏珊对这一问题的回答"，其中心语显然在后。我们这里先避开汉语，用英语的例子阐述。

② 指定语（specifier）是一个功能术语，在使用时通常可与 "主语" 互换，尤其是在小于句子的范畴中。

样，我们得到（11）[1]：

11a. XP →ZP X'

11b. X' →X YP

11c.
$$XP$$

（树形图：XP 分出 ZP 和 X'；X' 分出 X 和 YP）

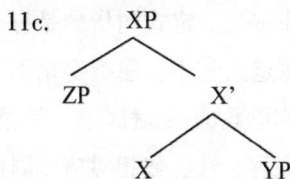

中间那层 X'，称为单杠投射。图中的三个阶层有时用杠的多少来表示，如下：

12a. X" →Spec* X'

12b. X' →X^0 Z"*

其中，双杠投射是最大投射，而零杠（X^0）是中心语。星号标记的成分表明该成分可有可无，可多可少。Z"*表示此处可为零成分，也可为最大投射。

我们得出了（11），并不意味着我们已经给句子找出了恰当的 X-杠结构。首先，中心语的确定就是一个问题。回想我们前面（§1.1）的短语结构（13a），其树形图当如（13b）所示。

13a. S →NP Aux VP

13b.
$$S$$

（树形图：S 分出 NP、Aux、VP）

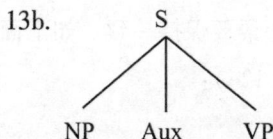

然而，句子的 X-杠结构是不是可以以 Aux 为中心语，NP 为指定语，VP 为补语？这似乎不是很恰当，因为 Aux 是 S 结构的一个节点，而它的完全拼写形式 auxiliary（助动词）指的是"能够""将""be""have"这样的词语，后面（§5.7）我们会看到，在深层结构里，英语的助动词"be""have"并不在 Aux 下，而是在 VP 下生成，通过 V-提升移到 Aux 的。它不能充当句子的中心语。因此，我们不能使用 Aux 作为句子的中心语。那么，什么成分能够充当句子的

---

① 这种 X-杠结构图式并不是最规范的，乔姆斯基（Chomsky, 1995b：53）给出了另一个精确的规则（n 为投射的最大值，可以按习惯将 X" 写作 XP，亦可写作"X"）：

a. X^n→Z X^{n-1};

b. X^m→X^mY;

c. X^1→X^0W

中心语呢?

当今许多语言学家都把一个代表屈折变化的抽象范畴 Infl（通常缩写为 I）作为句子的中心语。这个 Infl 又代表了什么呢? 我们先看英语。英语分两种情况，定式句（finite clause）和非定式句（infinite clause）。定式句指的是有时态（Tense）的句子；非定式句指没有时态的句子。在定式句中，屈折变化不光是时态范畴，它还包括一致范畴（Agr），如第三人称单数的-s 就属于一致范畴，也就是说，它在主语为第三人称单数时出现，与人称、性、数相对应，因此它被称为一致（agreement）或 φ-特征（φ-feature）。非定式中没有屈折变化，但这并不说明非定式中没有 Infl 这个范畴，它只是没用屈折形式来表现。[①] 因此，Infl 这个范畴可以是抽象的。既然 Infl 可以是抽象的，那么，就像汉语这样的语言，它的屈折变化贫乏，它也一定有 Infl，当然，它的 Infl 只有一种，即，与英语中的非定式相似，是抽象的。

确定了 Infl，英语句子的 X-杠结构就是:

14.

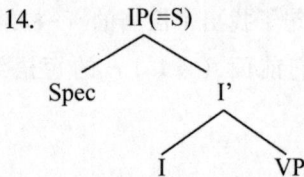

值得一提的是，英语的定式句中，指定语和中心语要保持一致。如下面 Agr 与 NP 的下标表明了两者一致关系（Ouhalla，1999：124）:

15.

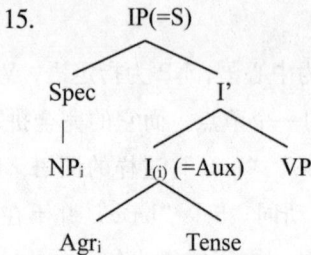

这种一致关系是必需的，否则句子就要被排除。这种排除指定语与中心语不一致的条件称为指定语-中心语一致（Spec-Head Agreement），陈述如下:

中心语（X）与其指定语（Spec-XP）在相关特征上必须保持一致。

---

① 我们把英语的不定式标记 to 看成 I，但这并不说明英语的不定式有其屈折形式，这只是一个英语的不定式的标记，因为我们知道，有许多语言的不定式不带有类似"to"这样的标记。

（14）中的 X-杠结构适用于英语，但这并不意味着它适用于所有的语言。英语是一种中心语在前的语言，其中心语向右选择其补语，或称右分支（right-branching）语言。然而，世界上还有许多语言是中心语在后的，其中心语向左选择其补语①，这时它的 X-杠结构上的中心语就有所不同，其 X-杠结构为左分支（left-branching），如下：

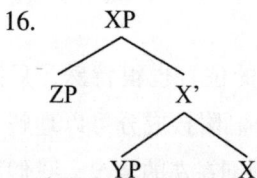

16.

```
              XP
            /    \
          ZP      X'
                /    \
              YP       X
```

在汉语中，多数情况下中心语是在后的。用黄正德（Huang，1983）的话说，"所有中心语在后的结构在汉语中都能找到，而只有一部中心语为首的结构在汉语中才可找到"。因此，汉语大多数情况下适用（16）这种图式。对于其 VP 的 X-杠结构为什么与其他不同，后面还有解释。现在我们看为什么会出现（14）和（16）的这种差别。在原则参数框架里，我们用参数（parameters）来解释语言间的差异。参数可以理解为与给定原则相联系的选择/值，一种选择会产出这种句型，另一种选择则会产出另一种句型。我们这里把参数看为两分的（binary）。参数在 PF 层面上设置，语言在 LF 层面上是不应该有差异的。我们把中心语选择补语方向的差异称作中心语参数（head parameter）或方向参数（directionality parameter），用来解释不同语言的语序问题。详细的讨论我们后面再展开。

2.3 附接与 X-杠结构（Adjunction and X-Bar Structure）

2.3.1 形容词与副词（Adjectives and Adverbs）

形容词和副词的地位我们很难做出决断，它们是非次范畴化的范畴。由于形容词与副词不是它们所修饰的词汇范畴的补语成分，我们看到在英语这一类的语言中，形容词，特别是副词的位置很不稳定，有时在中心语左侧，有时在中心语右侧，这样，在 NP 和 VP 的表征式里，很难将它们纳入单杠统制的范围之内。同时，形容词和副词也不能看作指定语，因为，指定语在小句里通常被看作主语，主语具有唯一性，不能多个同时出现，但形容词和副词在理论上可

---

① 有的学者认为汉语的中心语向左选择其补语，以戴浩一（Tai，1973）、库普曼（Koopman，1984）为代表。这一情况，我们在后面再谈。

以任意多个同时出现，如我们会说出"温柔善良美丽大方的姑娘""彻底地致命性地打击了黑社会组织"这样的短语。

这样，形容词、副词的生成短语结构可表示如下：

17a.　NP $\rightarrow \begin{Bmatrix} NP \\ Det \end{Bmatrix}$ （A）N（A）…①

17b.　VP $\rightarrow$（ADV）V …（ADV）

它们被称为附接成分（adjunct）。它们在结构中的位置也很特殊，只能被"加"到结构里，正式一些，称其为"附接"（adjoin）。附接成分可以理解为给定范畴的扩展，（18）中的 N' 即扩展范畴。（19）为副词在左的情况，我们称之为左侧附接（left-adjoined）到 V'；（20）为副词在右的情况，我们称之为右侧附接（right-adjoined）到 V'。V' 是扩展的范畴。

18a.　Susan's latest answer to the question

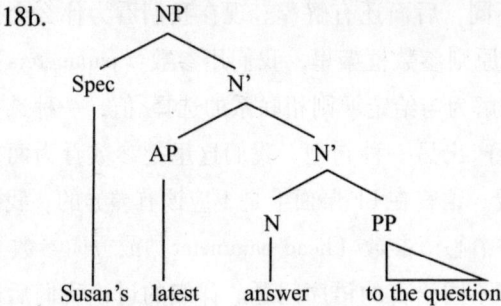

18b.

```
                    NP
            ┌───────┴───────┐
          Spec             N'
                     ┌──────┴──────┐
                    AP            N'
                             ┌─────┴─────┐
                            N           PP
         Susan's  latest  answer   to the question
```

19a.　Bill quickly repaired the bike.

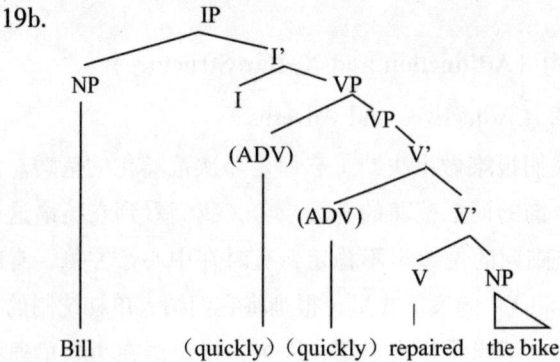

19b.

```
                    IP
            ┌───────┴───────┐
           NP              I'
                     ┌──────┴──────┐
                     I            VP
                            ┌──────┴──────┐
                           VP
                     ┌──────┴──────┐
                   (ADV)          V'
                          ┌────────┴────────┐
                        (ADV)              V'
                                     ┌──────┴──────┐
                                    V            NP
           Bill  (quickly) (quickly) repaired  the bike
```

20a.　Bill repaired the bike quickly.

---

① 形容词中心语后面的情况在英语中不多，一般就是几个复合式不定代词要求如此，如 something interesting，nothing bad 等。

20b.

```
                        IP
                   ┌────┴────┐
                  NP         I'
                   │     ┌───┴───┐
                   │     I      VP
                   │            │
                   │           V'
                   │      ┌─────┴─────┐
                   │     V'          ADV
                   │   ┌──┴──┐        │
                   │   V    NP        │
                   │   │    ◁         │
                  Bill repaired the bike quickly
```

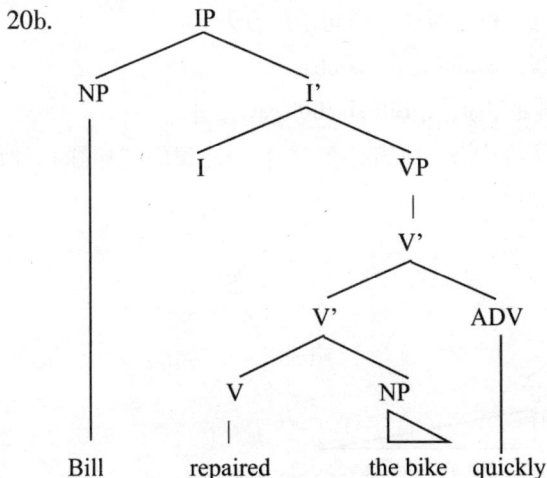

"扩展"一个范畴就是复制它。所以，（18）中有两个 N'。新创的 N' 为附接 AP 的母节点，然而，由于新创的 N' 只不过是原有 N' 的扩展，所以这种附接结构就意味着 AP 与 N' 的关系存在歧义。AP 与 N' 既为"母女"关系，又为"姐妹"关系。同理，（19）中的 V' 亦为扩展范畴。其中，新创的 V' 为附接 ADV 的母节点，但由于新创的 V' 只不过是原有 V' 的扩展，所以这种附接结构就意味着 ADV 与 V' 的关系存在歧义。ADV 与 V' 既为"母女"关系，又为"姐妹"关系。

2.3.2　关系小句（Relative Clauses）

我们看下面一个句子：

21a.　The suggestion that Bill made is absurd.

21b.　$[_{NP}$ the suggestion$_i$ $[_{S'}$ that $[_S$ Bill made t$_i]$ $]$ $]$ …

（21）中的小句是一个限定关系小句 S'，它的作用与形容词相似，既不是中心语 N 的补语，也不是指定语，而是一个附接成分，这表明，它附接到 N' 上。其结构如下：

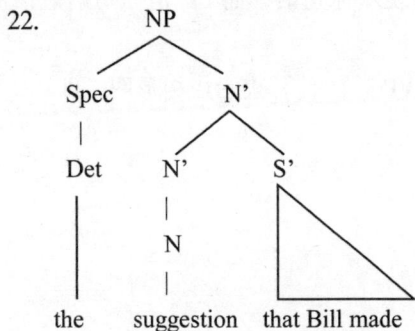

22.

```
                 NP
            ┌─────┴─────┐
          Spec         N'
            │      ┌────┴────┐
           Det    N'        S'
            │      │         ◁
            │      N         
            │      │         
           the suggestion  that Bill made
```

15

这类附接关系的关系小句要和下面这一类句子区分开。

23a. The suggestion that Bill should leave is absurd.

23b. [$_{NP}$ the suggestion [$_{S'}$ that [$_S$ Bill should leave]]] …

在（23）中，S'作为名词的补语，应该处在 N' 下，是 N 的"姐妹"。所以，它不是附接关系，它的结构如下：

24.
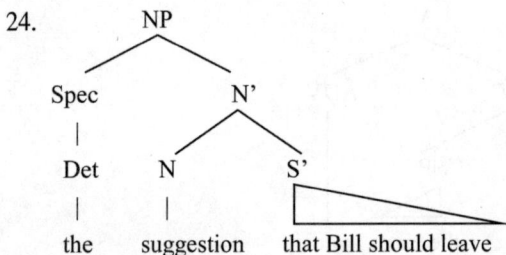

综合以上，附接成分可用模式图表示为：

25. X' →YP X' (or X' YP)

　　XP →YP (or XP YP)

2.4　S' 的 X-杠结构（X-Bar Structure of S'）

2.4.1　S' 的中心语 Comp（Comp as the Head of S'）

在探讨 S 的 X-杠结构时，我们首先需要确定它的中心语是什么范畴。那么这里，我们要探讨 S' 的 X-杠结构，也要首先确定它的中心语。

先看英语，英语的标句语（Comp，通常简写为 C）处在小句的句首。观察（26），我们觉得 Comp 最有可能是中心语。

26a. S' →Comp IP

26b.
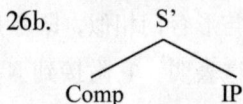

这样，S' 的 X-杠结构如下所示（C 表示标句语，而 CP 是标句语短语的缩写）（Chomsky, 1995b：55）：

27. [$_{CP}$ Spec [$_{C'}$ C [$_{IP}$ Spec [$_{I'}$ I VP]]]] 表示成树形图，即：

28.
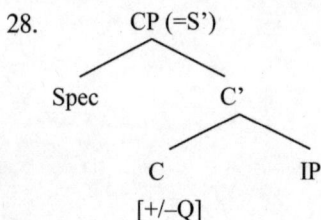

正如前面所述，［+/-Q］表明了这个小句是陈述式（标记为［-Q］）还是疑问式（标记为［+Q］）。

就嵌套小句而言，［-Q］（陈述式）的实现分两种情况，IP 为定式还是非定式，IP 为定式时，通过 that 来实现（有时可以省略），如（29）所示；而当 IP 为非定式时，则以 for 来实现，如（30）所示。

29a. I think (that) Bill should work.

29b. I think [CP [C' (that) [IP Bill should work]]]

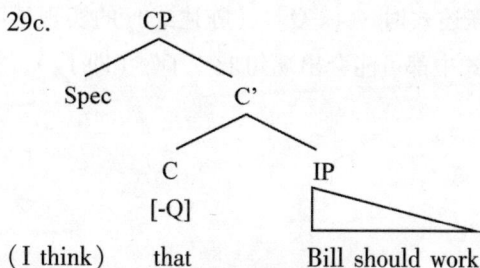

29c.

```
                CP
         ／          ＼
      Spec            C'
                  ／      ＼
                 C          IP
                [-Q]     ／＼＼＼＼
  (I think)    that      Bill should work
```

30a. I want (for) Bill to confess.

30b. I want [CP for [IP Bill to confess]

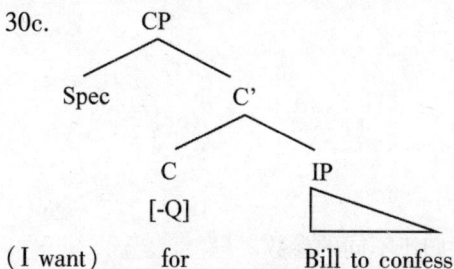

30c.

```
                CP
         ／          ＼
      Spec            C'
                  ／      ＼
                 C          IP
                [-Q]     ／＼＼＼＼
  (I want)      for       Bill to confess
```

2.4.2 汉语 S' 的 X-杠结构（X-Bar Structure of S' in Chinese）

汉语中，S' 的 X-杠结构与英语的很不相同，汉语的 C（omp）处在右侧，其结构如下（石定栩、胡建华，2006：103）①：

31a. S' →IP C

31b.

```
           S'
       ／      ＼
      IP         C
```

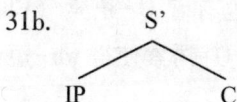

这样，汉语 S' 的 X-杠结构如下所示：

---

① 石定栩、胡建华（2006）还指出，辛普森，吴秀枝（Simpson & Wu，2002）等曾提出不同的结构，以 IP 为 C 的补足语，然后在句法过程中将 IP 提升到 Spec 位置。感兴趣的读者可自行查阅。

32.
```
        CP (=S')
       /      \
     Spec      C'
             /    \
           IP      C
                 [+/-Q]
```

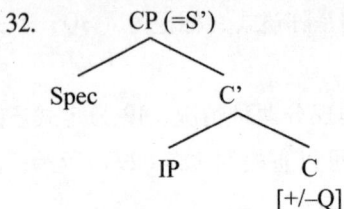

如前面所述，［+/-Q］表明了这个小句是陈述式（标记为［-Q］）还是疑问式（标记为［+Q］）当小句为疑问式时，［+Q］（疑问式）实现为句末语气助词"吗""呢"等；当小句为陈述式时，［-Q］（陈述式）的实现感叹词"啊"等。当然，在疑问式或陈述式中都可能会出现句末"了"（即了$_2$），如下（石定栩、胡建华，2006：103）：

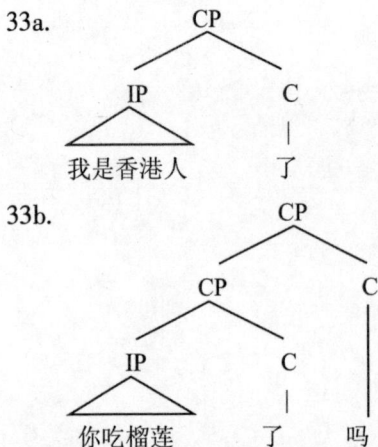

33a.
```
        CP
       /   \
     IP     C
    /_\     |
  我是香港人  了
```

33b.
```
             CP
            /   \
          CP      C
         /  \     |
       IP    C    吗
      /_\    |
    你吃榴莲   了
```

我们可将英语和汉语的这一差异归于不同的参数。

另外，我们看到，(33) 中 wh-短语的位置也和英语相差别，英语的 wh-短语要移到［Spec，CP］位置，汉语的 wh-短语则原地不动（wh-in-situ）。这一现象也可以通过 C 的位置来解释，汉语的 CP 结构是：［CP［IP］C］，因此，(33) 中的 Q (uestion) 语素"吗"处在 C 节点下，这种特点表明了 wh-原位和 Q-语素具有相关性，其他简单句中 wh-原位的语言也有着 Q-语素（Cheng，1991）。因此，Q-语素为 wh-短语原地不动放行，从而 Q-语素使得 wh-短语移位显得没有必要。当然，这一语素有时省略。

2.5 X-杠框架下对结构的进一步探索（X-Bar Structure：Further Discussion）

2.5.1 VP-壳（VP-Shells）

X-杠理论的重要特点是两分支（binary branching）。

34a. IP →Spec I'

34b. I' →I VP

34c.

the suggestion that Bill made

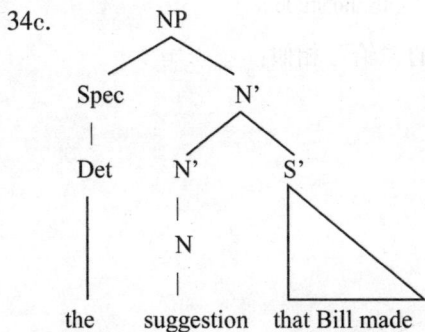

在（34）中，IP（=S）只统制两个节点，Spec（=NP）和 I'。中心语 I（=Aux）与其补语 VP 一起被包含在下一个层面里。这样，I' 也包含两个节点，I 和 VP。

前面（§2.3.1）我们看到，即使句中添加上一个形容词或副词，这种两分支结构也要保持，形容词或副词只能看作 IP 的一个附接成分，不能改变两分支结构。

所以，X-杠结构有这么一条限制：

一个节点下最多只能有两个分支。

到目前为止，对这一两分支的最大挑战来自像英语的"put""give"这样的带有两个补语的动词；有的学者认为，汉语的"给"也属于这一类，如黄正德（Huang，1988，1992）。这些动词的补语在结构上表现为动词的"姐妹"节点，这暗示了 VP 结构统制三个节点，如下：

35a. John put the book on the shelf.

35b. John gave a book to the student.

35c.

```
              VP
         ┌─────┴─────┐
       Spec          V'
              ┌───────┼───────┐
              V      NP       PP
              │      ╱＼       ╱＼
             put  the book  on the shelf
             give  a book   to the student
```

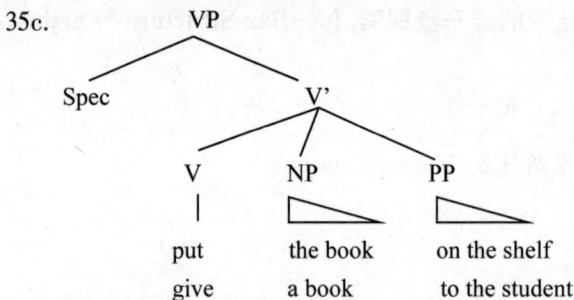

而"give"在接双宾语时与汉语中的"给"相似:

36a. John gave the student a book.

36b. 张三给李四一本书。

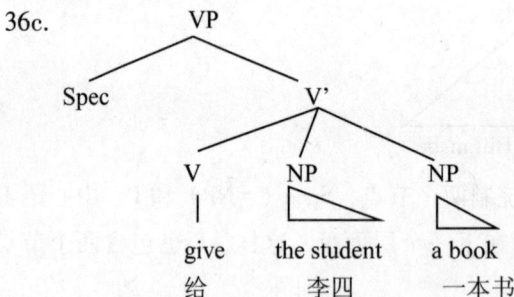

36c.

```
              VP
         ┌─────┴─────┐
       Spec          V'
              ┌───────┼───────┐
              V      NP       NP
              │      ╱＼       ╱＼
            give the student a book
             给    李四      一本书
```

显然,(35c)和(36c)中的结构与两分支结构限制条件不符。要维持两分支的限制条件,我们需要重新分析(35)和(36)。

拉尔森(Larson,1988;1991)提出了著名的"VP-壳分析"(VP-Shell analysis),从两分支的限制条件出发,来解决这个问题。按照他的观点,双宾语动词短语的基本结构为:

37. [VP [external argument] [V' e [VP [direct object] [V' verb [indirect object]]]]] ①

为此,(36)具有如下所示的结构(温宾利,2002:341):

---

① 外论元(external argument)概念,在题元理论一章出现,这里可以理解为主语或指定语(Spec)。另外,此处还使用了直接宾语(direct object)、间接宾语(indirect object)的概念,需要注意的是:与传统语法不同,转换生成语法中,与动词相邻的 NP 称为直接宾语,而与动词不相邻的 NP 称间接宾语。

38.

```
           VP₁
         /      \
      Spec       V₁'
              /       \
            V₁         VP₂
            |        /      \
            e      NP₁       V₂'
                   △       /     \
                the student V₂     NP₂
                  李四      |      △
                          give   a book
                          给     一本书
```

乔姆斯基（Chomsky，1995）认为，该类动词上层的 VP-壳并非由空位中心语投射而成，而是由一个语音上为空的轻动词（light verb）v 投射而成。其结构如下：

39. $[[_{vP} [\text{external argument}] [_{v'} v [_{VP} [\text{direct object}] [_{V'} \text{verb} [\text{indirect object}]]]]]]$

用树形图表示出来或许更直观。如下所示：

40.

```
           vP
         /     \
      Spec      v'
              /     \
            v        VP
                   /     \
                 NP       V'
                        /     \
                       V       ...
```

也就是说，put、give 这样的词实际由两个动词构成，一个称为轻动词，用 v 来表示，另一个是动词本身枯竭形式，我们用大写的 V 来表示（相应的动词也用大写）。之所以这句子的表层顺序是（36a&b），这是因为轻动词有很强的 [V] 特征，该特征可以使实义动词显性移位到 vP 的中心语位置。换言之，这一结构包含 vP 与 VP 两层谓语，下层 VP 是上层 vP 的补语。下层谓语以 V 为其核心，而上层谓语的核心 v 则是一个不带语音成分的"轻动词"。少了语音成分，v 不能独立成词，于是 V 移位补入 v 的位置，结果就得到（36a&b）。因此，我们听到的双宾动词 give 其实是轻动词（[e]）与单宾动词词根 give 合并的结果。其推导过程如下：

41.

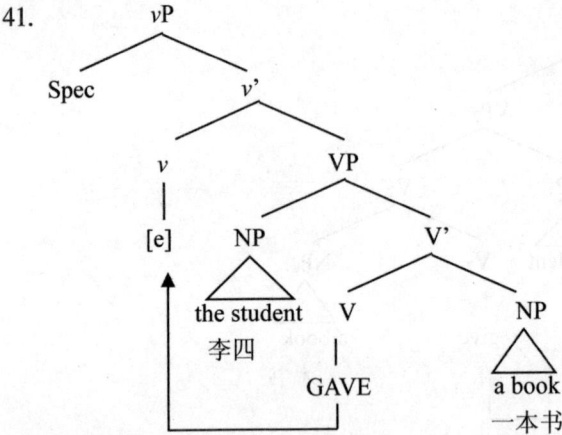

同样的道理，（35）可以如下分析：

42.

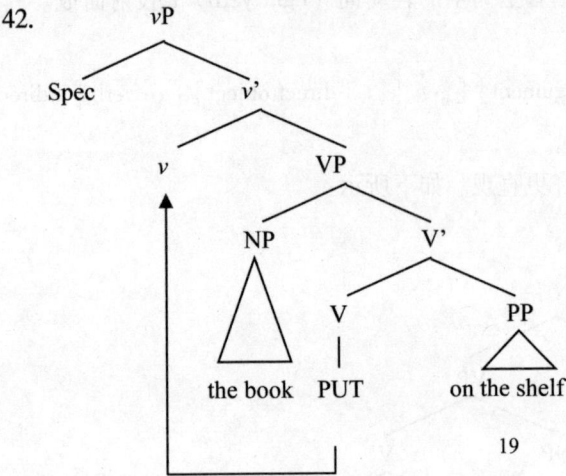

19

（42）表明，上层的 vP 以轻动词为中心语，而下层的以 PUT/GIVE 为中心语。补语 NP 位于下层 VP 的 Spec 位置，而 PP 为 PUT/GIVE 的"姐妹"，词序 [V NP PP] 由移位 V 到 v 而形成。

2.5.2　DP 假设（DP Hypothesis）

我们看下面的名词短语结构：

43a.　His/Bill's book

43b.　$[_{NP}$ his /Bill's $[_{N'}$ book]]

44a.　Her/Susan's answer to the question

44b.　$[_{NP}$ her /Susan's $[_{N'}$ answer [to the question]]]

45a. Its/the book's translation by the translators

45b. [$_{NP}$ its /the book's [$_{N'}$ translation [by the barbarian]]]

显然，（43-45）的结构可以抽象如下：

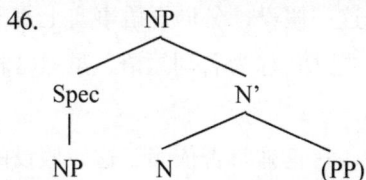

46.

```
            NP
          /    \
       Spec    N'
        |     /  \
       NP    N   (PP)
```

可以说，这一结构表征很不理想，NP 的多次出现显得很烦琐，而且把中心语确定为 N 也显得很是牵强。这一点可以从下面的比较中看出：

47a. Susan's answer to the question

47b. Susan answered the question.

从许多方面，我们都看到名词短语与完整小句是相似的。

与（47b）相比，名词短语（47a）也有命题内容。它也有词汇范畴，补语和主语。它和动词的不同只在于它是名词，而不是动词，它的补语由介词引导，另外，名词短语没有时态范畴。虽然两者存在一些不同，但是它们表面的相似却表明了两者在基本结构上的一些相似性。再看（48）：

48a. The book's translation（by the translator）

48b. The book was translated（by the translator）

重新考虑名词短语的结构，我们认为它的中心语不应该是 N，而应该像小句一样，以功能范畴为中心语。我们不妨假定这一功能范畴为 D①，名词短语从而获得了一种与小句相似的结构，如下：

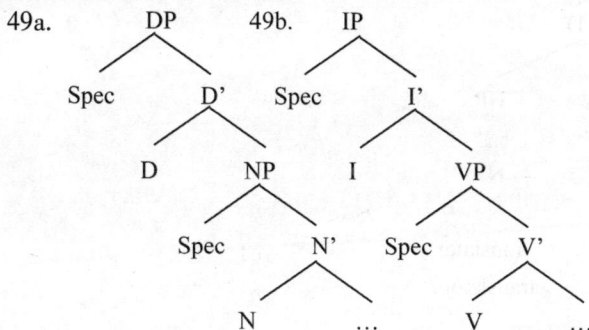

49a.

```
            DP                49b.        IP
          /    \                        /    \
       Spec    D'                    Spec    I'
              /  \                          /  \
             D   NP                        I   VP
                /  \                          /  \
             Spec   N'                     Spec   V'
                   /  \                           /  \
                  N   ...                        V   ...
```

在这个结构图中，我们看到，D 被认为是名词短语的中心语。而不是指定

---

① Det（erminer）（限定词）的缩写形式。

语，D 与 IP 的 I 相等。D，就像 I，是一个非词汇的范畴，它要求一个词汇范畴做它的补语。D 的补语为 NP。名词短语的主语位置为［Spec，DP］，正如 IP 的主语位置为［Spec，IP］。（49a）结构的这种假设被称为 DP 假设（DP Hypothesis），由阿布尼（Abney，1987）提出。根据这一假设，名词短语事实上是 DP，它的结构里包括了 NP。因此，从技术上讲，把 DP 称为名词短语，虽然这种说法是不正确的，但是习惯上我们一直这么用。

已经指出，（49a）基本上还是一个假设。它正确与否依赖于这一假设的结构是否能够解决 NP 结构引发的一些问题，并且解释名词短语/DP 的特点。我们下一步的任务就是要检查它的正确性和实用性。

我们已经注意到，名词短语/DP 和小句不同，因为它没有时态范畴。然而，我们有理由相信，和 IP 的 I 节点下的 Agr 范畴平行，名词短语/DP 的 D 节点下包含 Agr 范畴。因为在有些语言中，中心语 N 带有显性的一致屈折，这和句子中的 V 带有显性的一致屈折平行。在这些语言中，中心语 N 的 Agr 屈折同主语的特征相对应。英语的一致屈折相对不多，却能看到一些，比如：

50a. This/that translator

50b. These/those translators

它们的结构应该如下所示，其中指示代词 Dem（onstrative）处在［Spec，DP］下（主语位置），而且同中心语 D 的 Agr 范畴指定语-中心语一致。Dem 的内部结构与所要讨论的话题关系不大，至于 Agr 如何实现为复数形式的词素将在后面讨论。

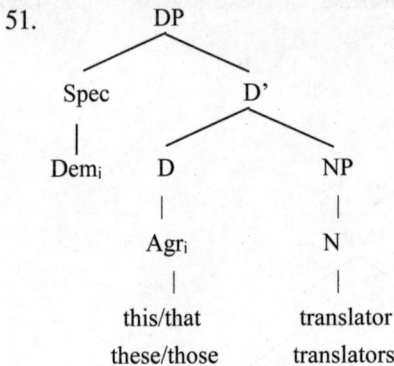

51.
```
               DP
             /    \
          Spec     D'
           |      /   \
         Demi    D     NP
                 |      |
               Agri     N
                 |       |
            this/that  translator
            these/those translators
```

我们再看（47a），表示如下：

52a. Susan's answer to the question

52b.

```
                    DP
             ┌───────┴───────┐
           Spec             D'
            │         ┌──────┴──────┐
           DP         D            NP
            │         │             │
                     Agr           N'
                            ┌───────┴───────┐
                            N              PP
                            │            ◁────
        Susan's          answer      to the question
```

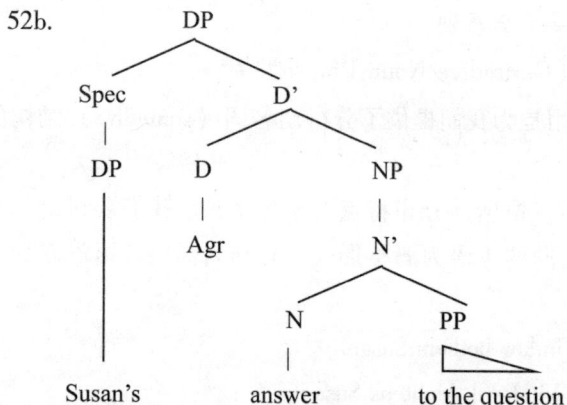

语素 's 为属格的拼写形式。关于属格，我们将在格理论一章涉及。名词短语/DP 的 D 和 IP 的 I 还有一些相似性。前面我们看到定式句的 I 含有 Agr（和时态），非定式句的 I 却没有 Agr，其 I 拼写为一种不定式标记（infinitival marker）to。因此，不定式标记和 Agr（以及时态）互补分布。名词短语/DP 的情形与之相似，如（53）中，其显性的主语与 Det 不能同时出现在中心语 N "answer" 的前面：

53a. * Susan's the answer to the question.

53b. * [DP Susan's [D the [NP answer [to the question]]]]

过去，这种限制以短语结构规则来解释，如（54a）所示，我们用 DP 的概念更改 NP，得到（54b）：

54a. NP → $\begin{Bmatrix} NP \\ Det \end{Bmatrix}$ (A) N (A) …

54b. DP → $\begin{Bmatrix} Det \\ DP \end{Bmatrix}$ D'

但这一规则对目前的系统来说，解释仍然不够清晰。我们该用另一种方法解释：Agr 和 Det，同为 D 的成分，两者互补分布。Det 的出现就意味着 Agr 的缺失，DP *Susan* 就不能存在。这就是为什么（53）被排除的原因。

以上是英语的情况，这一假设是否能应用于汉语呢？我们看到，汉语中的名词短语和小句的结构不存在上面的相似性，如下面：

55a. 张三对这个问题的回答。

55b. 张三回答这个问题。

很显然，（55a）中的 PP "对这一问题" 处在 "回答" 的前面，而（55b）中，"问题" 处在 "回答" 的后面。关于这种差异的原因，有些学者已做出解释（程工，1999），我们下一节会看到。

2.5.3 动名词短语（Gerundive Noun Phrase）

DP 假设的一个重要作用是为我们提供了分析动名词（gerundive）结构的新思路。

包含动名词形式的短语，根据其分布特点可分为多种。我们要讨论的动名词有以下两个特点，一是它们的主语为属格形式，其动名词的补语没有介词引导。如下面几个句子：

56a. Bill's closing the window bothers Susan.

56b. [Bill's closing the window] frightens Susan.

57a. Susan complains Bill's closing the window.

57b. Susan complains [Bill's closing the window]

58a. Susan is against Bill's closing the window.

58b. Susan is against [Bill's closing the window]

动名词短语有一些与名词短语/DP 相似的特点。比如，在句中它们只出现在名词短语/DP 的位置，句子的主语位置，及物动词的宾语位置，介词的宾语位置等。而且，这些动名词短语的主语为属格形式，这是名词短语/DP 的典型特征。同时，动名词短语也有一些名词短语/DP 没有的特点，比如，动名词的补语 DP 并不由介词引导，这一点和名词短语/DP 不同，其原因在于名词不能指派宾格。因此，动名词是动词而不是名词。

因此，动名词短语具有名词短语/DP 的特点，同时又包含一个 VP，这种混合的特点引发了一系列的问题。在 DP 分析之前，动名词短语的结构分析如下：

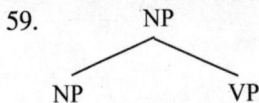

59.
```
        NP
       /  \
     NP    VP
```

这一分析说明它基本上是一个名词短语但包含了 VP。但是，这一结构与X-杠理论不符。因为它没有中心语。如果用 DP 分析，我们可得到如下结构，显然，它与 X-杠理论一致。

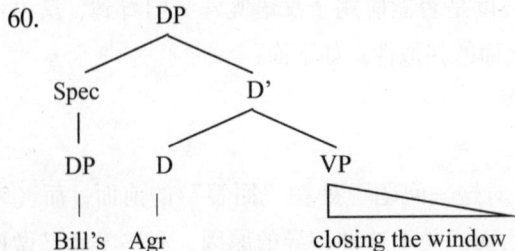

60.
```
            DP
          /    \
       Spec     D'
        |      /   \
       DP    D      VP
        |    |       \
     Bill's Agr    closing the window
```

在（60）中，D 以 VP 为补语，这解释了动名词的动词特点。程工（1999：188-189）也曾把 DP 假设用在分析汉语的动名词、形名词中。其例子如下（程工，1999：189）：

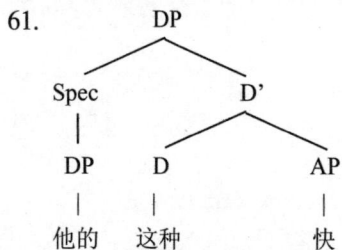

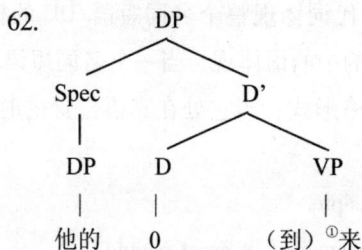

61.
```
                DP
              /    \
          Spec      D'
           |       /  \
          DP      D    AP
           |      |    |
          他的   这种   快
```

62.
```
                DP
              /    \
          Spec      D'
           |       /  \
          DP      D    VP
           |      |    |
          他的     0   (到)①来
```

2.5.4 充当 D 元素的代词（Pronouns as D Elements）

如果对代词进行 NP 分析，它为一个名词短语，其最大投射为 NP，又由于每一个最大投射都有一个中心语，我们只能将代词置于 N 节点下，如下图所示：

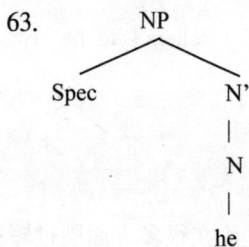

63.
```
           NP
          /  \
       Spec   N'
              |
              N
              |
              he
```

我们知道，代词体现了性、数、格的特征，因此，它应该是与 D 相关联，而不是与 N 相关联，因此，我们对它 DP 分析的结果如下：

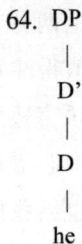

64.
```
   DP
   |
   D'
   |
   D
   |
   he
```

---

① 原文无"到"，此处加上只为使得句子更通顺。

我们也有一些证据证明代词处在 D 节点下。这种证据如由代词和名词构成的名词短语/DP。如下：

65a. we teachers

65b. you translators

65c.

```
              DP
            /    \
         Spec     D'
                 /  \
                D    NP
```

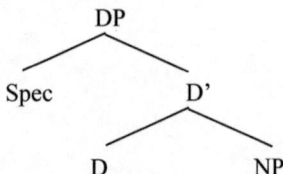

代词为名词短语/DP 的中心语的观点同代词体现整个名词短语/DP 的格相一致。很自然，名词短语/DP 的格特征由它的中心语体现，当一个名词短语/DP 处在定式句的主语位置的时候，该代词为主格形式；当它处在宾语位置的时候，该代词则为宾格形式，如下例所示：

66a. We teachers are respected by most people.

66b. [$_{IP}$ [$_{DP}$ we teachers] I [$_{VP}$ are respected by most people]]

67a. Most people respect us teachers.

67b. [$_{IP}$ [$_{DP}$ most people] I [$_{VP}$ respect [$_{DP}$ us teachers]]]

68a. Most people believe us teachers to be respectable.

68b. [$_{IP}$ most people I [$_{VP}$ believe [$_{IP}$ [$_{DP}$ us teachers] to be respectable]]]

2.6 本章简评

这一章我们用 X-杠理论代替了短语结构。X-杠理论在很多方面胜过短语结构，比如它保证了中心语的地位，可以剔除像 *VP ➔N 这样的表征式。更重要的是，它把句子、超句都纳入 X-杠这一种框架中来了。但是，X-杠结构自身也遇到了一些难题，比如 give 这样的词语带有两个宾语，对 X-杠结构的两分支不啻一个挑战，为解决这一问题，我们接受 VP-壳结构的重新分析。值得注意的是，X-杠结构用于汉语并不是那么得心应手。X-杠结构是基于英语语言建立起来，而英语和汉语在结构上存在很多差异，比如英语适用于全部的中心语在前的结构，而汉语的中心语在后的居多。这不仅给我们带来了挑战，也给我们提供了广阔的研究空间。

3　管辖（Government）

3.1　c-指令与管辖（c-command and Government）

管辖（government）① 这一概念，传统上指的是在某些特定的句法结构中，一些单词被另一些单词所控制的关系，以 gave him 和 to him 为例，其中 gave 和 to 就是管辖语（governor），him 在两句中都是受管辖的对象。生成语法继承了这一概念，但其定义更加严谨。

为掌握管辖关系的概念，我们先看 c-指令（c-command）的定义：

c-指令：当且仅当统制 α 的第一个节点也统制 β，且 α 不统制 β，这时 α c-指令 β。

雷德福（Radford，1997：75）做了这样一个形象的比喻：树形图上的不同节点代表火车站，你从 X 站（树形图上的任意一个节点）乘车出发向北（树形图上为向上），只允许坐一站就得换车南行，凡是南行火车可以直达的站（除了 X 站），都被 X 所 c-指令。

我们看下图中哪些成分受到 D 的 c-指令：

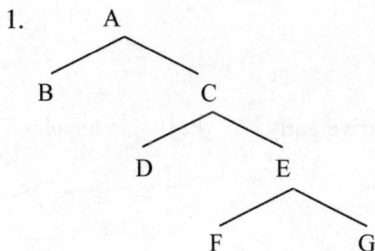

1.
```
              A
           ／    ＼
         B        C
               ／    ＼
              D       E
                   ／    ＼
                  F       G
```

---

① 曾有学者将 government 翻译成"支配"，笔者认为这种翻译不恰当，因为"支配"的字面意义常常与 dominate 联系在一起，沈家煊先生在类型学中就用"支配"来翻译 dominate/dominance。

（1）中统制 D 的第一个节点是 C，那么，根据定义，其他凡是受到 C 统制的节点都要受到 D 的 c-指令。我们看到，C 统制的节点为 E、F、G（A、B 不受 C 统制），所以说，D c-指令 E、F、G。

再看下面的结构图（Ouhalla，1999：156）：

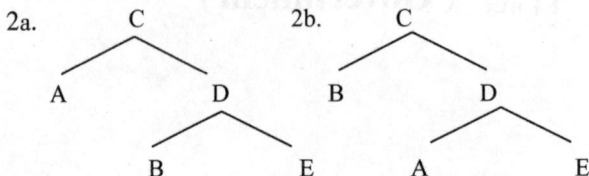

```
2a.          C                  2b.          C
          /     \                         /     \
         A       D                       B       D
               /   \                           /   \
              B     E                         A     E
```

在（2a）中，A c-指令 B，因为统制 A 的第一个节点 C 也统制 B，而且，A 不统制 B。然而，（2b）中，A 不 c-指令 B，因为统制 A 的第一个节点 D 不统制 B。

有了 c-指令，我们就可以引出管辖的定义。

管辖：当且仅当 α 为 X^0 范畴，且 α c-指令 β 时，α 管辖 β。

我们看这一定义是不是能够表明短语 gave him 和 to him 内的管辖关系：

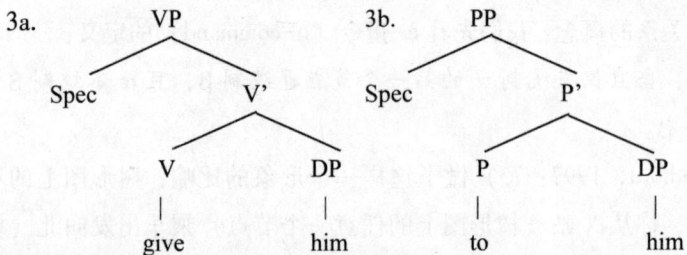

```
3a.          VP                 3b.          PP
          /      \                         /     \
       Spec      V'                     Spec      P'
               /    \                           /    \
              V      DP                        P      DP
              |      |                         |      |
            give    him                       to     him
```

首先，管辖的定义将管辖语（即 α）限制在 X^0（即中心语）范畴，这样，V 和 P 都符合条件，（3a）中 V 管辖 DP 因为 V 是中心语而且 V c-指令 DP。P 与 DP 的关系也是如此。

我们再来看一个比较复杂的结构：

4a. For Bill to arrive early is impolite.

4b. [CP [C' for [IP him [I' to [VP arrive early]]]]] is impolite

4c.

```
              CP
         ╱         ╲
      Spec          C'
                ╱        ╲
               C          IP
               │       ╱      ╲
              for    Spec      I'
                      │      ╱    ╲
                     Bill   I      VP
```

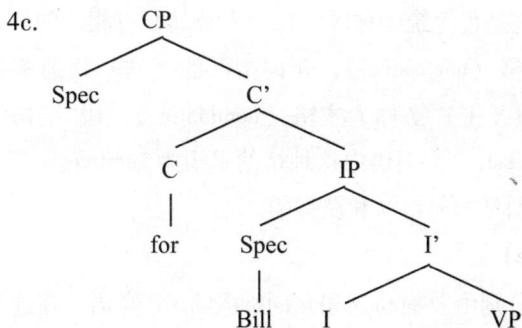

这里，for 是不是管辖 Bill 呢？我们看到，介词标句语 *for* 是一个中心语范畴，for 又 c-指令 DP，所以说，for 管辖处在 Spec，IP 的 DP *Bill* 。

那么，是不是说，只要 α 为 X^0 范畴，且 α c-指令 β 时，α 就管辖 β 呢？这样，在下面（5）的结构中，V 能够管辖 DP 吗？

5.

```
           VP
       ╱        ╲
     Spec        V'
             ╱        ╲
            V          PP
                   ╱        ╲
                 Spec        P'
                         ╱        ╲
                        P          DP
```

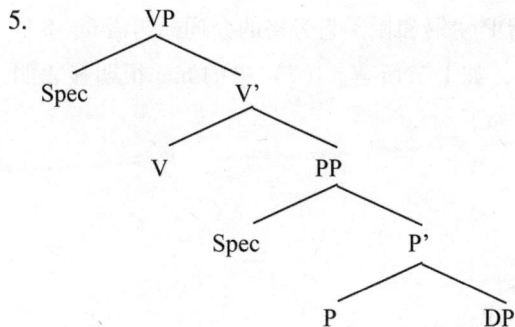

如果根据管辖的定义，（5）中，V 能够管辖 DP。如果结构再复杂一点呢？这样一来，管辖范围岂不是大得失去控制？

事实上并不是这样。我们还有一个条件剔除了 V 管辖 DP 的可能，这一条件称为最小限度条件（minimality），其定义如下：

在结构 $[_{XP} \cdots X \cdots [_{YP} \cdots Y \cdots ZP] \cdots]$ 中，X 不管辖 ZP。

把这一条件纳入管辖的定义当中，我们得到：

当且仅当 α 是一个 X^0 范畴，α c-指令 β，且遵循最小限度条件，这时，α 管辖 β。

3.2 格的指派（Assignment of Cases[①]）

我们一直用"宾格"来指代及物动词以及介词所指派的格，用"主格"指

---

① 注意在文献表述中，代表抽象结构格的 Case 第一个字母要大写。

代定式 I 所指派的格。事实上这是很笼统的称呼，每一个范畴都有相应的格。及物动词指派的（宾）格称为宾格（accusative），介词指派的（宾）格通常称为旁格（oblique），定式 I 指派的（主）格称为主格（nominative）。DP 结构的主语（specifier）获得属格（possessive），英语中这种格的术语为 genitive。

下面我们看一下这些格分别是如何指派和获得的。

3.2.1　宾格（Accusative）

上一节宾格与旁格通常是分别由及物动词和介词指派给 DP 宾语。在这一基础上，我们可以推断，格就像内 θ-角色，也是在"姐妹"节点的结构关系下指派的，如下所示：

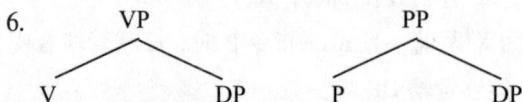

6.
```
      VP                    PP
    /    \                /    \
   V      DP             P      DP
```

然而，就句子（4）而言，DP 主语和授予它旁格的介词标句语 for 不是"姐妹"关系，但它仍受到 for 管辖，如上节所言。（7）中的 him 很明显表明，for 所管辖的 DP 主语当获得宾格。如下：

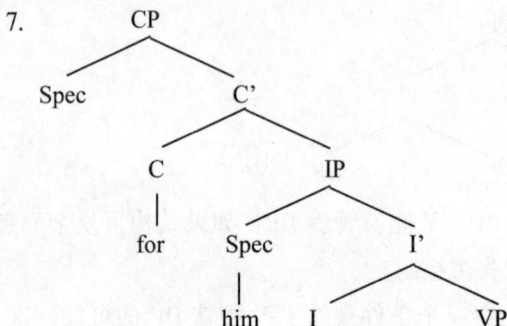

7.
```
              CP
            /    \
         Spec     C'
                /    \
               C      IP
               |    /    \
              for  Spec    I'
               |        /    \
              him      I      VP
```

那么，宾格是通过一种什么关系指派的呢？观察（6）和（7），我们不难看出，它们都属于我们在上一节所谈的管辖关系，因此，我们可以说，宾格通过管辖指派。管辖定义我们复述如下：

> 管辖：当且仅当 α 为 X^0 范畴，且 α c-指令 β 时，且遵循最小限度条件，这时，α 管辖 β。

管辖是格指派的核心条件。但在英语中，只有管辖还不够，还需要一些附加条件。我们对比两个句子（8）和（9）：

8a. *Bill answers often questions.

8b. *[IP Bill [I' [V answer]i I [VP often [VP ti [DP questions]]]]]

9a. Bill often answers questions.

9b. $[_{IP}$ Bill $[_{I'}$ t$_i$ $[_{VP}$ often $[_{VP}$ $[_V$ $[_V$ answer $[$ I $]_i]$ $[_{DP}$ questions$]$ $]$ $]$

（8）不正确，我们的解释是因为 V 与由它指派格的 DP 不相邻，中间隔了一个副词；而（9）正确，这是因为 V 与由它指派格的 DP 是相邻的。宾格指派要求受格成分与授格成分必须相邻，这一要求，被称为邻接条件（adjacency）。邻接条件并不是每种语言都要求的，有的语言，如法语就不要求。

这一条件我们可从另一个 V（ADV）PP 获得进一步的论证。

10a. Bill knocked repeatedly on the window.

10b. Bill repeatedly knocked on the window.

在（10）中，动词的补语为 PP，PP 内的 DP 从 P 那里获得旁格，无须 V 向它指派格。因此，在 V 和 PP 中间可以存在副词。

那么，是不是说，只要中心语动词或介词与宾语之间具备管辖关系，又满足了邻接条件，就意味着中心语能向其动词宾语或介词宾语指派宾格呢？介词是可以的，动词却不一定，而对于动词来说，它要求 DP 论元与它指派宾格的能力之间似乎没有严格的联系，有的动词要求 DP 论元，但它不向该 DP 指派格。如 rely、approve。

11a. The boy relies on the girl.

11b. *The boy relies.

12a. John does not approve of Bill's behavior.

12b. *John does not approve.

传统上认为及物性（transitivity）和指派宾格的能力具有密切的联系。因此，及物性范畴也属于指派宾格的范畴，如介词后的 DP 从它那里获得旁格，因此介词是及物性的。

由及物动词派生的名词就不具有及物性，比如：

13a. the translation *(of) the book

13b. the answer *(of) the book

有些形容词也不具有及物性：

14a. Susan is proud *(of) her achievements.

14b. John is keen *(on) soccer.

前面我们试图将 c-选择纳入 s-选择中，即，每一个语义范畴都通过 CSR 与一个句法范畴相对应。但问题是，给定两个词，s-选择同样的语义范畴却可能 c-选择不同的句法范畴，如动词 hear 与 listen s-选择同样的主题论元，然而，

hear c-选择 DP，listen 却不能。

15a. I heard him.

15b. I listened *(to) him

两者是否 c-选择 DP 取决于该动词是及物性的还是非及物性的，它们选择特征基本相同，但具有不同的格特征。这种差异导致了内论元实现为 DP 和带介词的 DP。由于 hear 指派宾格，它的内论元能够实现为光杆名词短语（bare NP）；而 listen 不能指派宾格，它的内论元不能实现为光杆名词短语。

3.2.2　主格（Nominative）

我们认为，主语的主格（nominative）是从定式 I 获得的。从下图中我们可以看出，DP 和［Spec, IP］在句法结构关系上具有一致性。

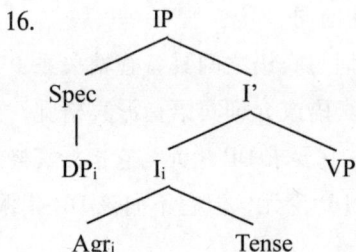

16.

```
              IP
            /    \
         Spec     I'
          |      /  \
         DPi   Ii    VP
              /  \
           Agri   Tense
```

其实，在前面（§2.2）我们已经提到，定式句的主语必须与 I 的 Agr 保持一致关系，这称为指定语-中心语一致：

中心语（X）与其指定语（Spec-XP）在相关特征上必须保持一致。

这一原则适用于所有涉及指定语的情况，包括 wh-问句，其相关特征各不相同，但主要由中心语的特征决定。定式句中相关特征称为一致（agreement）或 φ-特征（φ-features），包括人称、性、数，格特征在代词上也能体现出来。比如：

17a. I/you/we/they like/*likes them

17b. He/she likes/*like them

因此，定式 I 和 DP 主语的格关系是一种一致关系，主格通过指定语-中心语一致关系指派（确切地说，是特征匹配），这与前面宾格通过管辖关系指派不同，主格的指派依靠的是一种结构关系。

另外，有一些生成语法学家（甚至包括乔姆斯基本人）坚持认为，主格在管辖关系下分派，为此，乔姆斯基（Chomsky, 1986）采纳奥恩·史波迪什（Aoun & Sportiche, 1983）的建议，对管辖的定义作了修正，以 m-指令（m-command）代替 c-指令，重新定义了管辖关系。m-指令涉及最大投射，其概念为：

当且仅当 α 不统制 β，β 也不统制 α，且统制 α 的第一个最大投射也统制 β，这时，α m-指令 β。

如果引入 m-指令，我们的管辖定义由此改写如下：当且仅当 α 为 X^0 范畴，α m-指令 β，且最小限度条件得到遵循，这时，α 管辖 β。这样一来，这里的 I m-指令［Spec, IP］，从而管辖［Spec, IP］，也就管辖［Spec, IP］节点下的 DP。

3.2.3 属格（Genitive）

上面我们谈到，由及物动词派生的名词就不具有及物性，从而也就不能指派格，如下例所示：

18a. *the translation the book

18b. the translation of the book

19a. *the answer the question

19b. the answer to the question

由于派生名词 translation 和 answer 不能指派格，（18a）和（19a）被排除了。在（18b）和（19b）中，本身没有语义内容的介词 of 的插入挽救了这些表达式，其作用显然是指派格。

还有一类属格，以语素 -'s 的形式出现，如：

20a. His/Bill's House

20b. ［DP his /Bill's ［N' house］］

21a. Her/Susan's answer to the question

21b. ［DP her /Susan's ［N' answer ［to the question］］］

22a. Its/the book's translation by the translators

22b. ［DP its /the book's ［N' translation ［by the translators］］］

属格主语可以拥有不同的 θ-角色，（20）中为所有者，（21）中为施事，（22）中为主题。属格是如何来的呢？又是在什么情况下被指派的呢？

前面（§3.2.1）我们探讨了名词短语与小句在结构上的相似之处。虽然名词短语/DP 没有时态范畴，这一点和小句不同，然而有理由相信，和 IP 的 I 节点下的 Agr 范畴平行，名词短语/DP 的 D 节点下包含 Agr 范畴，其中指示代词 Dem（onstrative）处在 Spec, DP 下（主语位置），而且同中心 D 的 Agr 范畴指定语-中心语一致。

23.

```
              DP
           /      \
        Spec       D'
          |      /    \
        Dem_i   D      NP
                |       |
               Agr_i    N'
                        |
                        N
```

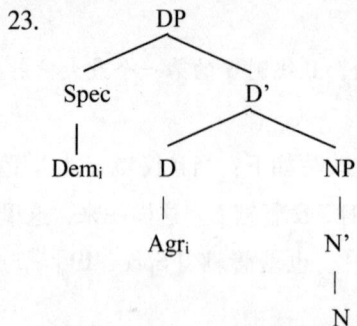

不难看出，（23）为属格的来源问题提供了一个答案。前面讲到 IP 的主语的主格是通过指定语-中心语一致指派的，我们把它扩大到名词短语/DP 的主语的属格，这个格也是通过指定语-中心语一致由 D 指派。看一个例子：

24a.　Susan's answer to the question

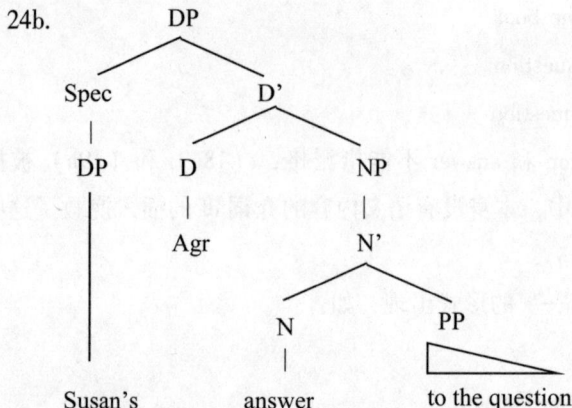

24b.

```
                DP
             /      \
          Spec       D'
            |      /    \
           DP     D      NP
            |     |       |
            |    Agr      N'
            |          /     \
            |         N       PP
            |         |        △
        Susan's    answer   to the question
```

在这一结构中，主语 Susan 处在［Spec, DP］节点下，通过指定语-中心语一致（Agr）从 D 那里获得属格，语素 's 为属格的拼写形式。

我们还说，显性的主语与 Det 互补分布，即，不能同时出现在中心语 N "answer" 的前面，如下例所示：

25a.　*Susan's the answer to the question

25b.　*［_DP Susan's ［_D the ［_NP answer ［to the question］］］

Det 的出现就意味着 Agr 的缺失，这就是（25）被排除的原因。在（25）中，the 的出现表明 D 节点下不能再有 Agr，那么其主语 Susan 就不能从中心语处获得属格，因此（25）也就被排除了。

再看动名词的情况：

26a.　Bill's closing the window bothers Susan.

26b. [Bill's closing the window] bothers Susan

27a. John complains Bill's closing the window.

27b. John complains [Bill's closing the window]

我们看到，动名词短语的主语为属格形式，动名词短语有着名词短语/DP 的特点，同时又包含一个 VP。如果把动名词短语的结构分析如下：

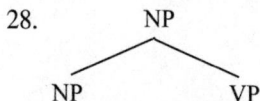

28.
```
        NP
       /  \
     NP    VP
```

这就引发了一个问题，那就是其主语的属格的来源问题。如果用 DP 分析，我们可得到如下结构，显然，它与 X-杠理论一致。

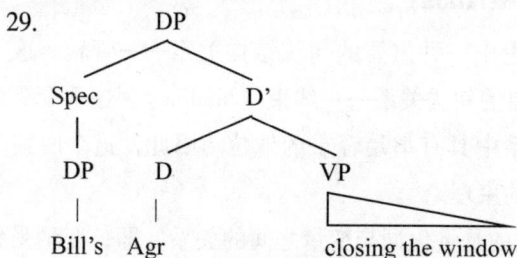

29.
```
            DP
          /    \
       Spec     D'
         |      /  \
        DP    D     VP
         |    |      \
      Bill's Agr   closing the window
```

在（29）中，D 以 VP 为补语，这就解释了动名词的动词特点。主语处在 [Spec，DP] 位置，通过指定语-中心语一致获得属格，V 的补语通过管辖关系获得宾格。

3.3 本章简评

管辖的定义在生成语法的研究中有过多次的修正，但其基本精神一直没有太大变化。我们在本书中基本沿用这一定义，有时还涉及其他版本，我们会另做说明。总而言之，管辖是一种关于句法结构关系的概念，作用是在复杂的句子结构中划定一个范围，整个理论系统的许多句法过程都必须在此范围内进行，许多句法关系也以此为基础。在"管辖约束理论"（简称"管约论"）中，管辖理论一直都是其他理论模块的基础，管辖关系的任何细小变化都会对整个理论系统形成极大的冲击，所以管辖关系的判定向来有着重要的地位，在某种意义上甚至可以说，管辖理论是整个"管约论"框架的核心。

4　约束（Binding）

4.1　约束关系（Binding Relation）

在第三章我们介绍了管约论中一种重要的句法结构关系——管辖。这一章我们将介绍管约论中另一个重要的句法关系——约束（binding）。这两个概念在简约论之前的原则参数理论体系中具有举足轻重的地位。因此，这个时期的原则参数框架通常被称为"管辖约束理论"。

"约束"一词来自逻辑，指的是量化词与变量之间的关系，即，变量受到量化词的约束。在生成语法中，约束是用来规定照应语、代词、r-表达式在句中分布的一种关系。约束关系定义如下：

　　　　当且仅当 α 与 β 同指，且 α c-指令 β 时，α 约束 β。

这里牵涉到一个同指（coreference）的概念，同指指的是一种同标关系。如下面的 assistants 与 themselves 就是同指关系，在约束理论中，同指我们一般用 i、j、k 等来标记。

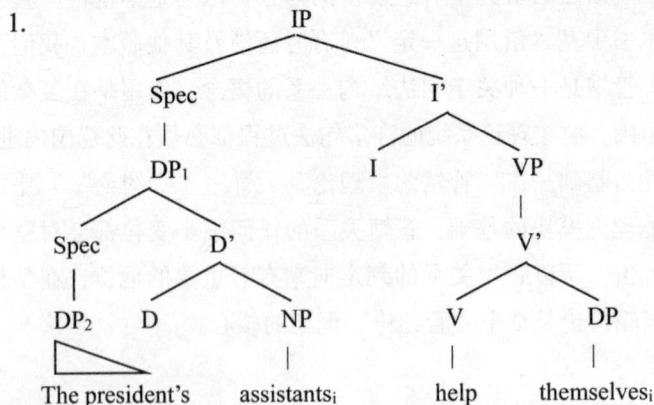

1.

```
                        IP
              ┌─────────┴─────────┐
            Spec                  I'
              │           ┌───────┴───────┐
            DP₁           I              VP
       ┌──────┴──────┐                    │
     Spec           D'                    V'
       │        ┌────┴────┐          ┌────┴────┐
      DP₂      D          NP         V         DP
      ◁        │          │          │          │
  The president's   assistantsᵢ    help    themselvesᵢ
```

另外，讨论约束关系，我们还经常涉及一个先行语（antecedent）的概念。

从结构上来看，照应语或代词的先行语必须满足以下条件：

与照应语或代词有着同样的 φ-特征（或同标）且 c-指令照应语或代词。

（1）中的 the president 不能是 themselves 的先行语，因为它不能 c-指令 themselves。只有 the president's assistants 所在的 DP1/Spec，IP 才 c-指令 themselves。

约束理论所探讨的范畴一般来说分为六种，照应语（anaphor）、代词（pronoun）、r-表达式（或指称表达式，referential expression）、DP-语迹，变量和 PRO。这一章我们只看显性的指称语，即照应语、代词、r-表达式。余下的在空范畴一章再讨论。

照应语包括反身代词（reflexive）如"himself""themselves""他自己"①等。以及互相代词"each other""彼此"。代词包括常见的代词如"他""she""him"等。r-表达式包括名字，如"张三""Susan""John"，以及有所指的 DP，如"老师""the president""the student"等。

照应语的特点是要求句子里必须有一个先行语作为它的指代对象，如下面的英语例子所示：

2a. The students helped themselves/each other.

2b. [$_{IP}$ the students$_i$ helped themselves$_i$/each other$_i$]

2c. *[$_{IP}$ the students$_i$ helped themselves$_j$/each other$_j$]

代词与照应语的不同在于它们不要求句中有先行语，当然它们也可能有，如下面的句子中，代词可以指代句子的主语，也可以指代句子之外的某个个体。

3a. 校长怀疑学生骂他。

3b. [$_{IP}$ 校长$_i$ 怀疑 [$_{CP}$ [$_{IP}$ 学生们骂他$_i$]]]

3c. [$_{IP}$ 校长$_i$ 怀疑 [$_{CP}$ [$_{IP}$ 学生们骂他$_j$]]]

4a. The president asks that the students help him.

4b. [$_{IP}$ the president$_i$ asks [$_{CP}$ that [$_{IP}$ the students help him$_i$]]]

4c. [$_{IP}$ the president$_i$ asks [$_{CP}$ that [$_{IP}$ the students help him$_j$]]]

与照应语和代词不同，r-表达式在句子中不能有先行语，如下例所示：

---

① 注意，这里的"他自己"不等于"自己"，"自己"一词与英语中的反身代词不同，它"是一个兼有（泛指）代词和反身代词两种性质的词语"（程工，1999：200）。我们在 §4.2.3 再做讨论。

5a. 老师怀疑某同学打了张三。

5b. *[IP 老师i 怀疑 [CP [IP 某同学打了张三i]]]

5c. [IP 老师i 怀疑 [CP [IP 某同学打了张三j]]]

6a. He asks that the students help Bill.

6b. *[IP hei asks [CP that [IP the students help Billi].]]

6c. [IP hei asks [CP that [IP the students help Billj]]]

DP 的指称特点可以通过它们的指称特征来表示。我们知道代词通常是有关人称、性、数、格的特征，而英语中的反身代词一般也包括代名语元素，如 herself 中有一个 her，因此，照应语与代词都含有同样的代词特征集，它们的不同只在于照应关系的差别。这样，我们就可以用特征赋值 [+/-a（naphotic）] 和 [+/-p（ronominal）] 来表示不同类的 DP。这样，照应语、代词、r-表达式的特征赋值分别可以表示为 [+a, -p]、[-a, +p]，r-表达式与照应语、代词都不相同，它既无照应性，也没有代名语的特点，所以它的特征赋值为 [-a, -p]，还有第四类可能的特征赋值组合，即 [+a, +p]，但显性的 DP 中没有相应的成分，后面我们会在空范畴中看到这一组合的存在。

需要指出的是，约束理论不涉及两个句子的成分之间和句子成分与客观世界之间的指称关系，只涉及一个句子内的两个成分之间的指称关系。约束理论借助约束关系来规定各种范畴在句中分布条件。这种规定称为 BC（约束条件，binding conditions）。

汉语的约束条件与英语存在差异，而且许多没有定论。本章我们以英语的例子为主。

4.2 照应语和代词（Anaphors and Pronouns）

4.2.1 约束条件 A&B（Binding Condition A&B）

看两个英语句子：

7a. The president asks (that) the students help themselves.

7b. [IP the presidentj asks [CP (that) [IP the studentsi help themselvesi]]]

8a. *The students ask (that) the president helps themselves.

8b. *[IP the studentsi asks [CP (that) [IP the presidentj help themselvesi]]]

（7）中的照应语 themselves 的先行语为 the student，而不能是 the president。虽然在（8）中，the president 与照应语同标，并且处在同一个句子当中，它也不能约束照应语。这表明了照应语必须在比句子还要小的区域内受到约束。因此，BC A 有必要修正。用一个比句子小的区域来定义照应语的约束条件。但是，这个"比句子小的区域"到底有多小呢？我们再看一个句子：

9a. The president heard the students' stories about each other.

9b. $[_{IP}$ the president$_j$ heard $[_{DP}$ [the students']$_i$ stories about each other$_i]$ $]$

10a. *The students heard the president's stories about each other.

10b. *$[_{IP}$ the students$_i$ heard $[_{DP}$ [the president's]$_j$ stories about each other$_i]$ $]$

可见，这个"比句子还要小的区域"可能是个小句，如（7）所示，也可能是个 DP，如（9）。由此看来，要给出一个准确的 BC A 定义，我们就要明确解释这个"区域"。我们暂且将这个区域称为"局部域"（local domain），从而 BC A 重新阐述如下：

照应语必须在"局部域"内受到约束。

我们再看 BC B。前面我们说，代词在句中不要求先行语，也就是，代词在句中可以有先行语，也可以没有先行语。如下所示：

11a. The president asks that the students help him.

11b. $[_{IP}$ the president$_i$ asks $[_{CP}$ that $[_{IP}$ the students help him$_i]$ $]$ $]$

11c. $[_{IP}$ the president$_i$ asks $[_{CP}$ that $[_{IP}$ the students help him$_j]$ $]$ $]$

那么代词对先行语到底有没有要求呢？我们把（7）的照应语换成代词：

12a. *The president asks (that) the students help them.

12b. *$[_{IP}$ the president$_j$ asks $[_{CP}$ (that) $[_{IP}$ the students$_i$ help them$_i]$ $]$ $]$

（12b）表明代词不能在它所处的小句中受到约束。由此看来，我们前面只规定代词在句中不要求有先行语是不正确的。应该说，代词在特定的区域中必须不能受到约束。但是，这个特定的区域该如何规定？它是不是就是前面谈到的照应语的"局部域"？换句话说，代词和照应语是不是互补分布呢？我们不妨验证一下。

如果说代词和照应语互补分布，那么，如果代词正好处在要求照应语所处的语境，这个句子就要被排除掉。（7）和（12）就反映了这种互补关系，我们再把（8）中的照应语换成代词来验证一下。

13a. The students ask (that) the president helps them.

13b. $[_{IP}$ the president$_i$ asks $[_{CP}$ (that) $[_{IP}$ the students$_j$ help them$_i$]]]

可见，照应语和代词在小句中是互补分布的。那么，照应语和代词在"局部域"中是否互补呢？我们再将（10）的 DP 中的照应语换成代词来验证一下。如果成立，则可以得出结论，照应语和代词在"局部域"中互补分布。

14a. The students heard the president' stories about them.

14b. $[_{IP}$ the students$_i$ heard $[_{DP}$ [the president's]$_j$ stories about them$_i$]]

（14）成立。可见，照应语和代词在"局部域"中互补分布。因此，照应语在"局部域"中受到约束，代词一定自由。我们再次验证一下，我们让（14）中的代词在 DP 内受到约束，看结果是不是被排除：

15a. *The president heard the students' stories about them.

15b. *$[_{IP}$ the president heard $[_{DP}$ [students']$_i$ stories about them$_i$]]

可见，代词在它所处的"局部域"中必须自由。因此 BC B 我们重新阐述如下：

  代词必须在其"局部域"内自由。

下一步，我们要为"局部域"找出一个恰当的定义。

4.2.2 管辖范畴（Governing Category）

看下面两个句子：

16a. The (two) presidents expected each other to leave.

16b. $[_{IP}$ the (two) presidents$_i$ expected $[_{IP}$ each other$_i$ to leave]]

17a. The (two) presidents expected them to leave.

17b. *$[_{IP}$ the (two) presidents$_i$ expected $[_{IP}$ them$_i$ to leave]]

17c. $[_{IP}$ the (two) presidents$_i$ expected $[_{IP}$ them$_j$ to leave]]

（16）和（17）两句的动词 expect 都包含一个非定式小句。（16b）表明照应语能够出现在小句主语的位置并且受到根句的主语的约束。而当该语境出现的是代词时，如（17b）所示，这个句子就被排除了。（17a）的正确读法是，代词不受约束，如（17c）所示。

现在我们把（16）、（17）与（18）、（19）进行比较。

18a. *The (two) presidents expected (that) each other would leave.

18b. *$[_{IP}$ the (two) presidents$_i$ expected $[_{CP}$ (that) $[_{IP}$ each other$_i$ would leave]]]

19a. The (two) presidents expected (that) they would have to leave.

19b. $[_{IP}$ the (two) presidents$_i$ expected $[_{CP}$ (that) $[_{IP}$ they$_i$ would have to leave$]$ $]$ $]$

（18）、（19）的情形与（16）、（17）恰恰相反。（18）、（19）的嵌套小句为定式句，其主语位置排斥照应语，然而代词是允许的。

（16）、（17）与（18）、（19）之间为什么存在这种差别呢？过去这种差异用一个条件来区分，即主格岛条件（NIC, Nominative Island Condition），认为指派了主格的主语位置是一个岛，照应语的指称不能在岛之外。这就是（18）被排除掉的原因。我们可以用管辖的概念来解释。在（16）和（17）中，根动词expect管辖非定式小句的主语，而在（18）和（19）中的根动词不能管辖定式小句的主语（中间隔着一个CP，不符合最小限度条件）。可见，管辖语在约束概念中起到关键的作用。因此，可以这样说：如果照应语在一个区域内有管辖语①，它一定要在该区域内受到约束，否则就是破坏了 BCA。

再看下面的例子：

20a. The (two) presidents expected the students to help each other.

20b. $[_{IP}$ the (two) presidents$_i$ expected $[_{IP}$ the students$_j$ to help each other$_j]$ $]$

20c. *$[_{IP}$ the (two) presidents$_i$ expected $[_{IP}$ the students$_j$ to help each other$_i]$ $]$

（20）如果理解成照应语受最近的主语约束，如（20b）所示，这个句子是正确的。然而，如果理解成照应语受到较远的根句主语约束，如（20c）所示，就是不正确的。这是因为（20c）中的照应语和根句之间有 the student 的介入。

这样看来，词汇性的照应语也不能越过介入性的主语受到约束。

我们的目的是确定照应语与代词的"局部域"的特点，而我们已经确认找出了管辖语。现在，我们找出了另外一个特点，那就是主语。如果一个区域中有主语，其中的照应语一定要在该域中受到约束。如（20）的嵌套小句有主语，其中的照应语必须在小句内受到约束。（20b）满足了这一条件，（20c）没有满足，从而被排除掉了。

既然说主语在定义"局部域"的概念中起作用，我们不妨也来验证一下这一假设。我们可以把（20）的照应语替换成代词，看看他们是否呈互补分布。

---

① 主格是由定式 I 分派到主语位置的，因此，主格可以看作由定式的 I 通过管辖分派（即乔姆斯基的一种思路），从而可以把定式的 I 称作管辖语。

如下例所示：

21a. The (two) presidents expected the students to help them.

21b. *$[_{IP}$ the (two) presidents$_i$ expected $[_{IP}$ the students$_j$ to help them$_j]$ $]$

21c. $[_{IP}$ the (two) presidents$_i$ expected $[_{IP}$ the students$_j$ to help them$_i]$ $]$

主语在定义"局部域"的概念中所起的作用在 DP 中体现得更加明显。我们知道 DP 中的主语是选择性的。当 DP 中没有主语时，照应语可以受 DP 之外的成分约束。但当 DP 中有主语时，照应语就不能受 DP 之外的成分约束。我们可以从下面的两个句子中看出这种差异：

22a. The students heard stories about each other.

22b. $[_{IP}$ the students$_i$ heard $[_{DP}$ $[$e$]$ D $[_{NP}$ stories about each other$_i]$ $]$

23a. *The students heard the president's stories about each other.

23b. *$[_{IP}$ the students$_i$ heard $[_{DP}$ $[$the president's$]_j$ D $[_{NP}$ stories about each other$_i]$ $]$ $]$

由于（22）中的 DP 中没有主语，它就不能形成一个"局部域"，尽管它具有照应语的管辖语，名词 stories。照应语在（22）中的"局部域"为 IP，在这个区域中包含了照应语、照应语的管辖语以及一个主语。而在（23）的 DP 中含有一个主语，而且有照应语以及它的管辖语，它形成了照应语的"局部域"。然而，照应语在"局部域"中没有受到约束，从而这个句子被排除掉了。由此也可以看出，"局部域"是一个最小区域。

综上所述，如果一个区域中至少包含一个主语、照应语/代词以及它的管辖语，它就是一个"局部域"。且在这之中照应语必须受到约束，而代词必须自由。这个域的术语为 GC（管辖范畴，governing category），定义如下：

α 的管辖范畴是最小包含一个主语、α 及 α 的管辖语的域。①

我们用 GC 替代"局部域"，由此得到 BC A、BC B 的定义。

BC A：照应语在其 GC 内必须受到约束。

BC B：代词在其 GC 内必须自由。

---

① 乔姆斯基（Chomsky, 1986a）用 CFC（完全功能复杂体，Complete Functional Complex）来指代"局部域"。如下：A CFC is a domain where "all grammatical functions compatible with is head are realized in it—the complements necessarily, by the projection, and the subject, which is optional unless required……"（Chomsky, 1986a: 169）。乔姆斯基（Chomsky, 1995b: 102）又重新将其定义为："The GC for α is the minimal CFC that contains α and a governor of α and in which α's binding condition could, in principle , be satisfied."

4.2.3 汉语的"自己"（*ziji* in Chinese）

约束理论在不同的语言中是有所差异的，其差异主要体现在约束范围上。一些学者，如科斯特（Koster，1987）、曼乔尼、韦克斯勒（Manzini & Wexler，1987）等将其归为语言的参数差异。对于汉语，焦点基本集中在"自己"一词上。比如下面的"自己"就有两种理解：

24a. 张三担心李四恨自己。

24b. $[_{IP}$张三$_i$担心$[_{CP}[_{IP}$李四$_j$恨自己$_j]]]$

24c. $[_{IP}$张三$_i$担心$[_{CP}[_{IP}$李四$_j$恨自己$_i]]]$

但如果我们使用代词"他"与"自己"复合到一起使用，则遵守 BC A。

25a. 张三担心李四恨他自己。

25b. $[_{IP}$张三$_i$担心$[_{CP}[_{IP}$李四$_j$恨他自己$_j]]]$

25c. $^*[_{IP}$张三$_i$担心$[_{CP}[_{IP}$李四$_j$恨他自己$_i]]]$

有趣的是，如果把（24）中的小句主语换成人称代词，这时"自己"就只能在局部范围内受到约束，这种现象称为阻碍效应（blocking effect）。如：

26a. 张三担心你恨自己。

26b. $[_{IP}$张三$_i$担心$[_{CP}[_{IP}$你$_j$恨自己$_j]]]$

26c. $^*[_{IP}$张三$_i$担心$[_{CP}[_{IP}$你$_j$恨自己$_i]]]$

这一问题引起了许多语言学家的注意，有许多不同的解释方案，有兴趣的读者可以自行查阅。

4.3 R-表达式（R-expression）

我们已经知道，r-表达式不能在句子中受到约束。这种情况似乎是不管多远都不存在它的约束语。如（27）中的r-表达式 the students 与 they 之间隔了三个小句边界，它仍然不能受到 they 约束。

27a. They say (that) the journalists claim (that) the public thinks (that) the president helps the students.

27b. $^*[_{IP}$ they$_i$ say $[_{CP}$ (that) $[_{IP}$ the journalists claim $[_{CP}$ (that) $[_{IP}$ the public thinks $[_{CP}$ (that) $[_{IP}$ the president helps the students$_i]]]]]]]$

而（28）中的 his 虽然与 r-表达式同标，却缺乏 c-指令条件，也不是一种约束关系。

28a. His assistants help Bill.

28b. $[_{DP}$ his$_i$ $[_{D'}$ D $[_{NP}$ assistants$]$ $]$ $]$ help Bill$_i$

这样一来，我们得出以下结论：GC/CFC 在 r-表达式的定义中不起作用。因此，我们将 BC C 定义如下：

　　　BC C：r-表达式无论在何处必须是自由的。

这样看来，既然 BC C 不能受到约束，它应该不是一个约束条件。下面我们会看到，它具有一些特点说明它是约束条件。

4.4 本章简评

本章知识介绍了显性的 DP 的约束条件。当然，这只是一个开始，压轴戏还在后头。之后我们会看到，多数空范畴都能够纳入这一理论框架之中。因此，真正能够熟练掌握运用约束理论，才算是迈进了生成语法的大门。

5 转换：从底层到表层的映射
（Transformations：Mapping from DS to SS）

5.1 转换的性质 （The Nature of Transformations）

5.1.1 表征层面 （Levels of Representation）

谈及转换，我们需要了解两个概念：DS（Deep Structure，深层结构）和 SS（Surface Structure，表层结构）①。先看几个句子：

1a. 张三打李四。

1b. 李四被张三打了。②

1c. 张三打李四了吗？

1d. 李四被张三打了吗？

（1a）为深层结构（即词汇后、转换前的结构）；（1b）、（1c）、（1d）为表层结构（即转换后的结构）；从（1a）到（1b）、（1c）、（1d）的变化称为转换（transformation）。转换必须遵循转换规则（transformational rules）。转换规则将 DS 表征式映射（mapping）到 SS 表征式。

句子的生成式之所以存在着两个层面是引入转换规则的结果。这样，句法方面的语法成分就由两个次成分组成，一个次成分为基础（base），为不依赖于语境的短语结构规则，另一个次成分包括转换规则等等。基础规则同 LIR 一起基础生成（base-generate）了 DS 表征式，在这个基础上通过恰当转换而形成的句子的最终句法形式即为 SS 表征式。SS 是一个抽象的句法表征层面，它还不能获得语音

---

① 深层结构（Deep Structure）和表层结构（Surface Structure）曾引起一些误解，为此，乔姆斯基将其改为 D-结构（D-Structure）和 S-结构（S-Structure）。本书中都使用 DS、SS 代替，没有作区分。

② 被动式在原则参数时代被视为基础生成的，这在后面会看到。

表征。句子在 PF（语音形式 Phonetic Form）层面上获得语音表征。在 LF（逻辑形式 Logic Form）层面上句子获得了语义表征。LF 是一个隐性的层面，不像 PF，它是不能听到的。我们可以将它们的关系表示如下（Ouhalla，1999：68）：

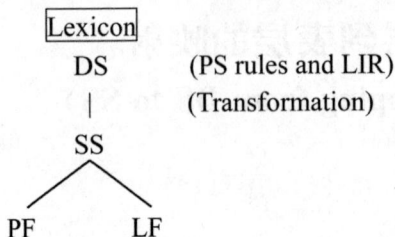

```
Lexicon
  DS        (PS rules and LIR)
  |         (Transformation)
  SS
 /  \
PF    LF
```

5.1.2　语迹（Trace）

首先看几个句子：

2a. 我能回答这个问题

2b. 我能 [VP 回答 [NP 这个问题]]

3a. 这个问题，我能回答。

3b. 这个问题，我能 [VP 回答]

4. *我能回答。

回答：[—NP]

如果没有恰当的语境，（4）显然是不对的。我们知道，"回答"要求一个 NP，很明显，句子（4）不正确。如果根据 LIR，（3）也是不符合语法的，但事实是，句子（3）却是正确的。可见（3）和（4）只是表面相似，而实际上是完全不同的。句子（4）没有宾语，而句子（3）的宾语只不过是不在动词的宾语的位置上。虽然说，（3）的 NP *this question* 不在宾语的位置，但仍然被理解为该句的宾语。一种可能的解释为 NP 起源于动词的宾语位置，移向句首。

5a. 我能回答 [NP 这个问题]

5b. [NP 这个问题]，我能回答。

（5a）是由短语结构规则及 LIR 生成的表征式，通过转换规则 NP 移向句首。该规则称为话题化（topicalisation）：

　　　移位 XP，将其附接到句子的左端。

XP 可以指任何短语范畴。XP 移走后在原来的位置留下一个语迹（trace）。虽然在我们的语言中语迹不表现出来，但我们能够明显感觉到它的存在。我们看一个英语的例子：

6a. This novel, I want to read.

6b. This novel, I wanna read.

6c. [NP this novel]i, I want to read [NP t]i.

7a. This novel, I want to be considered for a prize.

7b. *This novel, I wanna be considered for a prize.

7c. *[NP this novel]i, I want [NP t]i to be considered for a prize.

口语词 wanna 为 want 与 to 的缩约词。在（6）中可以缩约，而（7）中不可，我们推断，这是因为（7）在 want 与 to 之间有一个 trace 阻碍。因此，语迹虽然是一个没有语音形式的空范畴，但在语法中起着一定的作用。

5.1.3　移位类型（Movement Types）

5.1.3.1　替代移位（Substitution Movement）

这一节，我们要重点看一个问题：X-杠原则在各种层面的结构表征式成立还是只在 DS 中成立？如果它在句法表征式的各种层面的结构表征式中成立，那就说明转换没有力量更改深层结构，从而不致生成与 X-杠理论原则不符的 SS 和 LF 表达式。但如果 X-杠理论仅在 DS 成立，那就意味着转换能导致一些更改，这些更改在深层之外的各个层面会破坏 X-杠理论原则。

第一种想法似乎更加合理，因为它进一步限制了转换的力量，从而在一定程度上保持了各个层面的结构一致性。这样看来，X-杠理论原则还有限制转换范围的功能，只允许那些与 X-杠原则一致的结构派生。

X-杠原则在各种层面的结构表征式成立也同时说明，转换能"保持"DS 表征式。这一猜想可表示为结构维系假说（Structure Preserving Hypothesis，简称 SPH）：

> 结构维系假说：任何转换必须维系结构。

这里的"结构保持转换"，我们可以理解为任何与 X-杠理论保持一致的转换。因此，将一个范畴移向一个根据 X-杠理论为空的位置，这是"结构保持"转换，称为替换转换（substitution transformation）。而要求创立一个新节点的转换，就不是结构保持，而是"结构建立"，我们称之附接转换（adjunction transformation）。

被动句、提升句中的 NP-移位，以及疑问句、关系句中的 wh 移位，都是将一个范畴移向一个根据 X-杠理论为空的位置，即替换转换。

5.1.3.2　附接移位（Adjunction Movement）

附接转换的典型例子是话题化。话题化将一个范畴移到句子的最左端，从而创立了一个新的节点。如图：

8a. This question, I can answer.

8b. I believe that this question, I can answer.

8c.

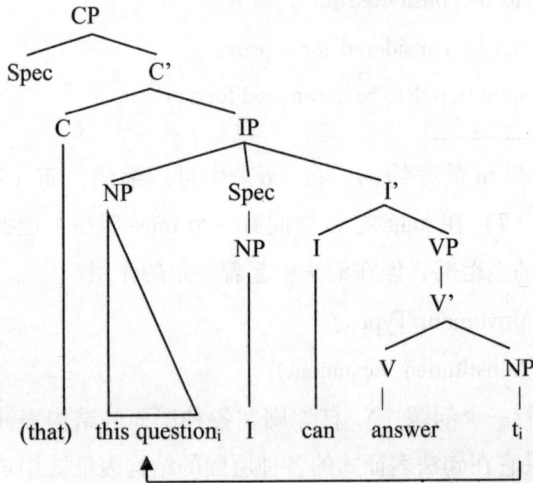

（8c）的结构很明显与 X-杠理论原则不符，因为话题化所生成的 NP 节点在上述 X-杠模式图中没有得到准许。在模式图中，XP 节点只能有两个分支（XP →Spec X'），而（8c）却有三个。这样，我们就试图找出一种与 X-杠理论原则相符合的结构，如图：

9.

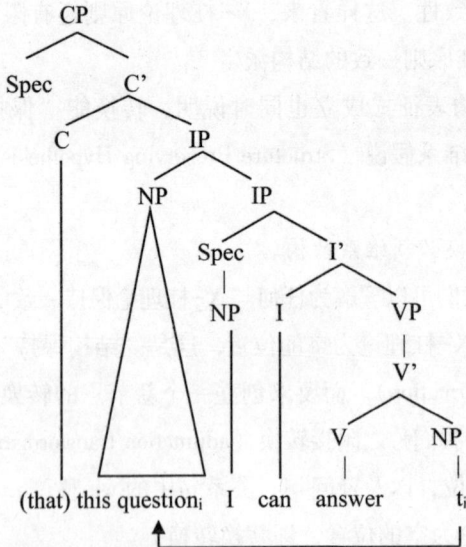

根据（9）的分析，话题化并非"结构建立"，而严格地说，它不是创立新的节点，而是延伸了一个已经存在的节点（IP）。因此，话题化与 X-杠理论原

则并不相悖，没有生出一个不符合 X-杠理论原则的结构。

这种分析我们还可以用于其他移位，包括 I-降落 (I-lowering，又称词缀跳跃)、V-提升、外置 (extraposition)、重型 NP 后置 (Heavy NP Shift)，如下：

10a. The news was reported of a plan to help the poor peasants.

10b. [IP [NP The news t_i] [I' I [VP [VP was reported] [PP of a plan to help the poor peasants]_i]]]

10c.

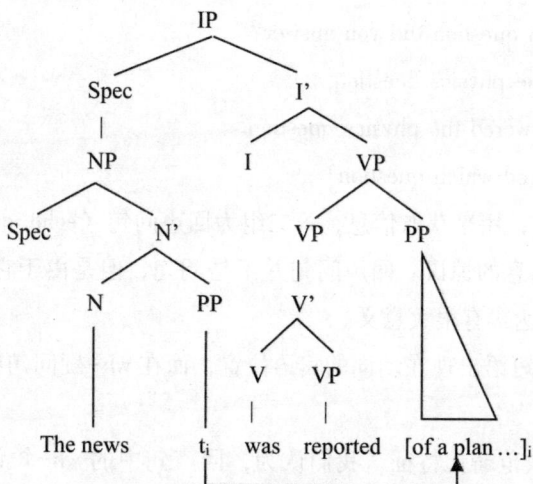

11a. Susan returned to the students all the homework she had collected.

11b. [IP Susan Aux I [VP returned t_i [PP to the students] [NP all the homework she had collected]]]

11c.

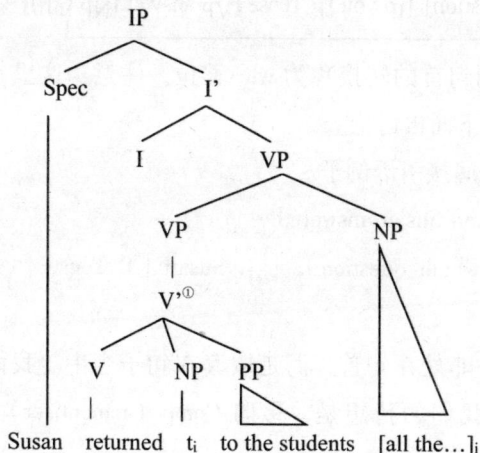

---

① 此处未双分支。如需以双分支理解，可参考 §2.5。

5.2　Wh-移位（Wh-movement）

这一节我们主要看英语的例子，因为汉语是一种 wh-原位（wh-in-situ）的语言，它的疑问词不移向其他位置，这种现象将在原则参数部分详细讨论。

5.2.1　Wh-问句（Wh-questions）

比较两组句子。

12a.　Question：Which question did you answer?

Answer：I answered the physics question.

12b.　Statement：I answered the physics question.

Statement：you answered which question！

第一组是 wh-疑问句，用来获取信息，第二组为回声问句（echo-question），常用来表示对已获得的信息的惊讶。回声问句并不是问句，但是由于它含有 wh-短语，对于理解 wh-表达式有很大意义。

在回声问句中，wh-短语出现在动词的宾语位置，而在 wh-疑问句中，它出现在句首。

根据动词 answer 的次范畴化特征，我们认为，回声句中的 wh-短语位置为深层结构的位置，那么 wh-疑问句的推导过程应为：

13a.　Which question did you answer?

13b. DS：$[_{IP}$ you $[_{I'}$ Tense $[_{VP}$ answer $[_{NP}$ which question $]$ $]$ $]$ $]$

13c.　SS: $[_{CP}$ $[_{NP}$ which question$]_i$ $[_{IP}$ you $[_{I'}$ Tense $[_{VP}$ answer $[_{NP}$ t$]_i]]]]$

这种把一个 wh-短语移到句首的转换称为 wh-移位。注意：这里句子还没转换完成，终端范畴 I 的转换下面再讨论。

再看一个含有 wh-短语的间接引语例子。

14a. I wonder which question Susan answered.

14b. I wonder $[_{CP}$ $[_{NP}$ which question$]_i$ $[_{IP}$ Susan $[_{I'}$ Tense $[_{VP}$ answer $[_{NP}$ t$]_i]$ $]$ $]$ $]$

问题是，这里 wh-短语并非处在句首，而是嵌套在句子当中。我们这就需要确定 wh-短语移到哪里。我们的猜想是，移向 Comp（lementizer）（标句语)①。Comp 为句子补语的一个标记，有时为空，用树形图可以更清晰地表示出来。如下：

15.

```
                        CP
           ┌──────────────────────┐
        Comp                      IP
          │              ┌─────────────┐
         NP             NP            I'
        ╱│              │          ┌──────┐
       ╱ │              │          I      VP
      ╱  │              │          │   ┌──────┐
     ╱   │              │          │   V     NP
                                   │   │      │
 (I wonder) which question    Susan   answered  t
              ▲                                 │
              └─────────────────────────────────┘
```

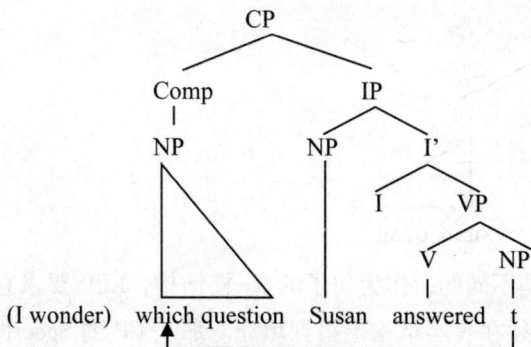

既然确定了 wh-短语移位后的着陆点（landing site），我们就可以把 wh-移位定义如下：

　　移动 wh-XP 到 Comp. ②

这里要注意一个问题，wh-短语应该是一个 NP 结构，它可能包括一个 wh-词语和一个名词，如 which question，也可能是只有一个 wh-词语如 who、what。

5.2.2　[+Q]-CP 原则（[+Q]-CP Principle）

在英语中，嵌套小句为一般疑问句时，[+Q]（疑问式）通过 if 来实现，如（16）所示，或者由 whether 来表明它的存在。但两者的不同是，wh-短语处在 [Spec, CP] 位置，而标句语作为中心语，处在 C 节点下。

16a. I wonder if Bill is brave.

16b. I wonder [$_{CP}$ [$_{C'}$ [$_{C}$ if] [$_{IP}$ Bill is brave]]]

17a. I wonder whether Bill is brave.

17b. I wonder [$_{CP}$ whether [$_{C'}$ [$_{C}$ [$_{+Q}$]] [$_{IP}$ Bill is brave]]]

这样，特殊疑问句中，wh-短语处在 [Spec, CP]，而助动词处在 C 的位置。

18a. Who did Susan call?

---

① 生成语法最初没有这一节点，后来，乔姆斯基采纳一个学生（Bersnan，1970）建议，设定了这个供疑问代词落脚的结构位置。

② 这一定义在本节反复修正，这正是生成语法方法论的显著特点之一。以乔姆斯基为代表的生成语法学家大多采用假设-论证的演绎法，即，在有限的观察基础上，根据解释语言现象的需要，提出初步的假设，再用尽可能多的语料来检验假设，得出结论；一旦发现新的语料，再对原来的结论进行修正。

18b.　$\begin{bmatrix} _{CP} \text{Who}_i \ \text{did}_j \ \begin{bmatrix} _{IP} \text{Susan } t_j \text{ call } t_i \end{bmatrix} \end{bmatrix}$

18c.

```
                        CP
                   ┌─────┴─────┐
                 Spec         C'
                   |      ┌────┴────┐
                  NP      C         IP
                         [+Q]      ╱│╲
                          |       ╱ │ ╲
                       Who_i  did_j  Susan t_j call t_i
```

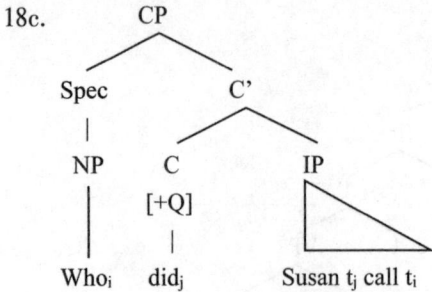

IP 与其他 X-杠结构是不同的，作为句子的 X-杠结构，EPP 要求它的 Spec 位置（即句子的主语）必须在表层结构上得到填充。那么 CP 的 Spec 位置又是怎样呢？通过以上我们看出来，中心语 C 具有 [-Q] 特征时并不要求 [Spec, CP] 位置得到填充，但是当中心语 C 为 [+Q] 特征时，[Spec, CP] 位置则要求填充。比如：

19a. I wonder who Susan called.

19b. DS: I wonder $\begin{bmatrix} _{CP} \text{e} \begin{bmatrix} _{C'} \text{[+Q]} \begin{bmatrix} _{IP} \text{Susan called who} \end{bmatrix} \end{bmatrix} \end{bmatrix}$

19c. SS: I wonder $\begin{bmatrix} _{CP} \text{who}_i \begin{bmatrix} _{C'} \text{[+Q]} \begin{bmatrix} _{IP} \text{Susan called } t_i \end{bmatrix} \end{bmatrix} \end{bmatrix}$

20a. Who did Susan call?

20b. DS: $\begin{bmatrix} _{CP} \text{e} \begin{bmatrix} _{C'} \text{[+Q]} \begin{bmatrix} _{IP} \text{Susan I} \begin{bmatrix} _{VP} \text{call who} \end{bmatrix} \end{bmatrix} \end{bmatrix} \end{bmatrix}$

20c. SS: $\begin{bmatrix} _{CP} \text{who}_i \begin{bmatrix} _{C'} \text{did}_j \begin{bmatrix} _{IP} \text{Susan I} \begin{bmatrix} _{VP} \text{call } t_i \end{bmatrix} \end{bmatrix} \end{bmatrix} \end{bmatrix}$

这样看来，CP 中心语标有 [+Q] 时，要求 [Spec, CP] 得到填充。我们把这一规则称为 [+Q] -CP 原则（[+Q] -CP Principle）。

　　[+Q] -CP 必须有指定语。

与 EPP 相似，这一原则适用于 SS 及 LF 表征式，但不适用于 DS 表征式。恰如提升结构和被动式中的 NP 移位是 EPP 引起的，（19）（20）两句中的 wh-移位也是受 [+Q] -CP 原则所引起。

我们认为，这一原则对一般疑问句也能成立。回想嵌套一般疑问句可含有 if （处在 C 节点下）或者 whether （处在 [Spec, CP]）。鉴于一般疑问句同样具有 [+Q] 特征，我们认为，所有的一般疑问句都含有 wh-短语，只是在小句中，该 wh-短语可以 whether 的形式出现，也可以零 wh-短语（null wh-phrase）的形式出现。我们可以用 wh-岛效应检查其存在与否。

21a. *How do you wonder whether Bill repaired the bike?

21b. *How do you wonder if Bill repaired the bike?

21c. *how$_i$ do you wonder [$_{CP}$ wh-XP [$_{C'}$ if [$_{IP}$ Bill repaired the bike t$_i$]]]

这样一来，我们就把所有的疑问句都统一在 [+Q]-CP 原则之下。

5.2.3 wh-移位条件 (Conditions on Wh-movement)

比较（22）和（23）两句。

22a. I wonder which question Susan answered.

22b. I wonder [$_{CP}$ [$_{NP}$ which question]$_i$ [$_{IP}$ Susan [$_{I'}$ Tense [$_{VP}$ answer [$_{NP}$ t$_i$]]]]]

23a. *I believe which question Susan answered.

23b. *I believe [$_{CP}$ [$_{NP}$ which question]$_i$ [$_{IP}$ Susan [$_{I'}$ Tense [$_{VP}$ answer [$_{NP}$ t$_i$]]]]]

可以看出，（22）中的 wh-短语可以移向嵌套小句的 Comp，而（23）中则不可以，也就是说，wh-短语并不是可以移向任何一个 Comp 位置。可见，我们定义 wh-移位时必须考虑到这一点。

（22）和（23）的不同在于它们的根句动词的次范畴化特征不同。wonder 的次范畴中可有疑问句，believe 则不可，而只能是陈述句。因此，两个动词的次范畴特点的差异在于其后接小句的特征赋值的差异，疑问句的特征赋值为 [+Q]，而陈述句的特征赋值为 [-Q]。这一赋值通常体现在 Comp 上。

wonder：[— CP：[+Q]]

believe：[— CP：[-Q]]

我们再看（22）和（23），由于根句动词次范畴特点的要求，（22）的嵌套小句的 Comp 为 [+Q]，而（23）的为 [-Q]。现在我们需要排除（23）这种情况，而保留（22）。我们只需假定 wh-短语只能移向 [+Q] 的 Comp 就可以了。我们称这种条件为 [+Q]-Comp 条件（[+Q]-Comp Condition）并把它纳入 wh-移位的定义中。

倘若 Comp 的特征赋值为 [+Q]，移动 wh-XP 到 Comp。

疑问句和陈述句可用 [+/-Q] 区分，根句（root clause）也有 [+/-Q] 之分。我们可以看出，（22）的嵌套小句的特征赋值为 [+Q]，根句的为 [-Q]。而（24）的情况与（22）恰恰相反，嵌套小句的特征赋值为 [-Q]，而根句的为 [+Q]。这就是为什么 wh-短语移向根句的 Comp 而不是嵌套小句的 Comp（这个相当复杂，后面再讨论），如下：

24a. Which question do you believe that Susan answered?

24b. [CP[NP which question]ᵢ do [IP you believe [CP that [IP Susan answer [NP tᵢ]]]]]

特征赋值 [+/−Q] 也可用于区分 wh-问句与回声问句。回声问句的特征赋值为 [−Q]，就是说虽然它含有 wh-短语，但它不是真正的 wh-问句，因此 wh-短语不移向 Comp。所以说，wh-问句与回声问句的根本区别在于它的 Comp 的特征赋值，而不是它的 wh-短语是否移位。

比较（25）和（26）：

25a. How do you think (that) Susan answered the question?

25b. [CP [NP how]ᵢ do [IP you think [CP that [IP Susan answer [t]ᵢ]]]]

26a. *How do you wonder whether Susan answered the question.

26b. *[CP [NP how]ᵢ do [IP you wonder [CP whether [IP Susan answer [t]ᵢ]]]]

两个句子都牵涉到 wh-短语从嵌套小句移出，其差别在于其嵌套小句的 Comp 统制的标句语不同，（25）的为 that，而（26）的为 whether。这种差异是根句动词的差异所致。

这种差异表明，wh-短语从带有 wh-短语的小句中移出要比从不带有 wh-短语的小句中移出困难得多。我们称这种现象为 wh-岛条件（wh-island condition）。我们将这一条件纳入 wh-移位的定义之中：

倘若 Comp 的特征赋值为 [+Q]，且不处在 wh-岛中，移动 wh-XP 到 Comp。

（27）是另一个 wh-移位条件，称为 CNPC/复杂 NP 条件（complex-NP Condition）。复杂 NP 是一个含有小句（CP）、N 以及 Det 的名词短语。

27a. *Which way did you hear the claim that Bill went?

27b. *[CP[NP which way]ᵢ did [IP you hear [NP the claim [CP that [IP Bill went [NP t]ᵢ]]]]]

我们再次将 wh-移位定义修正如下：

倘若 Comp 的特征赋值为 [+Q]，且不处在 wh-岛或复杂 NP 中，移动 wh-XP 到 Comp。

wh-移位的一个重要特征是它似乎不受约束，因为它可以跨越无数的小句界限。如下：

28a. Which question do you think (that) Jane believes (that) John claims (that) Susan answered?

28b. [CP[NP which question]ᵢ do [IP you think [CP (that) [IP Jane believes

[CP (that) [IP John claims [CP (that) [IP Susan answer [NP t]ᵢ]]]]]]]]

但是，wh-短语并非完全自由，我们已经看到 Wh-岛与 CNPC 对 Wh-movement 的限制。wh-岛条件和 CNPC 通常被称为定域条件（locality conditions），它们定义了一些特定的局部域，从这些域中 wh-短语无法移出。这样看来，（28）可能也是由若干移位而成，而不是一蹴而就。我们来看一下这种可能性。

观察（29）和（30）。两个句子都含有动词 know，它的次范畴特点要求的小句可以是［-Q］的（如29），也可以是［+Q］的（如30）。

29a. Bill knows which question Susan answer.

29b. Bill knows [CP [NP which question]ᵢ [IP Susan answer [NP t]ᵢ]]

30a. Which question does Bill know Susan answer?

30b. [CP [NP which question]ᵢ does [IP Bill know [CP [IP Susan answer [NP t]ᵢ]]]]

两句一为间接引语，一为直接引语。我们不妨把（29）看成（30）的一个起步，也就是说，wh-短语先移向小句中 Comp 的位置，然后移向根句的 Comp。具体推导如下：

31. [CP [NP which question]ᵢ does [IP Bill know [CP tᵢ'[IP Susan answer [NP t]ᵢ]]]]

嵌套 Comp 位置的语迹称为中间语迹（intermediate trace），用来标记 wh-短语移位时经过的位置。（31）所示的这种循环移位称为转换循环（transformational cycle）。我们认为 wh-移位有循环的本性，就是说，嵌套 wh-短语要移出嵌套小句，首先要移到嵌套小句的 Comp 位置，然后再移到根句的 Comp。这一条件我们称之为循环条件（Cyclicity Condition）。

总结以上，我们定义 wh-移位如下：

倘若 Comp 的特征赋值为［+Q］，且不处在 wh-岛或复杂 NP 中，移动 wh-XP 到最近的 Comp。

也就是说，当 Comp 为［+Q］，且不处在 wh-岛或者 CNPC 内，这时 wh-XP 移向 Comp，但不能跨越其他 Comp。wh-短语不能跨越一个 Comp 移到另一个 Comp，而只能一个一个地循环移位。

5.2.4 关系小句（Relatives）

5.2.4.1 带 wh-短语的关系小句（Relatives with an Overt Wh-phrase）

我们看一个关系小句：

32a. Bill heard the claim which John made.

32b. Bill heard the [$_{NP}$ claim [$_{CP}$ which [$_{IP}$ John made]]]

（32）句中的动词 made 次范畴特点要求宾语，但它的宾语却以 wh-短语的形式出现在 Comp 的位置。虽然严格地说，关系小句并非 wh-疑问句，但这一位置特征使得它与 wh-小句可以放在一起进行研究。这类关系小句的推导也牵涉到 wh-移位。

33a. Bill heard the claim which John made.

33b. DS：Bill heard [$_{NP}$ claim$_i$ [$_{CP}$ [$_{IP}$ John made [$_{NP}$ which]$_i$]]]

33c. SS: Bill heard the [$_{NP}$ claim$_i$ [$_{CP}$ [$_{NP}$ which]$_i$ [$_{IP}$ John made [$_{NP}$ t]$_i$]]

注意，不仅 wh-短语同它的语迹同标，而且还与名词 claim 同标，这表明两者有着相同的所指。中心语 N 为 wh-短语的先行语（antecedent）。

5.2.4.2 不带 wh-短语的关系小句（Relatives with a Null Wh-phrase）

再看一个关系小句：

34. Bill heard the claim（that）John made.

同句子（32）相比，句子（34）缺少 wh-短语 which。如果句子（32）中 made 的宾语是 which，那么（34）的动词 made 显然没有宾语，这与它的次范畴化特征相悖。

（34）中肯定有一个零宾语（null object），否则，它早已被排除了。又由于（34）和（33）的相似，我们说，（34）的零宾语是零 wh-短语（null wh-phrase）。这个零 wh-短语基础生成于 made 的宾语位置，通过 wh-移位移向 Comp，只是它是隐性的。我们用 Op（erator）来表示该零 wh-短语。

35a. Bill heard the claim（that）John made.

35b. Bill heard the [$_{NP}$ claim [$_{CP}$ [$_{NP}$ Op]$_i$（that）[$_{IP}$ John made [$_{NP}$ t]$_i$]]]

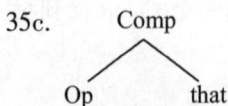

35c.   Comp
```
        Comp
        /  \
      Op    that
```

下面我们不妨证明零 wh-短语的存在。

因为前面我们已经说过 wh-phrase 有岛效应。为了证明零 wh-短语的存在，只需向关系小句中嵌入一个 wh 岛或者是一个 complex NP。如果该句是错误的，则我们就归咎于零 wh-短语从岛中的移出。

36a. *I know the way Bill wonders why John went.

36b. *I know [$_{NP}$ the way$_i$ [$_{CP}$ [$_{NP}$ Op]$_i$ [$_{IP}$ Bill wonders [$_{CP}$ why [$_{IP}$ John went [t]$_i$]]]

5.2.4.3 可复原性与双填标句语过滤 (Recoverability and the Doubly Filled Comp Filter)

有人会问，为什么 wh 特殊疑问句不能有零 wh-短语。这是由于零 wh-短语有它的先行语 (antecedent)。两者同标，也就是说，零 wh-短语有可复原性 (Recoverability)。

空范畴必须能够（借助句中同标的显性范畴）复原。

另一个问题是，(35) 中的零 wh-短语与 that 共同存在于 Comp，那么 (37) 为什么不正确。

37a. *I know the question which that Susan answered.

37b. *I know [$_{NP}$ the question]$_i$ [$_{CP}$ [$_{NP}$ which]$_i$ that [$_{IP}$ Susan answer [$_{NP}$ t]$_i$]]

这牵涉到另一个条件，双填标句语过滤 (Doubly Filled Comp Filter)：

如果 wh-XP 为显性（非空），则 *[Comp wh-XP that]。①

5.3 NP-移位 (NP-movement)

5.3.1 EPP（扩展投射原则，Extended Projection Principle）

在上一章我们看到 [Spec, IP] 位置必须有成分填入。如下面两个句子：

38a. Susan seems to have answered the question.

38b. [$_{IP}$ Susan$_i$ seems [$_{IP}$ t$_i$ [$_{I'}$ to [$_{VP}$ have answered [$_{NP}$ the question]]]]]

39a. *(It) seems that Susan has answered the question.

39b. [$_{IP}$ *(It) seems [$_{S'}$ that [$_{IP}$ Susan [$_{I'}$ I] [$_{VP}$ has answered [$_{NP}$ the question]]]]]

40a. A desk is in the classroom.

---

① 注意方括号左上角的标号 *，这表明这种结构是不合语法的。

40b. *（There）is a desk in the classroom.

我们前面探讨了提升结构（raising construction），（38）句中，IP *Susan* 一定是从非定式句中的主语位置移到了根句的［Spec, IP］。而（39）的嵌套小句是有时句（Tensed S Condition），IP *Susan* 不能移位，它的根句的主语位置为空，而以一个语义为空的 it 填入。（40b）也是这样的情况，该句中的 there 语义内容为空，其 NP *a desk* 处在一个较低的位置。

为什么［Spec, IP］需要一个语义内容为空的虚位 NP 填充？生成语法认为，这是一种被称作 EPP（扩展投射原则）的句子机制要求所致。

　　小句必须有主语。

投射原则只是要求次范畴化的范畴在结构表征式中体现出来，而没有关于主语的条件。EPP 把它扩大到对主语的要求上。投射原则是关于词性范畴的条件，而 EPP 是关于主语的条件。

EPP 不适用于 DS 表征式，我们不妨看一些例证：

41a. Susan seems to have answered the question.

41b. DS：［IP［NP e］seems［IP Susan［I' to［VP have answered［NP the question］］］］］

41c. SS：［IP Susan$_i$ seems［IP t$_i$［I' to［VP have answered［NP the question］］］］］

42a. The question was answered（by Susan）.

42b. DS：［IP［NP e］I［VP was［VP answered［NP the question］］］］

42c. SS：［IP［NP the question］$_i$ I［VP was［VP answered t$_i$］］］

在提升句与被动句中，主语位置在深层结构中为空，从而为 NP 的移位提供了一个着陆处。换句话说，提升结构和被动式的 DS 表征式缺少主语。

EPP 并未区分定式句和非定式句，所以对于这两类句子来说，都应该遵循 EPP。可我们看下面三个句子中嵌套的非定式小句都没有主语，很明显，它们违反了 EPP。这该如何解释呢？

43a. Bill tried to help the poor.

43b. Bill tried［S'［IP［e］to help the poor］］

44a. Bill persuaded John to help the poor.

44b. Bill persuaded John［S'［IP［e］to help the poor］］

45a. It is difficult to help the poor.

45b. It is difficult $\left[_{S'} \left[_{IP} \left[e \right] \text{ to help the poor} \right] \right]$

EPP 并未区分定式句和非定式句，所以在两类句子中都应该成立。这样一来，嵌套的非定式句（43—45）也应该有主语。我们假设其主语为空范畴（empty category）。这个空范畴并不是语迹，因为句子的根动词并不是提升动词。所以说，空范畴是基础生成的，也就是说，它就像前面的零 wh-短语一样存在于深层结构。这个空范畴被称为 PRO（读作大代号）。这个标签表明它与代词具有某些相同的特点。看（46—48）：

46a. Bill persuaded John that he should help the poor.

46b. Bill persuaded John$_i$ $\left[_{S'} \text{ that } \left[_{IP} \text{he}_i \text{ should help the poor} \right] \right]$

47a. It is difficult for one/him to help the poor.

47b. It is difficult $\left[_{S'} \text{ for } \left[_{IP} \text{ one/him to help the poor} \right] \right]$

48a. Bill$_i$ tried $\left[_{S'} \left[_{IP} \text{PRO}_i \text{ to help the poor} \right] \right]$

48b. Bill persuaded John$_i$ $\left[_{S'} \left[_{IP} \text{PRO}_i \text{ to help the poor} \right] \right]$

48c. It is difficult $\left[_{S'} \left[_{IP} \text{PRO to help the poor} \right] \right]$

在（48a）中，PRO 与根句主语同标，在（48b）中，PRO 与根句宾语同标，这传达了一个信息，即，两个范畴具有共同的所指。根句中的 NP 为 PRO 的先行语（antecedent），先行语控制（control）PRO。（48a）是一个主语控制（subject control）的例子，（48b）是一个宾语控制（object control）的例子，（48c）是一个不受控制（arbitrary control）的例子，它的 PRO 没有先行语，所以说是任指（arbitrary reference）。

动名词情况与此相似。

49a. Bill likes eating apple.

49b. Bill likes $\left[_{S'} \left[_{IP} \text{PRO eating apple} \right] \right]$

50a. Reading Chomsky is difficult.

50b. $\left[_{S'} \left[_{IP} \text{PRO reading Chomsky} \right] \right]$ is difficult

以上是英语的情况，汉语中的情况是在实际语境中，我们经常省略主语，我们说这时主语为零。看下面几个无主句（null-subject sentence）：

51a. 下雨了。

51b. 教室里有人。

51c. 轮到你了。

51d. 都怪你。

51e. （车子）修好了。

和英语相比，（51a&b）省去了虚位主语，（51c—e）省去了主语。这几句都没有"主语"，该如何解释呢？汉语是不是不符合 EPP？其实，每个汉语无主句都是"有主句"，主语只是不发音而已，无主现象在英语中偶尔也是存在的，比如，（51e）翻译成英语，可能就是一个单词"Done"。（51a&b）这种现象我们称之为零虚位语（null expletives），（51c—e）称为代词脱落（pro-drop）。它们和英语的 EPP 具有不同的参数值。①

语言中不仅存在主语为零的现象，还存在中心语为零的现象，看下面两句：

52a. Bill considered John clever.

52b. Bill considered [John clever]

53a. 我不认为张三傻。

53b. 我不认为 [张三傻]

（52）和（53）的这种嵌套小句称为小小句（small clause）。小小句在英汉语中广泛存在。在英语中，一般认为它是一个比 S' 还要小的小句。这可以把（52）和（54）比较得出：

54a. Bill considered John to be clever.

54b. Bill considered [$_{IP}$ [$_{NP}$ John [$_{I'}$ to [$_{VP}$ be [$_{AP}$ clever]]]]]

因此，在 X 杠理论中，小小句一般表示成（55）这样的结构，不显示其中心语，如下：

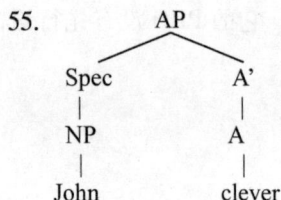

55.
```
            AP
         /      \
      Spec      A'
       |         |
      NP         A
       |         |
     John      clever
```

我们看到，（55）中只有 NP 和表语 A，NP 一般占据主语位置。

5.3.2 被动式（Passives）

比较两个句子。

56a. Susan answered the question.

56b. [$_{IP}$ Susan [$_{I'}$ Tense [$_{VP}$ answered [$_{NP}$ the question]]]]

---

① 汉语的无主句的分类有不同的看法。黄正德（Huang, 1984）认为汉语是代词脱落（pro-drop）语言。徐烈炯（Xu, 1986）认为汉语中的空范畴为自由空语类（free empty category）。笔者赞同黄正德的观点，认为徐烈炯所划分的自由空语类可以再进一步划分出代词脱落等。

57a. The question was answered（by Susan）.

57b. [IP [NP the question] [I' Tense [VP was answered（by Susan）]]]]

（56）为正常语序，其主语、宾语出现在正常位置。（57）则为被动句，其宾语出现在主语的位置，而其主语则以 by 短语的形式出现句子的末尾。

这里，"主语"既指它的结构主语即 IP 的"女儿"节点 NP 又指它的语义主语，即动作的发出者。在被动句（57）中，NP *the question* 是结构主语而不是语义主语，另一方面，NP *Susan* 则是语义上的主语而不是结构主语。这是因为 NP *the question* 从语义上讲是动词的宾语，但是在句子结构上去不是处在宾语的位置。语义上的主语和宾语有时称作逻辑主语、逻辑宾语。

看几个句子，观察其结构主语、逻辑主语、心理主语（胡壮麟、刘润清、李延福，1988：123）：

---

a) *Mother* has given my brother this toy. (Hasn't she?)
Gr. –Subj.
Log. –Agent
Psy. –Theme

b) *My brother* has been given this toy by *Mother*. (Hasn't he?)
Gr. –Subj.   Log. –Agent
Psy. –Theme

c) *This toy* *my brother* has been given by *Mother*. (Hasn't he?)
Psy. –   Gr. –Subj.   Log. –Agent
        Theme

我们先不看 by 短语，通过对（57）的分析，被动式给我们的感觉是 NP *the question* 本来是处在宾语的位置，通过移位到了句子主语的位置。这种分析的推理与话题化、wh-移位的推理是相同的。answer 是及物动词，从而在深层结构，是一个及物的 VP，其宾语为 the question，它是动词的逻辑宾语（动作的承受者）。在从 DS 到 SS 的映射上，NP 从宾语移向主语位置。该推导过程如（58）所示。

58a. The question was answered（by Susan）.

58b. DS：[IP [NP e] [I' Tense [VP was answered [NP the question]]]]

58c. SS：[IP [NP the question]i [I' Tense [VP was answered [NP t]i]]]

58d.

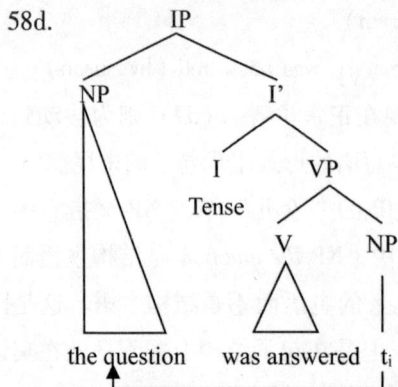

被动式的一个重要特点是在底层结构上，其主语位置为空，通过动词宾语的移位得以填充。被动式主语为空的原因我们将在以后讨论。这种移位为 NP-移位（NP-movement），其移位规则的定义为：

> 移动 NP 到空缺的主语位置。

5.3.3 提升结构（Raising Constructions）

比较两个句子：

59a. It seems (that) Susan has answered the question.

59b. It seems [_{CP} (that) [_{IP} Susan [_{I'} Tense [_{VP} has answered [_{NP} the question]]]]]

60a. Susan seems to have answered the question.

60b. [_{NP} Susan] seems [_{IP} [_{I'} to [_{VP} have answered [_{NP} the question]]]]

在（59）句中，NP *Susan* 占据了小句的主语位置，而主句的主语位置则为语义上为空的 NP it 所据，称为虚位（expletive）。（60）句中 NP *Susan* 占据了主句的主语位置，虽然说它是小句的逻辑主语。这两句的不同之处还有一点，那就是（59）句中的动词有屈折变化，而（60）句中没有。（60）称为提升结构（raising construction）。

为什么 NP *Susan* 作为小句的逻辑主语，却处在主句的主语位置？这一形式与上面的被动式并非完全不同。在被动式中，逻辑宾语 NP 在结构上充当句子的主语。为解释被动式的这种特点，我们可以假定 NP 本来是在动词的宾语位置而移到了主语位置。我们把这一推理推广到（60），假定 Susan 本来在小句主语的位置，进而移向主句的主语位置。这一推导过程如（61）所示：

61a. Susan seems to have answered the question.

61b. DS：[$_{NP}$ e] seems [$_{IP}$ [$_{NP}$ Susan] [$_{I'}$ to [$_{VP}$ have answered [$_{NP}$ the question]]]]

61c. SS: [$_{NP}$ Susan]$_i$ seems [$_{IP}$ [$_{NP}$ t]$_i$ [$_{I'}$ to [$_{VP}$ have answered [$_{NP}$ the question]]]]

5.3.4　NP-移位条件（Conditions on NP-movement）

我们看到，提升句（60）与非提升句（59）的区别是，提升句的嵌套小句中，动词没有屈折变化。事实上，提升句的嵌套小句中，动词是不能发生屈折变化的，如下：

62a. *Susan seems has answered the question.

62b.

*[$_{IP}$ [$_{NP}$ Susan]$_i$ seems [$_{IP}$ [$_{NP}$ t]$_i$ [$_{I'}$ Tense [$_{VP}$ has answered [$_{NP}$ the question]]]]]

目前，我们把"屈折变化的动词"理解为带有时态的动词，因此，（62）中的动词"has"是一个"有时态的动词"。然而，严格说来，"时态"这一范畴应该用于句子，而不能用于动词。因为时态是 I 的成分，而不是动词的成分，因此，我们将含有"有时态的动词"的句子称为有时句。而把（62）的这种情况称为有时句条件（TSC, Tensed S Condition）。

（62）和（63）表明另一种条件：

63a. Susan seems to be likely to win.

63b. [$_{IP}$ [$_{NP}$ Susan]$_i$ seems [$_{IP}$ [$_{NP}$ t]$_i$ to be likely [$_{IP}$ [$_{NP}$ t]$_i$ to win]]]

64a. *Susan seems it is likely to win.

64b. *[$_{IP}$ [$_{NP}$ Susan]$_i$ seems [$_{IP}$ [$_{NP}$ it] to be likely [$_{IP}$ [$_{NP}$ t]$_i$ to win]]]

（63）句中，NP *Susan* 从第二个小句移向第一个小句，最后移向主句的主语位置。而（64）句中，Susan 直接移向主句的主语因为中间小句的主语位置为虚位主语 it 所据。这种移位称为超级提升（super-raising）。

（64）被排除的原因在于 NP *Susan* 越过了另一个主语 it，当然也可能有人说这是破坏了 TSC，我们不妨再看一个例句：

65a. *John is believed Bill to have helped.

65b. *[$_{IP}$ [$_{NP}$ John]$_i$ is believed [$_{IP}$ Bill to have helped [$_{NP}$ t]$_i$]]

显然，（65）中的移位不涉及 TSC，而是越过了另一个主语。因此说，介入主语也会阻碍 NP-提升。（64）和（65）这种状况称为指定主语条件（SSC,

Specified Subject Condition）。

将上述两个条件纳入 NP-移位的限制中，从而得到 NP-移位的定义，如下：

倘若 NP 不处在有时句中，且移位过程中不会越过指定主语，移动 NP 到空缺的主语位置。

5.4 外置与重型 NP 后置（Extraposition and Heavy NP Shift）

5.4.1 外置（Extraposition）

66a. The news of a plan to help the poor peasants was reported.

66b. The news $[_{PP}$ of a plan to help the poor peasants$]$ was reported

67a. The news was reported of a plan to help the poor peasants.

67b. The news was reported $[_{PP}$ of a plan to help the poor peasants$]$

以上两个句子中，方框中的 PP 是名词 news 的补语。在（66）句中，它出现在了我们期望的位置，即，名词的补语位置。然而在（67）中，它出现在句末的位置。可以假定，在（67）中，名词的补语 PP 从 DS 位置（含 The news 的 NP 中）移向句末。

68a. The news was reported of a plan to help the poor peasants.

68b. $[_{IP} [_{NP}$ The news $[_{pp}$ t$]_i$ $[_{I'}$ Tense $[_{VP}$ was reported $[_{pp}$ of a plan to …$]_i$ $]]]]$

这种转换规则称为外置（extraposition），定义如下：

移动 XP，附接其为 VP 最右侧成分。

5.4.2 重型 NP 后置（Heavy NP Shift）

比较（69）和（70）：

69a. Susan returned all the homework she has collected to the students.

69b. $[_{IP}$ Susan $[_{I'}$ Tense $[_{VP}$ returned $[_{NP}$ all the homework she has collected$]$ $[_{PP}$ to the students$]$ $]$ $]$ $]$

70a. Susan returned to the students all the homework she has collected.

70b. $[_{IP}$ Susan $[_{I'}$ Tense $[_{VP}$ returned $[_{PP}$ to the students$]$ $[_{NP}$ all the homework she has collected$]$ $]$ $]$ $]$

关系词 NP *all the homework she has collected* 是动词 return 的补语。return 一词的次范畴特点为 $[—NP (PP)]$。在（69）句中，它们按顺序出现，但是，在（70）句中，两者颠倒了。

（70）的语序是转换规则的结果，这一转换规则把它从原来紧跟动词的位置移向了句末。这种转换为重型 NP 后置（Heavy NP Shift），定义如下：

移动重型 NP，附接其为 VP 最右侧成分。

5.5　词缀跳跃（Affix-hopping：Main Verbs）

上面我们讨论了短语范畴的转换，接下来我们再看终端范畴，如 I 和 V 转换。终端范畴的转换与短语范畴的转换相比，其不同之处在于，有时转换不仅仅是移位，而且可能还要插入某些东西。

我们知道，时态是 I 的必要成分，由短语结构规则基础生成。当 I 除了统制时态，还统制情态时，时态出现在情态上，主要动词没有时态的标记。如下：

71a. Susan will answer the question.

71b.　$[_{IP}$ Susan $[_{I'}$ Tense [Modal will] $[_{VP}$ answer $[_{NP}$ the question$]$ $]$ $]$ $]$

当 I 不统制情态时，时态出现在主要动词上。

72a. Susan answered the question.

72b.　$[_{IP}$ Susan $[_{I'}$ Tense $[_{VP}$ answered + Tense $[_{NP}$ the question$]$ $]$ $]$ $]$

问题是，时态作为 I 的成分，如何依附到主动词上？既然我们已经介绍了移位规则能将一个范畴从一个位置移向另一个位置，我们不妨也利用这种移位规则来处理这一问题。时态和主动词可能通过两种方式的一种结合，它们要么是时态移向 V，要么是 V 移向时态。如下例所示：

73a. DS：$[_{IP}$ Susan $[_{I'}$ -ed $[_{VP}$ answer $[_{NP}$ the question$]$ $]$ $]$ $]$

73b. SS: [$_{IP}$ Susan [$_{I'}$ t$_i$ [$_{VP}$ [$_V$ answer] [Tense]$_i$ [$_{NP}$ the question]]]]

74a. DS：$[_{IP}$ Susan $[_{I'}$ -ed $[_{VP}$ answer $[_{NP}$ the question$]$ $]$ $]$ $]$

74b. S: [$_{IP}$ Susan [$_{I'}$ [$_V$ answer]$_i$ [Tense -ed] [$_{VP}$ [$_V$ t]$_i$ [$_{NP}$ the question]]]]

两种转换的结果迥异。（73）的结果是，[[V] [Tense]] 位于表层结构的 VP 之中，而（74）结果是，[[V] [Tense]] 位于表层结构的 VP 之外。哪一个正确？

我们不妨以副词作为证据看一下。副词的典型位置为 VP 的最左端或最右端，即：VP →（ADV）V…（ADV）。

我们只看副词处在 VP 最左端的情况，即：VP →ADV V… 如果这一结构是由 I 移向 V 所生成，则它的副词就应该在 [[V] [Tense]] 的左侧；如果句子是由 V 移向 I 所生成，则副词在 [[V] [Tense]] 的右侧。这样，我们来看两个句子：

75a. Bill often helped John.

75b. Bill frequently called John.

（75）很明确地表明了它的结构是［IP［I'［VP（ADV）V …］］］，也就是说它应该是由时态移向 V，而不是 V 移向时态。如下所示：

76a. *Bill helped often John.

76b. *[IP Bill [I' [V help]i [Tense -ed] [VP [ADV often] [V t]i [NP John]]]]

77a. *Bill called frequently John.

77b. *[IP Bill [I' [V call]i [Tense -ed] [VP [ADV frequently] [V t]i [NP John]]]]

因此，当 I 不统制情态时，时态移向 V，这种情况称为词缀跳跃（Affix-hopping）即：

倘若 I 不统制情态，移动时态到 V。

5.6 Do-支撑（Do-support：Negative Sentences）

现在我们来看否定句。

78a. Bill did not help John.

78b. Bill does not like John.

在（78a&b）两句中，时态出现在 do 上，而主动词没有发生时态的屈折变化。这样看来，Neg 的存在在一定程度上导致了时态无法与主动词合并，即，Neg 阻碍了词缀跳跃。词缀跳跃从而得以修正：

倘若 I 不统制情态或 Neg，V 的特征赋值为［-I］，且 VP 内不存在特征赋值为［+I］的 V，移动时态到 V。

我们再回头看上面的 do，这是一个"假位成分"（dummy element），语义上为空，它对于句子的意义毫无作用，但有重要的构造作用。也就是说，当时态搁浅时，由它来支撑，即时态附到 do 之上。当 I 统制一个能支持时态的范畴时，do 就不再出现。

79a. Bill should not help John.

79b. Bill cannot like John.

当句子中含有助动词时，do 也不再出现。

80a. Bill has not helped John.

80b. John is not studying at school.

假位助动词 do 是通过一套特殊的转换规则 Do-支撑（Do-support）插入的，这一规则可定义为：

插入 do 以支撑搁浅的时态。

搁浅（stranded）指的是当词缀跳跃和 V-提升失败，而且 I 也不统制情态时，时态所处的状态。

Do-支撑通常被称为"最后一招"（last resort），只有当生成规则无法使用时才应用。

5.7 助动词的提升移位（Raising of Auxiliary Verbs）

5.7.1 陈述句中的助动词提升（Aux-raising in Declaratives）

比较两个句子：

81a. *Bill helped often John.

81b. *Bill called frequently John.

82a. Susan was often happy.

82b. Bill was rarely at school.

（83）表明另一现象，就是助动词如 be 能够越过 VP 副词前移，如图：

83a. Susan was often happy.

83b. DS: [$_{IP}$ Susan [$_{I'}$ [Tense] [$_{VP}$ [$_{ADV}$ often] [$_V$ be] happy]]]

83c. SS: [$_{IP}$ Susan [$_{I'}$ [$_V$ be]$_i$ [Tense] [$_{VP}$ [$_{ADV}$ often] [$_V$ t$_i$ happy]]]]

不仅 be 动词用作助动词时如此，be 动词用在分词结构里的时候也是这样。而且其他助动词也是这样，例如，have。

84a. Susan was often studying at school.

84b. Bill has frequently called John.

为充分定义助动词提升到 I 节点的转换规则，我们首先需要明确助动词的地位。单凭感觉，我们可能说助动词基础生成于深层结构里的 I 节点下，而事实却是，它基础生成于 VP 内的 V 节点下。如图（85）所示：

85.

```
                      IP
              ┌───────┴───────┐
             NP               I'
              │          ┌─────┴─────┐
              │          I           VP
              │                 ┌─────┴─────┐
              │                 V           VP
              │                 │       ┌───┴───┐
              │                 │       V       XP
            Susan              be   studying  at school
            Bill               have  called   John
```

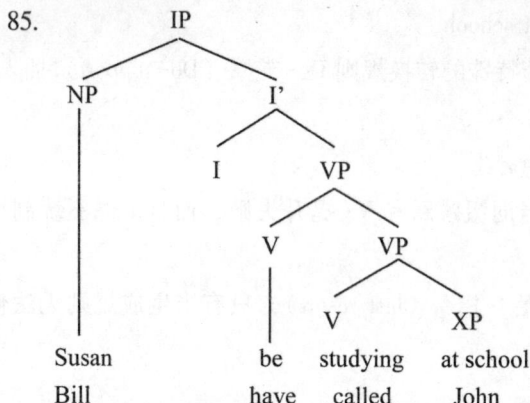

（85）既包含助动词又包含主动词，它有两个 VP 节点，主动词所在的 VP 处在助动词所在的 VP 之内。因此，助动词次范畴框架内可以有 VP 补语。

有了这些，我们还需要保证提升助动词到 I 节点的转换规则只用于助动词而不能用于主动词。为此，我们需要将二者进行区分，一般我们使用特征赋值 [+/-I] 来区别，助动词的值为 [+I]，主动词的值为 [-I]。这样，我们就可以给提升助动词的规则定义如下：

倘若 V 的特征赋值为 [+I]，提升 V 到 I。

进一步观察，我们发现，V-提升时的一些其他情况还没有被纳入这一定义。其中之一是：当 I 统制一个情态动词时，即，当 I 统制一个能支持时态的范畴时，不能使用 V-提升规则。如下：

86a. Bill must be at school.

86b. Susan will be studying.

86c. Bill should have called John.

为了解释（86）这种情况，我们赋予 V-提升一些条件：

倘若 V 的特征赋值为 [+I]，且不统制某个情态，提升 V 到 I。

我们回头再看词缀跳跃的定义。刚才我们区分了助动词与主动词，以免V-提升用于主动词。那么，前面我们说词缀跳跃用于 V，它会不会跳到助动词上？因此，我们有必要添加一个条件，那就是词缀跳跃只能用到特征赋值为 [-I] 的动词：

倘若 I 不统制情态，且 V 的特征赋值为 [-I]，移动时态到 V。

此外，我们还需要保证（87）和（88）这样的情况不会发生。

87a. *Susan be studying at school.

87b. *[$_{IP}$ Susan [$_{I'}$ t$_i$ [$_{VP}$ be [$_{VP}$ [$_V$ [$_V$ studying] [Tense]$_i$] at school]]]]

88a. *Bill have called John.

88b. *[$_{IP}$ Bill [$_{I'}$ t$_i$ [$_{VP}$ have [$_{VP}$ [$_V$ [$_V$ called] [Tense]$_i$] John]]]]

（87）和（88）都符合词缀跳跃的条件，I 没有统制情态动词，目标动词也不是一个助动词（［-I］），可这种做法显然是不对的。为了保证（87）（88）这样的情况不会发生，我们再加上一个条件：

倘若 I 不统制情态，V 的特征赋值为 ［-I］，且 VP 内不存在特征赋值为 ［+I］ 的 V，移动时态到 V。

思考：（87）和（88）的终端范畴是如何转换的？（提示：这种情况实际上属于 V-提升）

5.7.2 疑问句中的助动词提升（Aux-raising in Interrogatives）

（89a&b）是两个一般疑问句的例子：

89a. Can John answer the question?

89b. Will Bill repair the bike?

我们看到，这两个一般疑问句中 Aux 和主语倒置（inverted），不妨和它们的陈述形式做比较。其陈述形式分别为：

90a. John can answer the question.

90b. Bill will repair the bike.

我们猜测，一般疑问句来自陈述句，而陈述句中，Aux 处在主语右边，即，

91a. IP →NP ［ ［$_I$ Aux] VP］

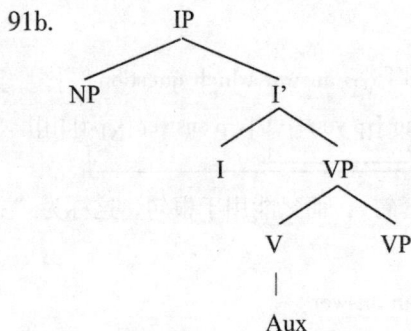

91b.

（此处为一棵树形图：IP 下分 NP 和 I'，I' 下分 I 和 VP，I 下为 V，V 下为 Aux，I' 下的 VP 再分 V 和 VP）

可见，倒装肯定是在从深层到表层的映射过程中应用了转换规则的结果。由此我们推断，这种转换规则要么是将主语向右移向 Aux 右边，要么是将 Aux 向左移向主语左边。

我们选择后者，理由是，Aux 右边没有位置可以让主语移过去。而主语左边却有位置可以让 Aux 移过去。这一位置为 Comp。如下：

92a. Can John answer the question?

92b. DS：$[_{CP}\ [+Q]\ [_{IP}$ John $[_{I'}$ can $[_{VP}$ answer the question $]\ ]\ ]\ ]$

92c. SS：$[_{CP}\ [_{C'}$ can$_i$ $[_{IP}$ John $[_{I'}$ t$_i$ $[_{VP}$ answer the question$]]]]]$

92d.

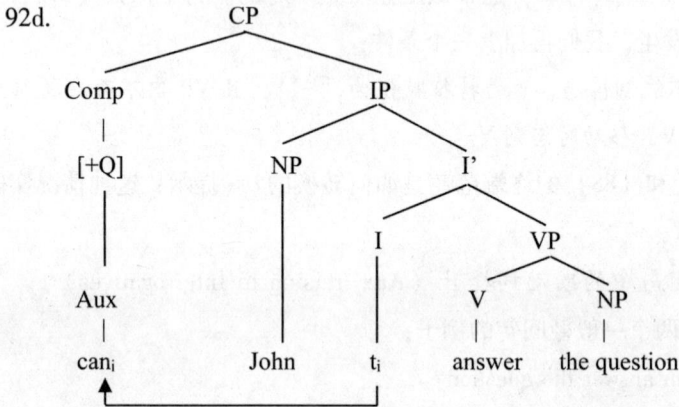

我们在学习特殊疑问句时已经看到，一般疑问句的 Comp 为 [+Q]（变成间接引语时用 if 或 whether 引导）。（92c&d）所标明的转换规则起初称为主语–助动词倒置（SAI, Subject Aux Inversion），这里我们称之 Aux–提升（Aux–raising）。同 wh 移位一样，Aux 移向 Comp [+Q]，所以我们将 Aux–提升定义为：

倘若 Comp 的特征赋值为 [+Q]，移动 Aux 到 Comp。

这一规则我们也可以用于 wh–疑问句，如下：

93a. Which question can you answer?

93b. DS：$[_{CP}\ [+Q]\ [_{IP}$ you $[_{I'}$ can $[_{VP}$ answer which question $]\ ]\ ]\ ]$

93c. SS: $[_{CP}\ [_{NP}$ which question$]_j$ $[_{C'}$ can$_i$ $[_{IP}$ you $[_{I'}$ t$_i$ $[_{VP}$ answer $[_{NP}$ t$_j]]]]]]$

I–提升转换规则不能用于小句（嵌套句），而只能用于根句，这称为"根句现象"（root phenomenon），比如：

94a. I wonder which question Susan can answer?

94b. DS：I wonder $[_{CP}\ [+Q]\ [_{IP}$ Susan $[_{I'}$ can $[_{VP}$ answer $[_{NP}$ which question$]\ ]\ ]\ ]\ ]$

94c. SS: I wonder $[_{CP}\ [_{NP}$ which question$]_i$ $[_{IP}$ Susan $[_{I'}$ can $[_{VP}$ answer $[_{NP}$ t$_i]]]]]$

95a. I wonder if/whether Susan can answer the question.

95b. I wonder $[_{CP} [+Q] [_{IP}$ Susan $[_{I'}$ can $[_{VP}$ answer $[_{NP}$ the question$]]]]]$

95c. I wonder $[_{CP}$ if $[_{IP}$ Susan $[_{I'}$ can $[_{VP}$ answer $[_{NP}$ the question$]]]]]$

我们再把 I-提升的根句现象纳入它的定义：

倘若 Comp 的特征赋值为 [+Q]，且 Comp 处在根句中，移动 Aux 到 Comp。

V-提升同 Aux-提升相互作用。我们认为，移到 Aux 的动词也受到了 Aux-提升的影响，从而到达 Comp。也就是说，动词通过 V-提升移到 Aux，又通过 Aux-提升与时态一起移到了 Comp，如下所示（VR 表示 V-提升，AR 表示 Aux-提升）：

96a. Was Bill at school?

96b. DS：$[_{CP} [+Q] [_{IP}$ Bill $[_{I'}$ Tense $[_{VP}$ be at school$]]]]$

96c. VR: $[_{CP} [+Q] [_{IP}$ Bill $[_{I'} [_{V}$ be$]_i$ Tense $[_{VP} [_{V}$ t$]_i$ at school$]]]]$

96d. AR: $[_{CP} [_{C'} [_{V}$ be$]_i$ Tense$]_j [_{IP}$ Bill $[_I$ t$_j [_{VP} [_{V}$ t$]_i$ at school$]]]$

96e. SS: $[_{CP} [_{C'} [_{V}$ be$]_i$ [Tense$]]_j [_{IP}$ Bill $[_I$ t$]_j [_{VP} [_{V}$ t$]_i$ at school$]]]$

可见，动词从 I 提升到 C 是为了支撑时态。但是，以上讲的是特征赋值为 [+C] 的助动词，那么，当句中只有一个主要动词时，它的特征赋值为 [-C]，从而动词不能提升，而是时态通过词缀跳跃去与动词结合，这时我们就不能指望 I-提升与词缀跳跃相互影响，词缀跳跃是将时态降落到 VP 内的 V 上，这势必破坏了 I-提升的语境。不能移位主动词到 Comp，造出这样的句子：

97. *Answered Bill the question.

这时，我们使用 do-支撑。如下（这里 DoS 指的是 Do-支撑）：

98a. Did Bill answer the question?

98b. DS：$[_{CP} [+Q] [_{IP}$ Bill $[_{I'}$ Tense $[_{VP}$ answer the question$]]]]$

98c. AR: $[_{CP}$ Tense$_i [_{IP}$ Bill $[_{I'}$ t$_i [_{VP}$ answer the question$]]]]$

98d. DoS: $[_{CP}$ Tense$_i$ [do] $[_{IP}$ Bill $[_{I'}$ t$_i [_{VP}$ answer the question$]]]]$

98e. SS: $[_{CP}$ Tense$]_i$ [do] $[_{IP}$ Bill $[_{I'}$ t$_i [_{VP}$ answer the question$]]]$

（98）的推导过程是：I-提升将 I 移到 Comp，从而时态在 Comp 搁浅，这时通过 Do-支撑插入 do 来支撑 Comp 下的时态。

我们在上一节谈到，在否定句中时态搁浅是因为 Neg 阻碍了词缀跳跃。在（98）中，时态搁浅是因为离动词"太远"。如此看来，词缀跳跃只能用于 I 与 VP 邻接之时，一旦 I 从 VP 移开，如（98c）所示，词缀跳跃便不能再用。所以，我们进一步修正其定义：

倘若与 VP 邻接的 I 不统制情态或 Neg，V 的特征赋值为 [-I]，且 VP 内不存在特征赋值为 [+I] 的 V，将 I 下的时态移至 V。

5.8 DP 结构内中心语移位（Head-movement in DPs）

名词短语/DP 与小句之间的结构平行，特别是名词短语/DP 的 D 可能包含 Agr，如（99a）中的复数语素 -s，（99b）是一个单数形式，没有屈折变化，可视为它的语素有抽象的 Agr：

99a. the desks

99b. the desk

但这提出了一个有趣的问题，那就是 Agr 如何与 N 合并？就像前面（§5.5）小句的时态与 V 的结合，Agr 也是可能通过两种方式之一与 N 结合。要么是 Agr 移向 N，要么是 N 移向 Agr。小句的时态移向 V 我们是用证据证明的，这里我们也需要用证据来证明。前面，我们使用了副词，副词出现在主动词之前，而不能出现在主动词之后，这被看作是 VP 内部 I 降落到 V 的证据。那么我们看一下形容词是不是也处在名词之前，而不能处在名词之后。

100a. The translator completely translated the book.

100b. *The translator translated completely the book.

101a. The translator's complete translation of the book.

101b. *The translator's translation complete of the book.

可见，名词短语/DP 牵涉着一个词缀跳跃（或 D-降落）。

102a. John's lovely dogs.

102b.

```
                    DP
              _____|_____
           Spec              D'
            |          _____|_____
           DP         D            NP
            |         |        _____|_____
         Bill's      Agr     Spec       N'
                      |        |     ____|____
                      tᵢ            AP      N'
                                     |       |
                                  lovely     N
                                             |
                                          dog[-s]ᵢ
```

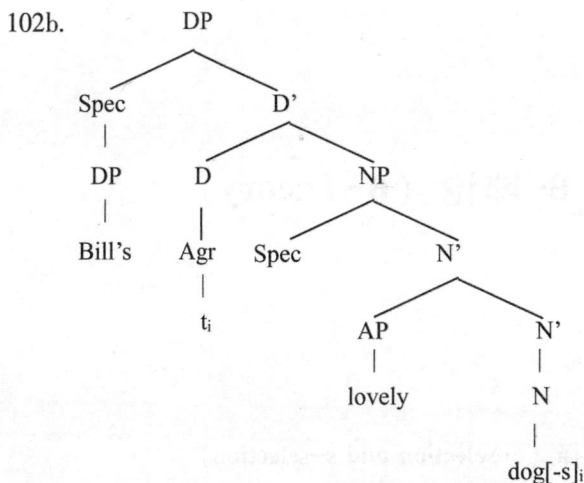

　　小句与名词短语/DP 中都是屈折成分降落到中心语 V/N 之上，而不是中心语 V/N 降落到屈折成分之上。这或许是偶然性的，但或许也反映了英语的一些特点，比如屈折比较贫乏。

　　DP 结构的中心语移位的分析能够描写各种各样的名词短语结构，解决诸多问题，当然还有一些问题尚未得到妥善解决，这里不再讨论。

5.9　本章简评

　　本章的很多内容都来自"条件理论"时期。这是对转换生成语法理论界定相对混乱的时期，更是"原则参数"的孕育时期。正是有了这一时期的积累，才成就了 20 世纪 80 年代生成语法的质的飞跃——从标准理论到"管约论"。可以说，这一时期是前"管约论"时期，这不仅仅是因为"管约论"的许多研究在这一时期已经展开（如 X-杠理论的提出和研究就是这一时期开始的），更是因为这一时期研究中心的转变，从此前的规则转向了条件，并使这一方面的研究上升为理论。随着研究的不断开展，越来越多的条件被提出，一套完整的管辖约束理论也就呼之欲出了。

6 θ-理论（θ-Theory）

6.1 c-选择与 s-选择（c-selection and s-selection）

在第一章我们曾谈及词库。词库是规则系统中最基本组成部分，其主要作用在于详尽说明每个词项所具有的、不能用普遍原则来概括和确定的音系表现形式、句法范畴特征和语义特征。尤其重要的是，词库还要具体描写每个词项在构成语言表现形式的过程中对其他词项的选择，这包括范畴选择（categorical selection）和语义选择（semantic selection）。范畴选择指句法范畴方面的次范畴化，如要求 DP 或小句，它又被称作 c-选择（c-selection），语义选择是语义范畴方面的选择，如要求受事（patient）或述题（proposition），又称 s-选择（s-selection）。

c-选择在句法范畴方面进行操作，我们称之为次范畴，s-选择在语义范畴方面进行操作，称为 θ-角色（θ-roles）或题元角色（thematic roles）。比如，动词"打"便 s-选择两个 θ-角色。一个施事（agent），一个受事（patient）。

以词项"欺骗"为例，如果用次范畴化理论，词库必须标明这是一个动词，选择性限制还会要求它所选择的主语和宾语必须具备［+Animate］、［+Human］等特征，而通过语义选择，动词"欺骗"牵涉两个参与者。主语参与者发出动作，即施事；宾语参与者承受动作，即受事。

可以看出，选择性特征完全可以由 θ-角色特征推测出来，"欺骗"所涉及的施事和受事肯定具备［+Animate］、［+Human］等语义特征。这样一来，句法范畴个体就成为具体 θ-角色的 CSR（典范实现，canonical structural realisation）。比如，施事的 CSR 为 DP，述题（proposition）的 CSR 为 clause（CP）。

这似乎表明可以用 c-选择替换 s-选择，但 c-选择在某种程度上还是必要的，如下例所示（Chomsky，1995b：32）：

1a. Mary asked [what time it was]

1b. Mary asked [the time]

ask 在语义上要求一个"问题",这一语义类别的 CSR 可以是一个小句,也可以是一个 DP。然而,有必要在词库中进一步说明 ask 所具有的 c-选择特征,以区别于与它相类似的动词 wonder。如下例所示:

2a. Mary wondered [what time it was]

2b. *Mary wondered [the time]

动词 wonder 关于问题的 s-选择,只能通过小句实现。因此,有必要保留 c-选择。

6.2 论元、准论元、算子 (Arguments, Quasi-arguments and Operators)

6.2.1 论元和 θ-角色 (Arguments and θ-roles)

我们通常借用逻辑的术语来描述词项的语义以及它们的 s-选择特点。动词称为谓词 (predicate①),谓词所述事件的参与者称为论元 (argument,也译为主目)。如动词 hit 是一个要求携带两个论元的谓词,这种动词称为二元谓词 (two-place predicate),smile 是一个要求一个论元的谓词,称为一元谓词 (one-place predicate)。与谓词论元相关的信息称为论元结构 (argument structure)。

给定一个词项的论元数量决定了它的 θ-角色的数量,在论元结构中,每一个论元都在该词项的题元结构 (thematic structure) 中对应着一个 θ-角色。

3a. hit:　　<1, 2>　　　　(argument structure)

　　　　　　<Agent, Patient>　(thematic structure)

3b. smile:　<1>　　　　　(argument structure)

　　　　　　<Agent>　　　(thematic structure)

3c. 哭:　　<1>　　　　　(argument structure)

　　　　　　<Agent>　　　(thematic structure)

θ-角色可以定义为指派给参与一特定事件的论元的角色。

6.2.2 准论元 (Quasi-arguments)

在有些表达中,论元和非论元具有相同的特点,这就是所谓天气词 it 的案例,如下例所示:

---

① 本书中与 predicate 对应的汉语词有两个,谓语和谓词,前者表示传统的谓语,即生成语法中的 VP,后者表示动词,用于 θ-理论,以避免使用"动词"既指功能又指形式。

4a. It usually rains before snowing.

4b. It usually rains before [PRO snowing]

5a. It is difficult to answer your question.

5b. It is difficult [PRO to answer your question]

（4）中的天气词 it 与（5）中纯粹的虚位 it 相似。但是，天气词 it 的情况不同：（4）中的 it 是 PRO 的控制语；而（5）中纯粹的虚位 it 不能充当控制成分。在这个句子中，PRO 不受控制，这句话的意思是 "It is difficult for one to answer your question"。天气词 it 能够控制 PRO 说明了它具有论元特点，尽管它没有所指。这类表达方式称为准论元（quasi-argument）。准论元同样也能得到一个 θ-角色，它所获得的 θ-角色对于所处的情景来说很特殊，比如天气词获得一个关于天气的语义角色。

准论元有时在某些习语表达中可以指特定的短语。

6a. Bill took advantages of Jim.

6b. Bill kicked the bucket.

这里的 the bucket 并不是指真实世界里的一个实体，在习语表达中不是指称语，这说明它不是一个论元。但同时，要传达该习语的意思，the bucket 就必须出现，否则，这个句子就变得不完整，或者失去了它的习语意义。比如：

7a. *Bill kicked.

7b. Bill kicked the jug.

可见，动词 kick 能向 the bucket 指派一个特殊的 θ-角色。不仅如此，这里的动词 kick 和非习语动词 kick 也不一样，最明显的一点就是，它不能被动化。一旦被动化，它就失去了原有的习语意义，如：

8a. The bucket was kicked by Bill.

8b. Advantage was taken of Bill.

6.2.3 算子与变量（Operators and Variables）

6.2.3.1 wh-短语（Wh-phrases）

wh-短语是一个非指称语。不像专有名词 Susan，它并不指向具体的个体或实体，如（9）中的 which question 就不指向具体的问题，说话者知道 Susan 解决了一个问题，但不知道是哪一个问题。

9a. Which question did Susan answer?

9b. DS：[CP e [IP Susan [I' did [VP answer which question]]]]

9c. SS：[CP which question_i [C' did_j [Susan [I' t_j [VP answer t_i]]]]] wh-短语实际上不是指称语，因此，它是一个非论元。如此一来，我们需要解决一个问题：这里动词 answer 是一个二元谓词，也就是说，它要求有两个论元。句中显然只有一个，即 Susan，而 answer 的宾语 which question 为 wh-短语，并非论元。这么说，似乎动词的论元结构在句法表达上没有得到正确反映。如果这样的话，这个句子就要被排除了。然而，事实却是在表层结构中，wh-短语并没有占据宾语的位置，而是被 wh-短语的语迹占据了。可以说，wh-短语的语迹有着逻辑变量（logical variables）的地位。逻辑变量通常能够指派一个值，即，它们在特定的域内能够被理解为有所指的表达。如果使用逻辑的术语，特殊疑问句（9）则可以用下面的表达式进行解释：

10. for which question x [Susan answered x]

在这里，for which question 与 wh-短语 which question 相对应，变量 x 相当于 wh 语迹。"for which question" 这一表达式约束变量的算子。

如果其回答为 "Susan answered the physics question"，动词宾语位置的变量被指派的值就是 "physics（question）"。因此，wh 语迹作为变量是一个潜在的论元。

这样，论元结构在 SS 表征层面行得通，如（9c）。要解决上述问题，我们只能说，论元结构要求不适用于 DS 表征式，如（9b）。但是，有些证据却表明了论元结构要求在表层结构中也不一定成立，那就是多元 wh-问句（multiple wh-question）。例如，（11）：

11a. Who answered which question?

11b. DS：$[_{CP}$ C $[_{IP}$ Who I $[_{VP}$ answered which question$]$ $]$ $]$

11c. SS：$[_{CP}$ who$_i$ $[_{C'}$ t$_i$ I $[_{VP}$ answered which question$]$ $]$ $]$

二元谓词 answer 要求两个论元，但（11c）中的 answer 在 DS、SS 表征式上，并没有得到两个论元。这里，answer 在表层结构上只有一个论元，那就是，主语位置上的 who 留下的 wh-语迹。按照 answer 的论元结构要求，which question 一定要从宾语位置移开，留下一个变量，如下所示：

12a. LF：$[_{CP}$ [who]$_i$ [which question]$_j$ $[_{C'}$ t$_i$ I $[_{VP}$ answered t$_j$$]$ $]$ $]$

12b. for which person x and which question y [x answered y]

（12a）这一表征式可用逻辑式（12b）进行解释。与 which question 对应的算子移到了句首，而原来的位置为一个变量所占据。（12）中 which question 的移位在语序上没有可视性效果，这和从 DS 向 SS 的映射不一样。

前面谈到，SS 分为两层，PF 和 LF。PF 是一个看得见的层面，LF 层面不可

见。在 SS 层面以及 SS 层面之前的移位（在 PF）都是可见的，而 SS 向 LF 映射时的移位都不是可见的。所以，前者称为显性移位，后者为隐性移位。

（12a）中生成 LF 表达式的过程中涉及 wh-短语向［Spec，CP］的移位，或许应该称它为 wh-移位。然而，前面已经看到，wh-移位是一种替换移位。（12a）却有所不同，which question 需要移向的目标位置［Spec，CP］已经为 wh-短语 who 所占据，所以说，（12a）只能是一个附接移位。这样，就可以认为 wh-短语附接到位于［Spec，CP］位置的 wh-短语上，如（13）所示：

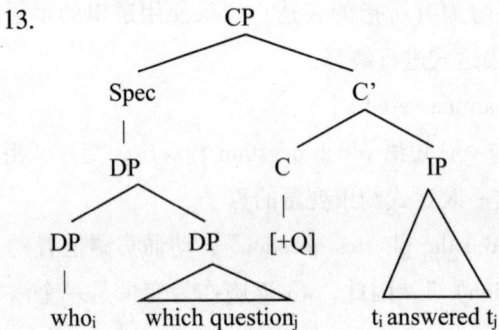

13.

```
                           CP
                    ┌───────┴───────┐
                  Spec              C'
                    │          ┌─────┴─────┐
                   DP          C           IP
              ┌─────┴─────┐    │            △
             DP          DP   [+Q]      tᵢ answered tⱼ
              │           △
           whoᵢ    which questionⱼ
```

前面说过，汉语是一种 wh-原位的语言，也就是它的 wh-短语在疑问句中无须移位。这样看来，汉语的疑问词也需要移位，当然，这也是一种隐性移位。黄正德（Huang，1982）就主张，在由 SS 向 LF 转换的过程中，汉语的疑问词也同样发生移位。具体内容可参阅黄的著作。

从 SS 向 LF 映射的过程称为 QR（量化词提升，Quantifier Raising）。wh-短语有时可称为准量化词。

6.2.3.2　量化词（Quantifier）

（14）（15）中的 everyone、someone 两个词常被称为量化短语或者简单称为量化词。

14a. Bill likes everyone.

14b. SS：$[_{IP}$ Bill I $[_{VP}$ likes everyone]]

15a. Susan likes someone.

15b. SS：$[_{IP}$ Susan I $[_{VP}$ likes someone]]

量化词并不是一个指称语，因此，它是一个非论元。（14）中的 everyone 和（15）中的 someone 都没有确定的所指。Every（one/thing/body/candidate）称为全称量化词，而 some（one/thing/body/book）称为存在量化词。

作为非论元，量化词也给我们带来了和多元 wh-问句同样的问题。如果

（14a）和（15a）中的 LF 表征式还是（14b）和（15b），我们也会面临二元谓词 like 只带有一个论元的情形。我们用上面分析 wh-问句的方式来分析量化词。这样，量化词也在从 SS 向 LF 投射的过程中经受 QR，留下一个变量语迹充当动词的论元。这样我们就得到（16）和（17）：

16a. $[_{IP}$ Bill I $[_{VP}$ likes everyone $]$ $]$

16b. for every person x $[$ Bill likes x $]$

17a. $[_{IP}$张三 I $[_{VP}$喜欢某人$]$ $]$

17b. 某个人 x $[$张三喜欢 x$]$

QR 提升 wh-短语并附接到 $[$Spec, CP$]$ 位置，而量化词提升附接到 IP 上。我们暂不讨论二者之间的差异。我们这里只讨论 QR-提升的一个优点，那就是解释多元量化词。（18）中有两个量化词，一个在主语位置，一个在宾语位置。

18a. Everyone likes someone.

18b. SS：$[_{IP}$ $[_{DP}$ everyone$]$ I $[_{VP}$ likes $[$ someone $]$ $]$ $]$

如果用平常的声调读出来，这个句子有两种解释：第一种是每个人都喜欢别人，Susan 喜欢 Bill, John 喜欢 Donald, Jane 喜欢 Fred，等等，即，"everyone had someone whom he/she likes（每个人都有自己喜欢的人）"。另一种读法的意思是，所有的人都喜欢一个人，即，"there is someone whom everyone likes（有这么一个人，大家都喜欢）"。

用术语来解读，在第一种读法里 everyone 的辖域（scope）宽，someone 的辖域窄，而第二种读法恰恰相反。也就是说，在第一个释义 everyone had someone whom he/she likes 里，everyone 在 someone 之外，而第二个释义 there is someone whom everyone likes 里，someone 在 everyone 之外。

如果将辖域与结构联系起来，辖域可定义为：

α 的辖域是指它在 LF 表征层面所 c-指令的节点集。

我们看一下抽象图（19）：

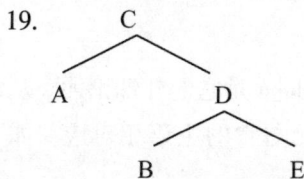

19.
```
        C
       / \
      A   D
         / \
        B   E
```

在（19）中，A c-指令 B，因为统制 A 第一个节点 C 也统制 B，而且，A 不统制 B。我们看到，在（19）中，A c-指令 B，从而 A 的辖域大于 B。

量化词间不同的辖域关系为我们用不同的 LF 表征式来表现句子不同的意思打下了基础。因此，（18）的两种读法可用下面的 LF 表征式表现出来：

20a. $[_{IP}$ everyone$_i$ $[_{IP}$ someone$_j$ $[_{IP}$ t$_i$ likes t$_j]$ $]$ $]$

20b.

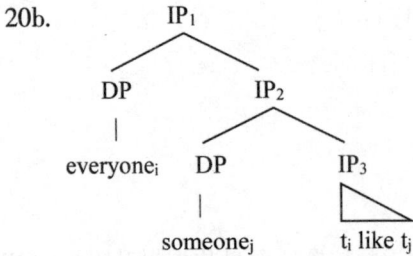

21a. $[_{IP}$ someone$_j$ $[_{IP}$ everyone$_i$ $[_{IP}$ t$_i$ likes t$_j]$ $]$ $]$

21b.

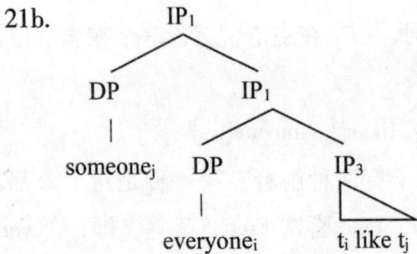

6.3 论元结构表征式（The Representation of Argument Structures）

6.3.1 内论元和外论元（Internal and External Arguments）

这一部分，我们将讨论词项论元结构如何映射到结构表征式上，比如，宾语论元/θ-角色被指派到宾语位置，主语论元/θ-角色被指派到主语位置。鉴于"宾语""主语"都是基于结构的功能词语，用它们来指代论元结构里的论元或θ-角色似乎不太正确。因此，我们通常使用与论元结构有关的术语，如内部论元/θ-角色（internal argument/θ-role）和外部论元/θ-角色（external argument/θ-role）。

22a. John hit Bill.

22b. $[_{IP}$ John I $[_{VP}$ hit Bill$]$ $]$

在这个句子中，Bill 是动词 hit 的内部论元，John 是它的外部论元。从结构上说，内论元与谓词的补语位置相对应，外论元与它的主语相对应，如下图所示：

23.

```
              IP
            /    \
         Spec     I'
       (external) / \
                 I   VP
                    /  \
                 Spec   V'
                       /  \
                      V    XP
                         (internal)
```

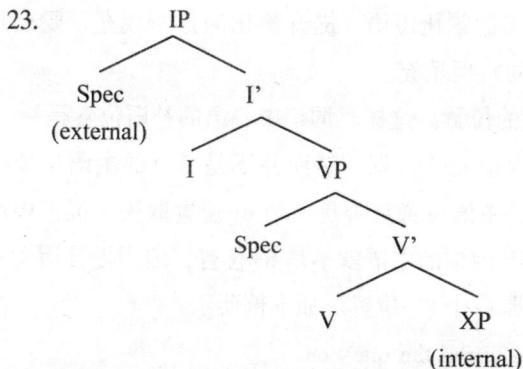

　　下一步我们将建立一个机制来保证论元/θ-角色被指派到正确的位置。总体来说，特定的论元都有一个不变的位置，施事总是被指派到一个外部位置，主题被指派到内部位置。要确保论元分配到一个恰当的位置就要知道该论元体现在词项上是内论元还是外论元。比如：

24a.　answer：agent<theme>

24b.　smile：agent<∅>

　　符号 ∅ 表明缺少了该论元/θ-角色的情况。内论元包括在括号中，外论元/θ-角色在括号外。从（24）的论元结构/题元结构中可以看出，外论元/θ-角色映射到主语位置，内论元/θ-角色投射到补语的位置。

　　我们认为，词汇中心语直接 θ-标记它的内论元，间接 θ-标记它的外论元，因为从（23）中可以看出，外论元的指派要通过谓语，这里谓语指的是动词以及它的内论元，即，VP。之所以说外论元被间接 θ-标记是因为这是通过 VP（或 V'）完成的。内论元与中心语成"姐妹"关系，无须通过任何中间范畴完成 θ-标记。

6.3.2　A-位置与 θ-位置（A-position and θ-position）

　　论元结构/题元结构的结构表征式使得位置有了不同类型的区分。我们在这里区分 A-位置（论元位置，argument position）、A'-位置（非论元位置，non-argument position，读作 A-bar 位置）以及 θ-位置、θ'-位置。

　　A-位置指的是论元基础生成的位置，或者更准确地将其定义为 LF 表征式中论元的位置。词汇中心语的补语位置是一个被词汇中心语内论元占据的 A-位置。论元可以是有所指的名词短语（如 the question）或者是一个变量。小句的主语位置［Spec, IP］也是一个 A-位置。A'-位置是 LF 表征式上非论元的位置，包括［Spec, CP］以及附接位置。［Spec, CP］通常由移位的 wh-短语所填充，附接位置要么由移位的范畴（如话题化短语、提升量化词）所填充，要么是基础生成的修饰语（副词、形容词）所填充。

θ-位置是被指派了 θ-角色的位置。这样，词汇中心语的补语位置是一个 θ-位置，因为它被词汇中心语的内论元所占据。然而并不是所有的主语位置都是 θ-位置，在一个给定的句子中，主语位置是否是一个 θ-位置取决于词汇中心语是否向外论元指派 θ-角色。提升谓词的主语就不是 θ-位置，因为提升谓词不向它指派 θ-角色，因此，该位置是一个 θ'-位置。如下例所示：

25a. Susan seems to have answered the question.

25b. Susan$_i$ seems $[_{IP}$ t$_i$ to have answered the question$]$

26a. It seems that Susan has answered the question.

26b. It seems $[_{CP}$ that $[_{IP}$ Susan has answered the question$]$ $]$

27. seem：< Ø > <proposition>

（25）中的主语 Susan 是小句中 answer 的外论元，提升动词 seem 不能指派外 θ-角色。因此，主句的主语位置是一个 θ'-位置，Susan 移了过去。（26）的情况与之相同。但是，（26）的小句中的主语使移位不能进行，因为（TSC）条件的限制。

6.4 θ-标准（θ-Criterion）

（28）中包含了提升动词和一个基础生成的论元。

28a. *Bill seems（that）Susan has answered the question.

28b. *Bill seems $[_{CP}$（that）$[_{IP}$ Susan has answered the question$]$ $]$

（28）中只有一个外 θ-角色，由小句中的 answer 指派给 Susan。提升动词 seem 不指派外 θ-角色，但是根句的主语位置被一个论元 Bill 所占据。试想，如果我们把这个位置换成一个非论元 it，那么这个句子就是正确的。可见，（28）的错误就在于它含有一个没有 θ-角色的论元。这一结论表明，每一个论元必须得到一个 θ-角色。

我们再看两个句子：

29a. *There answered a question.

29b. *$[_{IP}$ there I $[_{VP}$ answered a question$]$ $]$

30a. *Susan answered there.

30b. *$[_{IP}$ Susan I $[_{VP}$ answered there$]$ $]$

（29）和（30）所体现的问题与（28）恰恰相反，即，θ-角色的数目多于论元数目。动词 answer 指派两个 θ-角色，然而，由于 there 是一个非论元，（29）和（30）中只有一个论元。所以，（29）和（30）的错误就在于它们中的一个 θ-角色没有被指派到论元上。这些情况表明，每一个 θ-角色必须指派到一个论元上。

通过以上两个条件，我们有了以下 θ-标准（θ-Criterion）：

> 每一个论元必须获得一个 θ-角色；每一个 θ-角色必须被指派到一个论元上。

但这一个原则在深层结构和表层结构中都遇到了一些问题，如 wh-原位（wh-in-situ）和量化词等。这些问题在最简方案的框架中得到解决。

再比较（31）和（32）：

31a. Susan seems to have answered the question.

31b. $[_{IP}$ Susan$_i$ I $[_{VP}$ seems $[_{IP}$ t$_i$ to have answered the question$]$ $]$

32a. *Susan believes to have answered the question.

32b. *$[_{IP}$ Susan$_i$ I $[_{VP}$ believes $[_{IP}$ t$_i$ to have answered the question$]$ $]$

（31）中有一个外 θ-角色，由 answer 指派，而（32）中有两个外 θ-角色，believe 和 answer 各指派一个。但是（32）中的这两个 θ-角色都指派到一个论元上，因此是错误的。可见，每一个论元只能指派一个语义角色。因此，θ-标准需要进一步阐述为：

> 每一个论元必须获得一个 θ-角色，而且只能获得一个 θ-角色；每一个 θ-角色必须被指派给一个论元，而且只能是一个论元。

6.5 本章简评

在生成语法理论体系建立之初，乔姆斯基极力主张句法的自主性，试图将句法和语法的其他部分彻底分开，设立完全不受其他因素干扰的句子结构，建立真正独立的句法理论体系。1965 年，乔姆斯基改变了这种做法，在标准理论中加入了语义成分，结果自此开始，形式句法内部问题不断，格语法、生成语义学等学派，掀起了反对的浪潮。菲尔墨（Charles J. Fillmore）的格语法给了生成语法当头痛击，这使乔姆斯基反思生成语法的过失，从反对派中汲取经验教训，开始真正将语义纳入到了生成语法的研究范畴之内，最终形成了一套以语义为基础的理论——θ-理论。这一理论标志着生成语法形式与语义范畴的结合。

不仅如此，θ-理论还标志着人们对 LF 层面重视的开始，因为 SS 层面上的算子、量化词无法获得 θ-角色，只能在 LF 层面上进行移位，留下变量以获得 θ-角色。或许，正是由于算子的投射原则和 θ-标准出现的紧张局面促使乔姆斯基进一步思索，提出最简方案（Chomsky，1995b），取消了 DS 和 SS 层面。

7　格理论（Case Theory）

7.1　格过滤（Case Filter）

7.1.1　带有显性主语的非定式句（Infinitives with an Overt Subject）

比较下面三个句子

1a. * Bill to arrive early is impolite.

1b. *[$_{CP}$ [$_{C'}$ e [$_{IP}$ Bill [$_{I'}$ to [$_{VP}$ arrive early]]]]] is impolite

2a. For Bill to arrive early is impolite.

2b. [$_{CP}$ [$_{C'}$ for [$_{IP}$ Bill [$_{I'}$ to [$_{VP}$ arrive early]]]]] is impolite

3a. That Bill should arrive early is impolite.

3b. [$_{CP}$ [$_{C'}$ that [$_{IP}$ Bill [$_{I'}$ should [$_{VP}$ arrive early]]]]] is impolite

三个句子都以小句为主语，每一个小句都有它自己显性的主语，Bill。（1）和（2）的小句主语都是非定式句，而（3）是定式句。比较三个例句，我们可概括如下：显性的 DP 不能出现在非定式句的主语位置，除非前面有一个介词标句语 for。

早期为解决（1）这样的问题，人们设置了一个过滤条件：

　　　　NP-to-VP 过滤器：*NP-to-VP，除非在 [P (for) —] 之中。

虽然这一个过滤条件否定了（1）并肯定了（2），但它没有解释为什么（2）中使用 for 就是正确的。

这一过滤条件也没有解释为什么显性的名词短语不可以出现在非定式句的主语位置，而 PRO 却可以，更没有解释为什么 PRO 与介词标语句 for 不相容。如下所示：

4a. To arrive early is impolite.

4b. [$_{CP}$ e [$_{IP}$ PRO [$_{I'}$ to [$_{VP}$ arrive early]]]] is impolite

5a. *For to arrive early is impolite.

5b. *[$_{CP}$ [$_{C'}$ for [$_{IP}$ PRO [$_{I'}$ to [$_{VP}$ arrive early]]]]] is impolite

因此，我们需要进一步分析以解释为什么显性的 DP 不能出现在非定式句的主语位置，即使出现，也必须跟在介词标句语的后面，以及为什么 PRO 具有不一样的表现。

7.1.2　格过滤（Case Filter）

在做出进一步的分析前，我们先看一下（6）、（7）、（8）和词形变化表（9）：

6a. For him/*he/*his to arrive early is impolite.

6b. [$_{CP}$ [$_{C'}$ for [$_{IP}$ him [$_{I'}$ to [$_{VP}$ arrive early]]]]] is impolite

7a. She/*her introduced him/*he/*his to them/*they/*their

7b. [$_{CP}$ [$_{IP}$ she I [$_{VP}$ introduced him [$_{PP}$ to them]]]]

8a. His/*he/*him attempt to arrive early surprised everybody.

8b. [$_{IP}$ [$_{DP}$ his [$_{N'}$ attempt [$_{CP}$ e [$_{IP}$ PRO to arrive early]]]]]

9. Subjective forms Objective forms Possessive forms

a. I	a'. me	a". my
b. you	b'. you	b". your
c. he	c'. him	c". his
d. she	d'. her	d". her
e. we	e'. us	e". our
f. you	f'. you	f". your
g. they	g'. them	g". their

英语中的代词一般有三个格，主格、宾格、属格。

代词的不同形式反映了 DP 的格（Case）特征，这些格由相邻的中心语范畴指派（assign）。这些中心语与它格标记（Case-marking）的 DP 有着特殊的结构位置关系。我们暂且不看属格，定式句主语位置的 DP 从 I 那里获得主格，而非定式句主语位置的 DP 则不能被指派主格。其原因在于非定式 I（infinite I）没有指派主格的能力，这一点将在后面进行论述。及物动词或介词宾语位置的 DP 则从及物动词或介词那里获得宾格，不及物动词则没有能力指派宾格。及物性与指派宾格的能力也将在后面进行讨论。

有些语言拥有丰富的屈折变化，如拉丁语、希腊语、德语等。在这些语言中，DP 的格特征通过明显的形态标记反映出来，称为格标记或格屈折变化。在英语中，屈折形态相对贫乏，DP 的格特征只在代词中明显地体现出来。如果把格理解为 DP 的普遍特征，那么说英语中只有代名语（pronominal）DP 有格是相当不合理的。较为合理的说法是：所有 DP 都有格，只是代名语 DP 显性地反映格。非代名语 DP 的格表现为抽象的格标记，更像前面谈到的主语的一致（Agr）标记。

这样，根据普遍原则，我们假设所有显性的 DP 都有格。换句话说，DP 的分布本身要求它有格。这一条件可以阐述如下：

格过滤：如果 DP 只有语音内容而没有格，那么只是一个 *DP。

这样一来，（10）这样的句子就被排除了。

10a. *Bill to arrive early …

10b. $[_{CP} [_{C'} e [_{IP} Bill I [_{I'} to [_{VP} arrive early]]]]]$

但是，从格过滤的定义可以看出，格过滤仅限于有语音形式的 DP，即，显性的 DP。空 DP，如 PRO 则不能使用格过滤所表述的条件进行解释。结果，PRO 能够出现在无格标记的环境中。这包括没有介词 for 引导的非定式句的主语位置。与显性的 DP 不同，PRO 不能跟在 for 后面。我们将在后面讨论 PRO 分布以及所指特点。

格过滤仅用于显性的 DP，这一点可以理解为 DP 语音表征式的条件，即，它只适用于 PF 层面。根据这一观点，格过滤不能用于 LF 层面，但曾有人尝试将它用于 LF 层面，从而与语义相联系，这种尝试被称为可见性假说（Visibility Hypothesis）。

7.2 可见性假说（Visibility Hypothesis）

可见性假说认为，格的功能在于使得 DP 在 LF 层面上"可见"，从而得到 θ-角色。也就是说，一个 DP 要得到 θ-角色，必须是可见的（visible），而 DP 要在句中成为可见成分，必须具有格。这一假说表明，格是所有论元（即所有获得 θ-角色的表达式）的特点。

这一假说有两个优点。一是有了可见性假说，我们就可以完全摈弃格过滤条件，因为其效果完全可以从可见性中获得：如果一个 DP 论元没有格，就不是可见的，不是可见的 DP 不能获得 θ-角色。这样一来，DP 如果没有 θ-角色就违反了 θ-标准。第二个优点是这一假说解释了为什么变量虽然为空范畴却无一例外地出现在格标记的位置。如下面例句所示：

11a. Who expected what?

11b. LF: $[_{CP}$ [who]$_i$ [what]$_j$ $[_{IP}$ t$_i$ I $[_{VP}$ expected t$_j$]]]

11c. for which person x , forwhich thing y [x expected y]

12a. John likes everybody.

12b. LF: $[_{CP}$ e $[_{IP}$ everybody$_i$ $[_{IP}$ John I $[_{VP}$ likes t$_j$]]]

12c. for ever person x, [John likes x]

在（11）中，who 的语迹占据的主语位置，what 的语迹占据的宾语位置，二者均为格标记位置。前者由定式 I（finite I）指派，后者由动词指派。在（12）中，提升量化词 everybody 留下的语迹也处在格标记的位置。

前面我们讲到，变量具有论元的地位，所以它在 LF 层面上也要获得 θ-角色。现在我们又看到，变量具有格。这种现象用格过滤式是不能解释的，因为它只能解释显性的 DP。可见性假说则认为，变量出现在有格的位置是因为它是论元，为了获得 θ-角色，它必须是"可见的"。

虽然可见性假说有着两个优点，但是仍然有一些相关的语言现象没有得到解释，其中之一就是 PRO 以及它的分布问题，如（13）和（14）所示：

13a. To arrive early is impolite.

13b. $[_{CP}$ e $[_{IP}$ PRO $[_{I'}$ to $[_{VP}$ arrive early]]]] is impolite

14a. Bill planned to arrive early.

14b. Bill planned $[_{CP}$ e $[_{IP}$ PRO $[_{I'}$ to $[_{VP}$ arrive early]]]]

在这两个例子中，PRO 是论元，从中心语 arrive 那里获得 θ-角色。然而，与可见性假说相对的是，PRO 是一个无格标记的位置。这一问题我们将在空范畴一章进一步分析。

另一个可见性假说没有解释的问题是虚位 DP：it 和 there。这一问题与 PRO 引发的问题相反，虚位 DP 通常出现在有格标记的位置，如（15a&b），它们是非论元，从而不能获得 θ-角色。

15a. It seems that Bill is leaving soon.

15b. There is a desk in the classroom.

其实，虚位 DP 的格特征并非与可见性假说相悖。可见性假说认为 DP 只有具有了格才能获得 θ-角色，这并不意味着所有有格的 DP 都获得 θ-角色。这一点我们在后面进一步了解。

7.3 结构格与内在格 (Structural versus Inherent Case)

主格与宾格有许多的相同之处，一是它们的格指派与题元关系并不相关联，另一个是它们都是在 SS 决定。

主格是由定式 I 通过指定语-中心语一致指派主语的，它并不牵涉 I 与 DP 主语的题元关系，这一指派必须在 SS 层面上进行，也就是说，这是 DP 主语移向 [Spec, IP] 位置的结果。而宾格在多数情况下牵涉与动词题元关系上相连的 DP，然而当这种情况为 ECM（我们在下一章会深入分析）时，其 DP 就不具有题元上的关系。下面的例子表明，宾格也可以是移位的结果，所以说宾格也是在 SS 层面上决定的。

16a. John suspects Bill/him to have been criticized.

16b. John suspects [$_{IP}$ Bill/him$_i$ [$_{I'}$ to [$_{VP}$ have been [$_{VP}$ criticized t$_i$]]]]]

17a. John expected Bill/him to answer the question.

17b. John expected [$_{IP}$ Bill/him$_i$ [$_{I'}$ to [$_{VP}$ t$_i$ [$_{VP}$ answer the question]]]]

在（16）中，Bill/him 从嵌套小句被动动词的宾语位置移到主语位置，由 ECM 动词指派宾格。（17）的情形与之相似，只是 DP 的来源位置不同。

在 SS 层面决定的、受格成分与授格成分之间不必要牵涉题元关系的格称为结构格（structural case）。主格和宾格都是结构格。而在 DS 层面决定的、受格成分与授格成分之间牵涉题元关系的格称为内在格（inherent case）。目前为止我们讨论的格，由介词指派给其宾语的格为内在格。然而，介词的情况相当复杂。从前面的讨论来看，有的介词虽然向它的宾语指派格却不向它的宾语指派 θ-角色，如与格介词 to 和名词短语中的 of。另外，也有介词在 SS 层面向 DP 指派格的情况，例如：

18a. For Bill to be criticized is surprising.

18b. [$_{CP}$ for [$_{IP}$ Bill$_i$ [$_{I'}$ to [$_{VP}$ be criticized t$_i$]]]] is surprising

尽管介词的情形还不明确，但介词与其宾语之间的格关系应当是在 DS 层面决定的，当然，这一观点还有待进一步的证明。

7.4 汉语的格指派问题 (Assignment of Cases in Mandarin Chinese)

上面我们讨论了英语中格的指派问题，乔姆斯基（Chomsky, 1986a：193）

曾指出:"有理由设想词汇范畴的格指派方向是统一的,在非标记的情况下,它与 X-杠理论的中心语参数一致。"

正如这句话所隐含的意思,在有标记的情况下,格标记的方向可能就与X-杠的位置相反。库普曼(Koopman,1984)就认为汉语是一种中心语在后的语言(即 SOV),但是动词的宾语位于动词的右侧。他认为,这是由于汉语中的格向右指派所致,所以动词宾语就从动词的左侧移向了动词右侧以获得格。因此,汉语的语序变成了SVO。李艳惠(Li,1985,1990)也持有相同的观点,她首先假定 θ-角色和格的指派具有方向性,并且方向性可以参数化。具体到汉语,她认为汉语的 θ-角色是从右向左指派的,因而汉语的 DS 是一个中心语在后的结构。但是,汉语的格指派方向是从左向右,例如,名词短语作为受格成分必须移到授格成分的右边,而修饰名词的介宾短语等不需要格,仍然留在动词前面。

这种理论可以得到多方面的支持。当然持反对观点的也大有人在。但是,笔者认为这种观点具有很强的解释力,只是 θ-角色和格的方向性参数还没有足够的证据支持。我们不妨尝试用这一理论解释下面的"汉语中的名词短语结构和小句的结构不对称"问题。

19a. 张三对这个问题的回答。

19b. 张三回答这个问题。

如果汉语的 θ-角色从右向左指派,那么这两句在 DS 层面上的中心语都在后面,如下例所示:

20a. 张三 [$_{DP}$ [$_{PP}$对这个问题] 的回答]

20b. 张三 [$_{VP}$ [$_{DP}$这个问题] 回答]

这时,(20a)中的名词短语"这一问题"可以从介词"对"那里获得内在格,所以它的 DS 结构和 SS 结构相同;然而,由于汉语的格指派方向是从左向右,(20b)中的"这一问题"在动词前面无法获得格,只好移向动词后面以获得格,形成(19b)的结构。

7.5 例外格标记(Exceptional Case Marking)

先看两个句子:

21a. Bill believes John to be a liar.

21b. Bill considers John to be an idiot.

句中 John 是嵌套非定式句中谓词 be 的外论元，因此，它也应该处在外论元的位置，［Spec, IP］。然而，DP John 表现出一种特征，虽然它在题元关系上与非定式句中的谓词相关联，但在语法上它却是根动词的直接宾语。我们不妨看一下 DP John 的宾语特性。

首先，我们把 John 换成代词，那么这个代词只能是宾格。

22. Bill believes him/ *he to be a liar.

在被动形式里，John 可移到主语位置。这是直接宾语的一个显著特点。

23. John is believed to be a liar.

而且，状语不能插入到根句动词和 DP 之间。

24. Bill sincerely believes (*sincerely) John to be a liar.

DP 是套嵌非定式小句动词的外论元，同时又是根句动词宾语，要解决这一矛盾，我们假设它基础生成于套嵌小句的外论元位置（主语位置），移到了根句宾语位置。如下例所示：

25a. Bill believes John to be a liar.

25b. DS：［IP Bill I ［$_{VP}$ believes ［$_{DP}$ e］［$_{IP}$ John to be a liar］ ］ ］

25c. SS：［IP Bill I ［$_{VP}$ believes John$_i$ ［$_{IP}$ t$_i$ to be a liar］ ］ ］

问题是，这种移位与 θ-标准不符。因为在里我们假设深层结构里，根动词的宾语位置为空，为移过来的 DP 所填充。到目前为止，宾语位置都由词汇中心语的内论元在结构上的实现（投射）所填充，也就是说，每一个宾语位置都由从中心语那里获得一个 θ-角色。这就意味着上面的移位会导致新移来的 John 再获得一个 θ-角色，显然破坏了 θ-标准。

为了与 θ-标准一致，我们目前将（26）和（27）分析如下，嵌套小句的主语仍然留在小句中的主语位置：

26a. Bill believes John to be a liar.

26b. DS：Bill believes ［John to be a liar］

26c. SS：Bill believes ［John to be a liar］

27a. Bill considers John to be an idiot.

27b. DS：Bill considers ［John to be an idiot］

27c. SS：Bill considers ［John to be an idiot］

那么，John 为什么呈现出宾语特性呢？

我们知道，宾格是在管辖的结构关系下指派的，那么这里的动词 consider 也应该管辖由它分配格的 DP。我们不妨先看一下它的结构，刚才我们通过分析确定，（26）的句法结构如下图所示：

28a. John believes Bill to be a liar.

28b. John believes [Bill to be a liar]

28c.

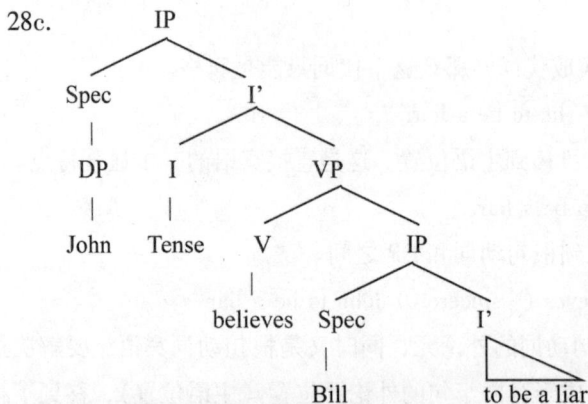

可以看出，believe 管辖 Bill。因此，Bill 的宾格由 believe 指派。DP 主语在题元关系上与嵌套小句相连，而与向它指派格的范畴没有任何题元关系。这种授格语与受格语之间没有任何题元关系的格指派称为例外格标记（Exceptional Case Marking, ECM）。获得了宾格的主语称为 ECM 主语。

但是，我们知道嵌套小句的典型形式为：CP → Comp IP，也就是 [Spec [$_{VP}$ V [$_{CP}$ C [IP]]]]。那么，（28）的结构里是不是存在 CP 节点？如下例所示：

29a. John believes Bill to be intelligent.

29b. John believes [$_{CP}$ [$_{C'}$ [$_{IP}$ Bill to be intelligent]

这时，ECM 主语被 CP 和 IP 从 ECM 动词 believe 那里隔开了。中心语是否可以隔着两个最大投射管辖 DP 呢？很显然，它不符合管辖中的 c-指令关系，同时也违反了管辖最小限度条件，因为，C' 是主语的管辖语，它离 [Spec, IP] 比根动词更近，从而阻止了 ECM 动词管辖 [Spec, IP]。我们不妨验证一下：

30a. *John believes that Bill to be intelligent.

30b. *John believes [$_{CP}$ [$_{C'}$ that [$_{IP}$ Bill to be intelligent]]]]

因此，ECM 动词和它的宾语 DP 之间不存在 CP 节点。其实，我们在前面（§5.3.1）已经看到，小小句中也存在类似现象：

31a. John considered Bill intelligent.

31b. John considered [$_{AP}$ Bill [$_{A'}$ intelligent]]

32a. John considered him intelligent.

32b. John considered $\begin{bmatrix} {}_{AP} \text{ him } \begin{bmatrix} {}_{A'} \text{ intelligent} \end{bmatrix} \end{bmatrix}$

所以，这类有及物动词指派宾格的 ECM 句型应该为：

33. $\cdots \begin{bmatrix} \text{Spec} \begin{bmatrix} {}_{VP} V \begin{bmatrix} {}_{XP} \begin{bmatrix} \text{DP} \end{bmatrix} \begin{bmatrix} {}_{X'} X \end{bmatrix} \end{bmatrix} \end{bmatrix} \end{bmatrix}$

这里的 XP 应该是小小句或非定式句。

ECM 动词和它的宾语 DP 之间不存在 CP 节点的现象称为 CP-删除（CP-deletion）。这一问题后面还有进一步的分析。

7.6　本章简评

格是人类语言中的一个语法范畴，它一直是传统语言学研究的对象。英语是一种格标记较为贫乏的语言，除了代词之外，绝大部分的名词没有格标记。汉语的格标记更为贫乏，可以说没有。但这并不妨碍格理论的运作，生成语法的格是抽象的格，是一个普遍性的概念，在没有形态变化的语言里，总以抽象的形式呈现。格理论的内容非常简单，每个 DP 都必须具有格，没有格的就要被淘汰。但并不是所有的格都是固有的，因此格的指派与获得就是本章研究的重点。

8　格理论与θ-理论的互动与交织
（Interaction and Interweaving
between θ-Theory and Case theory）

8.1　格与移位（Case and Movement）

8.1.1　移位链与格（Chains and Case）

请看下面这个例句：

1a. Susan seems to have answered the question.

1b. [IP Susan$_i$ I [VP seems [IP t$_i$ to have answered a question]]]

严格来说，小句动词的外 θ-角色是指派给 DP 语迹的，但由于根句的主语位置是一个 θ'-位置，语迹就把 θ-角色输送给它的先行语。这样，语迹与它的先行语构成了移位链（chain）。先行语为链首（head），语迹为链尾（root/tail）。这表明 θ-标准是一个指派 θ-角色给单个单元以及论元链的条件。事实上，θ-标准只是关于链的条件，当然，链指的不仅是移位的范畴，还包括非移位的范畴，如 {Susan}、{the question}，这种链只含有一个成分，也就是说，它不是移位形成的，我们称之小链（trivial chain）。如果一条链所含的成分多于一个，如 {Susan, t}，即移位形成的链，我们称之非小链（non-trivial chain）。

根据移位位置的不同，即 A-位置还是 A'-位置，我们又区分 A-链、A'-链。移向 A-位置的链称为 A-链（A-chain）。而像话题化、wh-移位、QR 移向 A'-位置，移向 A'-位置的链称为 A'-链（A'-chain）。因此，虽然话题化、wh-移位和 QR 与 DP-移位都是移向 θ'-位置，但也有所不同：DP-移位要移向的 [Spec, IP] 位置为一个 A-位置，而话题化、wh-移位、QR 则移向 A'-位置。

θ-标准适用于链的观点表明了严格的转换限制，比如只允许将论元从 θ-位置移位到 θ'-位置。论元从一个 θ-位置移到另一个 θ-位置会导致一条链获得两个θ-角色，从而违反了θ-标准。

先看几个提升句。在提升句中，当嵌套小句为非定式句时，其主语可以移到根句的主语位置，如（2）。当嵌套小句为定式句时，其主语则不能移位，我们称之 TSC，这时一个虚位的 DP（it）出现在根句的主语位置，比如（3）。

2a.　Bill seems to be honest.

2b.　$[_{IP}\ [_{DP}\ Bill_i]$ seems $[_{IP}\ t_i$ to be honest$]\ ]$

3a.　It seems（that）Bill is honest.

3b.　$[_{IP}\ [_{DP}\ it]$ seems（that）$[_{IP}\ [_{DP}\ Bill]$ is honest$]\ ]$

DP-移位以 EPP 为动机，这一原则要求每一个句子要有一个（形式上的）主语，而嵌套小句的主语移向根句的主语位置使得根句获得了一个主语，从而满足了 EPP 要求。当 DP-移位受到阻碍，比如（3），虚位主语 it 插入到根句主语的位置，以满足 EPP。然而，既然根句主语位置插入一个形式的主语就能满足 EPP，为什么还要由 DP-移位？换句话说，（4）为什么不对？

4a.　*It seems Bill to be honest.

4b.　*$[_{IP}\ [_{DP}\ it]$ seems $[_{IP}\ [_{DP}\ Bill]$ to be honest$]\ ]$

（4）与 EPP 一致，但是却被排除了，为什么？我们发现，似乎只要存在可能（如嵌套小句没有时态标记），DP-移位在提升句中就是必需的。一种可能的解释是，虚位主语的插入为"最后一招"，它很像是 Do-插入，只有当移位被阻止了的时候，插入才成为可能。这种解释不失合理之处，我们这里尝试用格理论进行解释。

基于格理论的推理，当嵌套小句为非定式句时，它的显性的 DP 主语无法通过指定语-主语一致从非定式 I 那里获得主格。为满足格的要求，DP 移向根句的主语位置，在那里它通过指定语-主语一致从根句定式 I 获得主格，比如（2）。而当嵌套小句为定式句时，DP 通过指定语-主语一致从定式 I 那里获得主格，则不需要再移向根句的主语位置以寻求格，比如（3）。

因此，DP-移位的动力来自格的要求，这一个观点暗示了 DP-移位只会从无格标记的位置移向格标记的位置。也就是说，DP-移位所生成的 A-链只在链首获得一个格。A-链的这一共性表明了 A-链和格有着一一对应的关系，这就像链与θ-角色之间有着一一对应的关系那样。

A-链和格有着一一对应的关系，那么，A'-链和格是不是也这样？A'-链由 wh-移位以及 QR 生成。与 A-链不同的是，A'-链的链尾是一个格标记位置，我们可以从两个例子中看到：

5a. What did Bill answer?

5b. SS/LF：$\left[_{CP}\text{ what}_i\left[_{C'}\text{ did }\left[_{IP}\text{ Bill }\right]\text{ I }\left[_{VP}\text{ answer t}_i\right]\right]\right]$

5c. for which thing x, Bill answered x

6a. Bill likes everyone.

6b. LF：$\left[_{IP}\text{ everyone}_i\left[_{IP}\text{ Bill }\right]\text{ I }\left[_{VP}\text{ likes t}_i\right]\right]$

（5）和（6）两句中 wh-移位、QR 留下的语迹位于一个格标记的位置，因此，A'-链的链尾是一个格标记位置。虽然与 A-链不同，A'-链与格要求并不矛盾。它们都含有唯一的格位置。

A'-链与 A-链的不同在于算子-移位（wh-短语、量化短语）并非出于格动机，而是出于与它们辖域有关的条件。

我们已经看到，DP-移位生成了 A-链，其链首为格标记位置，链尾为非格标记的位置。因此我们说，DP-移位的原因是出于格需求。至于为什么算子的语迹会出现在格标记的位置或许还有更加深刻的原因。前面我们看到算子的语迹在 LF 层面有着变量的地位，根据可见性假说，变量有格是因为：变量作为论元要求得到 θ-角色，而论元要获得 θ-角色必须首先获得格才能变得可见从而得到 θ-标记。

既然由于链与 θ-角色的对应关系我们有了 θ-标准，那么格与链的对应关系我们称之格要求（Case Requirement）。一条移位链中只能包含一个 θ-位置和一个格标记位置，前者决定链的 θ-角色的指派，后者决定格的标记。有关定义如下：

> 只含有一个格标记位置的链才能获得格标记。

简而言之，一条链只能含有一个格位置。

一条链是不是确实只有一个有格的位置？我们不妨验证一下，看一个有两个格的链是不是能够被排除掉：

7a. *Bill seems is honest.

7b. *$\left[_{IP}\left[_{DP}\text{ Bill}\right]_i\text{ seems }\left[_{IP}\text{ t}_i\text{ is honest}\right]\right]$

DP*Bill* 从定式句主语位置移向根句主语位置，牵涉了两个格位置，也就是说，这一移位生成了有两个格的 A-链。但这种移位显然是不正确的，因为这是一个 TSC 主语。可见，TSC 主语不过是一个具有唯一格的主语，它的移位会导致生成一条有两个格位置的链。

既然"链"从广义上讲包括了 DP（DP 可视为不涉及移位的小链），因此，格要求和 θ-标准都是关于链的条件。移位链在生成语法理论中有着特殊的地位，既然所有的移位 α 都会形成移位链，通过一定的程序对移位链进行检验，将不合法的排除，自然就达到了排除非法移位的目的。

8.1.2 虚位-论元链 (Expletive-argument Chains)

看下面的句子 (Chomsky, 1986a: 133)：

8a. It is believed [S that John is intelligent]

8b. It seems [e to be believed [S that John is intelligent]

(8) 中的 it 占据了格位置，分句则为由中心语指派 θ-角色的（述题）论元。Chomsky 认为这也涉及移位链，由虚位 it 和论元所形成的。(8a) 的链为 (it, S)；(8b) 的链为 (it, e, S)。这一链的概念还可以用于下面的例子：

9a. There arrived three students.

9b. There approached a small car.

动词 arrive 和 approach 属于非宾格动词。它们的主语位置由一个虚位元素 there 填充。问题是，DP 处在动词后的位置，而该动词不能指派宾格，DP 如何满足格要求呢？

对于这一问题有许多回答，其中之一为格转移（case transfer）。其观点是，格标记主语位置的虚位与动词后的 DP 同标，形成了一个虚位-论元链，这也是一种链。在这个链中，格标记位置的虚位将它获得的主格转移到动词后无格标记的 DP 论元，使之具有可视性，从而获得 θ-标记。乔姆斯基（Chomsky, 1986a）将其纳入移位链中，统称为"最大链"，用大写的 CHAIN 来表示。因此有下列条件 (Chomsky, 1986a: 133)：

> 每条最大链含有一个 θ-位置。
>
> 只含有一个格标记位置的链才能获得格标记；格标记的链上的位置是可见的以便获得 θ-标记。

虚位-论元链解决了前面（§8.1）提出的一个问题：虚位主语本身不是论元，不能获得 θ-角色，从而也不需要格，为什么总是出现在格标记的位置？现在，我们看到，虚位总是与一个处在非格标记位置的论元相关联，它出现在格位置只不过因为它是虚位-论元链的一员，该链必须获得格才能可见，从而得到 θ-标记。

这一分析还可扩大到下面这样的句子：

10a. It is clear that Bill left suddenly.

10b. it_i is clear [CP that Bill left suddenly]_i

11a. They consider it inappropriate that Bill left suddenly.

11b. They consider $[_{AP}$ it $[_{A'}$ inappropriate $[_{CP}$ that Bill left suddenly

（10）是一种外置，主语位置的小句移到了句末。这时，小句要获得谓语 be clear 指派的 θ-角色就要首先获得格，而处在格位置的是一个虚位元素 it。这样，为了满足格要求，外置的小句与虚位 it 关联，it 把它获得的格转移给外置的小句。（11）与此相似，虚位 it 把从根句的 ECM 动词那里得到的格转移给外置的 CP，从而使得 CP 可见以获得 θ-角色。

乔姆斯基（Chomsky, 1986a：137）又将移位链的特征进一步总结如下：

如果 C = $(\alpha_1, \cdots, \alpha_n)$ 是一条最大链，那么 α_1 是一个格标记的位置。

如果 C = $(\alpha_1, \cdots, \alpha_n)$ 是一条最大链，那么 α_n 是占据了唯一 θ-位置，α_1 占据唯一的格位置。

不过对于（11a）和（11b）的格我们还需要做进一步说明。比较（12）和（13）：

12a. There arrived three students.

12b. There approached a red car.

13a. *There arrived the students.

13b. *There approached the red car.

这种结构的一个重要的特点是动词后的论元是不定的，当论元在动词前的主语位置时就没有这种限制。如：

14a. The students/three students arrived.

14b. The red car/a small car approached.

贝莱蒂（Belletti, 1988）联系冰岛语来分析了这种不定的要求。贝莱蒂认为不定名词短语获得了一个特殊的格称为部分量（partitive），这种部分量是内在格。贝莱蒂将冰岛语的这种特点推广到了所有的语言当中，认为英语中的这种格没有体现出来就是因为这种语言缺乏格的屈折变化。他还进一步推测，所有的动词，作为词汇的特点都能向它所 θ-标记的名词指派部分量格，然而只有不定名词短语与之相容。

8.2 VP 内主语假说（Subject-inside-VP Hypothesis）

到目前为止，我们还没有谈到［Spec, VP］位置的作用。这一位置并不是不起作用，恰恰相反，它在句子主语的表征中起着至关重要的作用。本小节内容主要来自雷德福（Radford, 2000）。

我们首先看下面句子（Radford，2000：151）：

15a. There is someone knocking at the door.

我们知道，这里句首的 there 是一个虚位主语，它占据了［Spec，IP］的位置，I（即 *is*）为句子的中心语，它以 VP 为补语。那么这里的 VP 该怎么分析呢？显然，knocking 应该为 VP 的中心语，那么，at the door 是它的补语。someone 在 VP 中占据什么位置呢？很自然，它应该为 VP 的主语，其典型的位置应该是［Spec，VP］。雷德福（Radford，2000：153）给出的结构如下（Q 在此指量化词）：

15b.

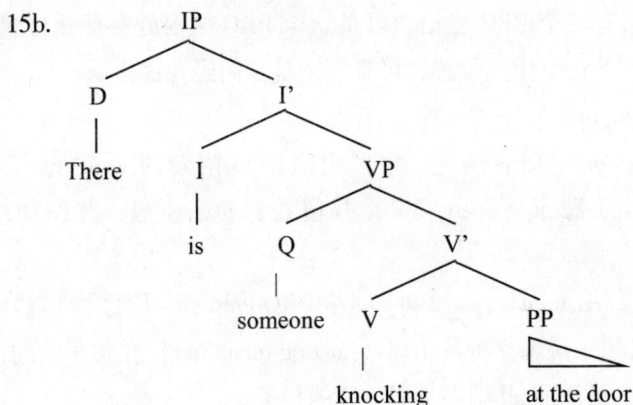

有趣的是，我们还经常这样说：

16a. Someone is knocking at the door.

这里，someone 很明显是 IP 的主语，从而出现在［Spec，IP］的位置。然而在（15）中，someone 出现在［Spec，VP］的位置，这种现象我们如何来解释呢？我们这里猜想（16）中的 someone 本就源于［Spec，VP］，在（15）中留在原位置，而在（16）中提升到了［Spec，IP］，如下（Radford，2000：154）：

16b.

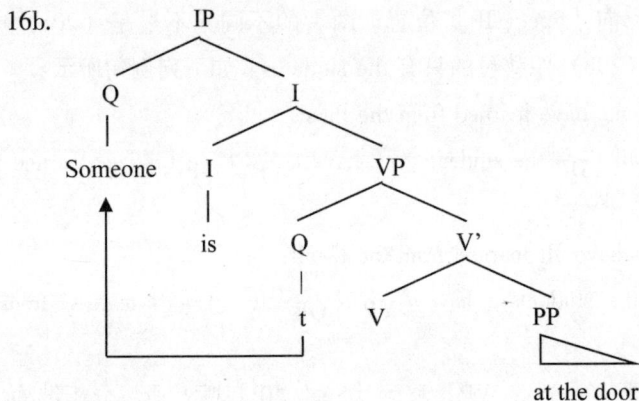

这种假设称为 VP 内主语假说（Subject-inside-VP Hypothesis 或 VP-internal subject hypothesis）。也就是说，主语本来源于［Spec, VP］，通过提升移到了［Spec, IP］。（15）是一个特例，它的［Spec, IP］为虚位主语。

这方面的例证来自附着形式。wanna 是 to 附着到 want 上，当 want 和 to 之间有着空范畴时，to 就不能附着到 want 上。我们看一个句子（Radford，2000：154）：

17a. We want to help you.

17b. ［IP We ［I' ［VP want ［IP PRO ［I' to ［VP help you ］ ］ ］ ］ ］

（17）的嵌套小句有一个 PRO 主语，可是这个 PRO 主语处在什么位置呢？我们以前分析它处在［Spec, IP］位置，可是问题是我们经常这样说：

18. We wanna help you.

如果 PRO 处在［Spec, IP］位置，它肯定阻止 to 附着到 want 上。Baltin（1995：244）建议 PRO 源于［Spec, VP］并留在那里。所以，其结构应该如下：

19. ［IP We ［I' ［VP want ［IP ［I to］［VP PRO help you ］ ］ ］ ］ ］

VP 内主语假说可用来解释浮游量化词（floating quantifier）在句子中的位置问题。我们看两个浮游量化词 all 处在不同位置的句子。

20a. All the students have learned from the thesis.

20b. The students have all learned from the thesis.

在两个句子中，浮游量化词都是修饰 DP the students，按说两者应该是邻接的，然而只有在（20a）中量化词与它所修饰的 DP 邻接。我们如何解释（20b）中 all 修饰 the students，然而两者却明显处在不同的位置呢？VP 内主语假说给出了答案。我们不妨假设 QP（quantifier phrase）all the students 源于 VP 的主语位置［Spec, VP］，移向［Spec, IP］位置。两者的不同只不过是（20a）中移位的是整个 QP，而（20b）中移位的只有 the students。如下列例句所示：

21a. All the students have learned from the thesis.

21b. ［IP ［QP all ［DP the students ］ ］i have ［VP ［QP ti ］ ［V' learned from the thesis ］ ］ ］

22a. The students have all learned from the thesis.

22b. ［IP ［DP the students ］i have ［VP ［QP all ti ］ ［V' learned from the thesis ］ ］ ］

那么 DP 为什么要从［Spec, VP］移到［Spec, IP］呢？通过分析结构，从

（23）我们看得出由于 V' 阻碍了 V 管辖［Spec，VP］，V 从而不能向［Spec，VP］指派格，虽然 DP 也处在 I 的统制中，但 I 只能通过指定语-主语一致指派主格，不能向它指派格。所以，DP 只能移向［Spec，IP］获得 I 通过指定语-主语一致指派的主格。

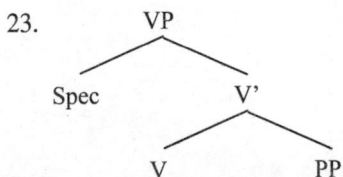

23.
```
          VP
        /    \
     Spec     V'
            /    \
           V      PP
```

后面，我们会看到，（17）和（18）中的 PRO 即便处在有格的位置也不能受到管辖（§9.2.1），它本身不需要格，因此不需要移位。

VP 内主语假说具有许多理论上的优点，一是它使得词汇范畴的结构与论元结构有了更紧密地联系。既然我们把所有词汇范畴的论元纳入 X-杠投射中，就说明了 X-杠投射是词汇范畴以及其论元结构的结构表征式。有一点要注意，那就是虚位主语并不源于［Spec，VP］，因为它不是动词论元结构的部分，而是 SS 由 EPP 直接插入到［Spec，IP］位置的。

从另一方面来说，VP 内主语假设实现了传统语法的基本设想，将句法结构和以动词为中心的题元结构完全对应起来，把所谓的外论元和内论元都放到了与动词最接近的位置里去，真正地让动词成为句子的中心成分。这对 θ-角色的指派也是一个进一步的论证。正因为如此，VP-内主语假设赢得了广泛认同，并一直沿用到现在。

8.3 移位：θ-角色与格指派（Movement：the Assignment of θ-roles and Cases）

8.3.1 动词性被动式（Verbal Passives）
比较被动句和它相应的主动句。

24a. The question was answered (by Susan).

24b. ［IP the question$_i$ I ［VP was ［VP answered t$_i$ (by Susan)］］］

25a. Susan answered the question.

25b. ［IP Susan I ［VP answered the question］］

根据 θ-标准，被动句的内论元能够移到主语位置。这表明被动式的主语是一个 θ'-位置，和提升谓词的主语位置一样。但观察两个句子，我们发现，

answer 的主动形式向它主语位置指派一个外 θ-角色，而它的被动形式则不能，为什么？

在做出进一步的解释之前，我们首先看一下 by-短语，被动句中 by-短语可有可无，这表明它是一个附接成分，从线性位置上看，它处在 VP 的右端，如下图所示：

26.

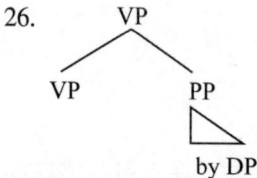

虽然 by-短语与被动动词的外论元相互关联，但它不像是从被动动词那里获得 θ-角色的，因为外论元都是从主动动词那里获得外 θ-角色的。事实上，我们只能猜测，被动动词不指派外 θ-角色，如果它们指派 θ-角色，那就没有理由不指派到典范的外论元位置 [Spec, IP]，而指派到附接位置上。

被动动词由主动动词附加上被动词素 -ed/-en 构成，这一派生过程并不产生新的范畴。因此，我们认为，由主动形式变为被动形式的过程发生在词汇上，而且词汇规则不仅仅往动词的主动形式上附加一个被动语素，确切地说，这一规则通过删掉基础动词的外论元影响了词汇的论元结构。被动动词派生的复杂规则可表示如下：

27. answer：$[+V; -N]$ ($=V$)   answered：$[+V; -N]$ ($=V$)
   agent <theme> $\rightarrow$ $\varnothing$ <theme>

被动式和主动式的不同在于它的论元结构/题元结构缺少一个外论元/θ-角色，然而这两个形式在范畴上是相同的。由于被动式动词的论元结构/题元结构不含有外论元/θ-角色，因此它的主语位置是一个 θ'-位置，成为移位论元的目的地。内论元移向主语位置的链中只含有一个 θ-角色，因此与 θ-标准相一致。

那么内论元为什么移位呢？它从一个 θ-位置移向一个 θ'-位置是出于什么动机呢？显然，θ-理论是解释不了的，但我们可以用格理论来解释。

我们认为被动式中的 DP-移位以格为动机，如下：

28a. The question was answered.

28b. $[_{IP} [_{DP}$ the question$_i$] I $[_{VP}$ was $[_{VP}$ answered t$_i$]]]

29a. *It was answered the question.

29b. *$[_{IP} [_{DP}$ it] I $[_{VP}$ was $[_{VP}$ answered $[_{DP}$ the question]]]

从（28）和（29）我们看到，被动式中的 DP（内论元）不能留在它在 DS 层面上的位置，即便主语位置有一个形式的虚位主语。可见，内论元的移位是为了获得格。为了进一步证实这一观点，我们再看（30）：

30a. It was decided that Bill should leave.

30b. It was believed that Bill should leave.

（30）中的被动式的补语为小句，它没有格的要求，不需要移向［Spec, IP］。这时，主语位置填充了一个虚位 DP 以满足 EPP 要求。

（30a&b）同时还表明了只有当被动动词的补语为 DP 时，它必须移向［Spec, IP］，从而证实了被动式中的 DP-移位以格为基础的分析，即，DP 移向［Spec, IP］是为了获得格。

DP-移位以寻求格为动机表明了被动式动词不能指派（宾）格。如果 DP 在其 DS 层面上的位置能获得格，它就没有必要移到主语位置。前面我们讨论 DP 不能获得两个以上的格，这就排除了被动式中的动词有两个格的可能性。被动动词相应的主动形式能分配宾格，而被动动词不能，这表明它不能分配宾格的原因在于它的被动语素-en。上面我们讨论了被动语素-en 附着到一个主动形式的基础动词上会导致所派生的（被动）动词不能向主语位置指派外 θ-角色，现在我们看到-en 附着到及物动词上也导致所派生的（被动）动词不能向其宾语指派宾格。被动语素-en "吸收"了动词的宾格，从而迫使宾语移向主语位置以寻求格。在分析被动式时，格吸收（Case-absorption）是一个重要因素。

那么，-en 到底是一种什么性质的元素呢？我们来总结一下被动词素-en 的性质。

a. -en 是一个深层句法附着形式，作为一个论元插入 INFL 当中。语音形式上，-en 是一个词缀，它吸收了动词的宾格，从而迫使动词宾语移向主语位置以寻求格。

b. 作为 INFL 内的一个论元，-en 获得外 θ-角色，这一个角色由整个 VP 所指派。

c. -en 插入句子中，先后派生出其形态结构和句法结构

d. ［IP Spec (IP)［I' -en［VP［V' V DP］］］］

8.3.2　形容词性被动式（Adjectival Passives）

在我们见到的被动式中，还有一类形容词性被动式。形容词性被动式的内论元也位于主语位置，如下例所示：

31a. The island was uninhabited.

31b. The performance was uninterrupted.

（31a&b）中的复杂形式 uninhabited 和 uninterrupted 是形容词性被动式。它和前面的动词性被动式有所区别。

（31a&b）的形容词特点之一是它们能够附加一个否定形式 un-。这一前缀通常粘着到形容词上，如 unhappy、unkind，但不加在动词之上，如 to *uninhabit（an island）、to *uninterrupt（a performance）。第二，它们能够修饰名词，如 uninhabited island、uninterrupted performance。第三，它们能够做 remain、seem 这一类词的补语，这类词后面只能跟形容词，不能跟动词。如，The island seemed uninhabited、The performance remained uninterrupted。

以上三个特点表明了（31a&b）的形容词特点，从而在范畴上它们是形容词，而不再是动词。这一点和动词性被动式有根本区别。形容词性被动式的派生规则表述如下：

32. inhabit：[+V −N]（=V）　➔　inhabited：[+V +N]（=A）

一个派生词属于什么范畴由其词缀的性质决定。inhabited 的形容词特点来自它的词缀-ed，其基础形式为动词 inhabit。形容词性被动式的派生规则与动词性被动式的相比较，两者的不同只在于词缀的不同。出现在动词被动式上的词缀具有动词特点，所以当它附着到一个动词上的时候，其派生形式仍然是一个动词范畴；形容词性被动式的词缀具有形容词特点，当它附着到一个动词上的时候，其派生形式则变为形容词范畴。

形容词性被动式形成的特点（Properties of Adjectival Passive Formation）：

i）被动语素的词缀为-ed/-en

ii）改变范畴 [+V −N] ➔[+V +N]

iii）消去基础形式的外论元 agent <theme> ➔∅ <theme>

iv）基础动词的内论元外化。∅ <theme> ➔theme < ∅>

根据以上特点，形容词性被动式（31b）的结构表征式如下：

33a. The performance was uninterrupted.

33b. DS：[$_{IP}$ the performance I [$_{VP}$ was [$_{AP}$ uninterrupted]]]

33c. SS：[$_{IP}$ the performance I [$_{VP}$ was [$_{AP}$ uninterrupted]]]

形容词性被动式的派生过程中不存在句法上内论元向主语位置的移位，这一点与动词性被动式是不一样的。内论元的外化在词汇层面上发生，它的内论元直接映射到句子的主语位置。

8.3.3 内隐的论元（Implicit Arguments）

通过前面的分析，我们看到，被动式不论是形容词性的还是动词性的都涉及基础形式的外论元删除。然而，有证据表明，形容词性被动式的确存在着外论元的删除，动词性被动式却并非如此。动词性被动式包含了一个内隐的（implicit）外论元。

其证据之一为 by-短语。形容词性被动式便不能带有 by-短语。

34a. The question was answered（by Susan）.

34b. The room was unoccupied（*by Susan）.

by-短语的角色是要具体表明发出动作的个体，也就是外论元。当 by-短语不存在的时候，这个外论元有一个不明确的解释，如"某人"。

另一证据与有主语倾向的或者施事倾向的副词相关，如 deliberately、intentionally。这些词可以自由地在动词性被动式中出现，但在形容词性被动式中则不可以。

35a. The question was（intentionally）answered（by Susan）.

35b. The room was（*intentionally）unoccupied.

证据三为它的控制现象。动词性被动式允许对非定式句主语 PRO 的控制。形容词性被动句则不允许。

36a. The question was answered to make a point.

36b. The question was answered［PRO to make a point］

37a. The room was unoccupied（*to make a point）.

37b. The room was unoccupied（*［PRO to make a point］）.

所以，动词性被动式的外论元在词汇层面上被删除了，它实际上只不过是没有映射到［Spec, IP］上，而不是被完全地被删掉了。回想一下，根据 θ-标准，外 θ-角色没有被指派到［Spec, IP］上，否则内论元就不能移到这一位置。那么，外 θ-角色哪里去了？（回想上一节我们提到 INFL 内的论元-en 获得外 θ-角色）

8.3.4 非宾格动词与中动词（Unaccusatives and Middles）

比较下面两个句子：

38a. Bill broke the window.

38b. The window broke.

在英语中有一类动词既为及物动词，也为不及物动词。如（38a）中，动词 break 有两个论元，一个为施事论元，充当主语，一个为受事论元，充当宾语。

然而在（38b）中，break 只带有一个主题论元，实现为主语。（38b）这一类的动词称为非宾格动词（unaccusative）。这一类的动词还有 open、crack、bend、shorten、drop、spin 等等。

有关非宾格动词有两个问题需要回答，第一个问题是关于外论元的地位，它是像在形容性被动式中那样被删掉了，还是像在动词性被动式中那样没有映射到 SS？（38a&b）中，哪一个是基本的，哪一个派生的？

我们首先检验一下非宾格动词的外论元是被删掉了，还是像在动词性被动式中那样没有映射到 SS，也就是说，我们看一下它是否像动词性被动式那样有一个内隐的论元。

39a. The window broke (*by Bill).

39b. The window broke (*intentionally).

39c. The window broke (*to prove a point).

可见，非宾格动词的外论元被删除了。与其说它与动词性被动式相似倒不如说与形容词性被动式相似。

内论元移到了主语位置，这在原则上可由两种推导方式。一种像形容词性被动式的推导模式那样，内论元外化，主题论元直接映射到 DS 的主语位置。如下：

40a. break：agent <theme>→theme <Ø>

40b. DS：[$_{IP}$ [$_{DP}$ the window] I [$_{VP}$ broke]]

40c. SS：[$_{IP}$ [$_{DP}$ the window] I [$_{VP}$ broke]]

另一种可能是像动词性被动式的推导模式那样，外论元被删除，内论元不受影响。这样的话，主题论元在 SS 映射到内论元的位置，进而通过 DP-移位移到了主语位置。如下所示：

41a. break：agent <theme>→<Ø> <theme>

41b. DS：[$_{IP}$ e I [$_{VP}$ broke the window]]

41c. SS：[$_{IP}$ [$_{DP}$ the window]$_i$ I [$_{VP}$ broke [$_{DP}$ t$_i$]]]

就英语而言，这两种分析哪一个更合理还不清楚，但其他语言里有证据证明第二个更加合理。

下面我们看第二个问题，（38a&b）哪一个是基本的，哪一个派生的？前面的分析（40）、（41）等都是设想非宾格动词来自及物动词，通过外论元的删除形成，但这并不是说，这是唯一的可能，还有另一种可能，那就是说及物动词是通过向非宾格动词的论元结构添加外论元而形成，如：

42. break：<Ø><theme> →　　agent <theme>

这一分析表明及物动词 break 的题元结构实际上比它看上去要复杂得多，(38a) 就相当于说 "Bill caused the window to be broken"。这种读法称为使役 (causative)，(42) 称为使役化。我们将在后面讨论这一问题。

传统上，非宾格动词与另一类动词相区别，这类动词称为中动词 (middle)。中动词与非宾格动词相似，它的内论元也出现在句子的主语位置，而且英语中动词也没有与之相关的特别的语素。比如：

43a. Greek translates easily.

43b. Bureaucrats bribe easily.

中动词的一个显著的特点是它们通常是被"修饰"的，而且多数是由副词修饰，比如 (43)。有时也由其他成分修饰，这包括否定成分、量化主语，比如 (44)。

44a. This bread doesn't/won't cut.

44b. Not many/few bureaucrats bribe.

修饰成分是必需的，没有修饰成分的中动词句子无法接受。如下：

45a. *Greek translates.

45b. *Bureaucrats bribe.

我们这里先不讨论为什么中动词必须带有修饰成分，只看它一些基本的特点。

虽然中动词的主语是它的内论元，这一点和非宾格动词相似，但是对中动词的理解却涉及一个施事，这又和动词性被动式相似。(43a) 就要理解为 It is easy for one to translate Greek。非宾格动词却不能这么理解，the window broke 就不能理解为 someone broke the window。

但同时，中动词涉及一个施事并不说明检验内隐的论元对它适用。如：

46a. *The book sold (quickly) by Susan.

46b. *The book sold voluntarily.

46c. *The book sold (widely) [to make money].

这样看来，中动词却又与非宾格动词、形容词性被动式相似。

中动词的推导过程也与非宾格动词相似，有两种方案。第一种是基础动词的内论元在词库里外化到主语位置，如 (47)，第二种是基础的内论元不受规则影响，直接映射到 DS 层面的内论元位置，接着通过 DP-移位移到了主语位置，例如，(48)。

47a. bribe：agent <theme>→theme <∅>

47b. DS：$[_{IP} [_{DP}$ bureaucrats$]$ I $[_{VP}$ bribe easily$]$ $]$

47c. SS：$[_{IP} [_{DP}$ bureaucrats$]$ I $[_{VP}$ bribe easily$]$ $]$

48a. bribe：agent <theme>→<∅> <theme>

48b. DS：$[_{IP} [_{DP}$ e$]$ I $[_{VP}$ bribe $[_{DP}$ bureaucrats$]$ easily$]$ $]$

48c. SS：$[_{IP} [_{DP}$ bureaucrats$]_i$ I $[_{VP}$ bribe $[_{DP}$ t$_i]$ easily$]$ $]$

下面我们看一下非宾格动词的格指派问题。和被动式相似，非宾格动词的内论元出现在主语位置。比如：

49a. The window broke.

49b. $[_{IP} [_{DP}$ the window$_i]$ I $[_{IP}$ broke $[_{DP}$ t$_i]$ $]$ $]$

50a. *It broke the window.

50b. *$[_{IP} [_{DP}$ it $]$ I $[_{VP}$ broke $[_{DP}$ the window $]$ $]$ $]$

DP-移位通常都是出于格的动机，非宾格动词不能指派宾格，尽管非宾格动词没有一个格吸收语素。也正因为如此，它才称为"非宾格动词"。被动式与非宾格动词除了在不能向内论元指派格这一点上相似之外，二者都不指派外 θ-角色。这表明不能向主语位置指派外 θ-角色的动词就不能向内论元指派宾格，反之亦成立。这一概括称为布尔齐奥定律（Burzio's Generalization）。定义如下（见 Chomsky，1986a：139）：

（带有宾语的）动词，当且仅当其主语受到 θ-标记，其宾语方能获得格标记。

8.3.5 派生名词（Derived nominals）

比较（51）和（52）：

51a. The translators translated the book.

51b. *The translators translated.

51c. *There translated the book.

52a. The translators' translation of the book

52b. The translation of the book

52c. The translation was awful.

根据 θ-标准和投射原则，（52）中的动词的论元一定要在句法上得到实现。（52）却表明了其派生名词的对应论元并不是一定要在句法上得到实现。这表明动词派生的名词影响了其基础动词的论元结构。

就外论元而言，它的消失也有两种可能，要么就是被完全删除，要么就是没有映射到各个层面上，我们检验一下它是否具有一个内隐的论元。

53a. The translation of the book by the translators.

53b. The translation of the book [PRO to prove a point].

看来，派生名词与动词性被动式相似，因为它们外论元都是隐含的。那么，动词性被动式的特性也应该适用于它的派生名词。

另一方面，派生名词与动词性被动式以及其他复杂的谓词相似，如它的内论元可以出现在 DP 的主语位置，称为名词被动式（nominal passive）。

54a. The book's translation (by the translators).

54b. DS：[$_{DP}$ e [$_{N'}$ translation [$_{NP}$ the book]]]

54c. SS：[$_{DP}$ the book$_i$'s [$_{N'}$ translation t$_i$]]

（54）中的被动式与其动词性被动式相关联，其内论元基础生成于补语位置，并通过移位移到了主语位置。但并不是所有的派生名词都和动词性被动式平行，有的 DP 的补语就不能移到其主语位置，如下：

55a. * The book's discussion (by Susan).

55b. * The issue's avoidance (by Bill).

56a. The book was discussed (by Susan).

56b. The issue was avoided (by Bill).

（55）与（56）的差异暗示名词的内论元向主语位置进行移位是受到限制的，我们将这一限制称为影响性限制（Affectedness Constraint）[①]。也就是说，能够移到 DP 主语位置的内论元必须受到中心语所指代的事件的影响。如（56）中的 the book 受到 translation 的影响，而 discussion 和 avoidance 的内论元则不受影响。

派生名词的主语通过指定语-中心语一致关系从中心语 D 那里获得属格，这一点在格理论一章已有讨论过，这里不再赘述。我们要看的是属格主语可以携带不同的 θ-角色。如下例所示，（57a）中为所有者，（57b）中为施事，（57c）中为受事。

57a. His/Bill's House.

---

① 影响性限制不像是 NP-移位的条件，因为 NP-移位一定要对谓语范畴特点敏感（动词还是名词）。影响限制似乎说明名词被动式的词汇派生是内论元直接映射到名词短语的主语位置的。

57b. Her/Susan's answer to the question.

57c. Its/the book's translation by the translators.

之所以携带各种语义角色的 DP 都会移向主语位置，是因为 DP 结构内部格的稀缺性，只有一个属格可以指派，而不像是在小句中可能有多种格的选择。

8.3.6　VP-壳动词（VP-shell Verbs）

我们在前面已经分析过 put、give 等包含两个内论元的动词。这样的动词具有复杂的内部结构：它们由两个动词构成，一个轻动词（v）和一个动词本身的枯竭形式（V）。这样，vP 以 v 为中心语，VP 以 V 为中心语，直接宾语 the book 位于 VP 的 Spec 位置，间接宾语 on the shelf/to Bill 是 V 的"姐妹"。

58a. Susan gave the book to Bill.

58b. Susan I $[_{v\text{P}}$ $[_\text{V}$ GAVE$]_i$ v $[_\text{VP}$ $[_\text{NP}$ the book$]$ $[_{\text{V}'}$ t_i $[_\text{PP}$ to $[_\text{NP}$ Bill$]$ $]$ $]$ $]$ $]$

59a. Susan gave Bill the book.

59b. Susan I $[_{v\text{P}}$ $[_\text{V}$ GAVE$]_i$ v $[_\text{VP}$ $[_\text{NP}$ Bill$]$ $[_\text{NP}$ the book$]$ $[_{\text{V}'}$ t_i $[_\text{PP}$ to$]$ $]$ $]$ $]$

（58）和（59）都有一个 VP-壳结构，两者的不同之处在于两个论元的顺序。还有一点不同就是（59）中 goal 论元含有一个介词 to。（59）这种现象我们称之与格转换（Dative Shift）。

两者在题元关系上的相似性表明，一个结构可能是由另一个结构转换过来的。事情是否是这样，我们暂且不下结论，而是把它们看作来自不同的深层结构。

有证据表明，与格转换的句式 $[$V NP$_\text{GOAL}$ NP$_\text{THEME}]$ 并不是由 $[$V NP$_\text{THEME}$ PP$_\text{GOAL}]$ 根据转换规则转换而来。虽然有很多选择两个内论元的动词允许与格转换，但有的动词并不允许，如与 give 意思相近的 donate，与 send 意思相近的 transmit。请看下例：

60a. Susan donated the money to the Charity.

60b. *Susan donated the charity the money.

61a. Susan transmitted the message to Bill.

61b* Susan transmitted Bill the message.

下面我们讨论一下它们的 θ-角色的指派。我们重点看（58）这样的结构，一旦这个分析透了，（59）中的 θ-角色的指派过程也就不言自明了。

62a. Susan gave the book to Bill.

62b. Susan I $[_{vP}$ $[_V$ GAVE$]_i$ v $[_{VP}$ $[_{NP}$ the book$]$ $[_{V'}$ t_i $[_{PP}$ to $[_{NP}$ Bill$]$ $]$ $]$ $]$ $]$

62c. give：agent<theme, goal>

63a. Susan put the book on the shelf.

63b. Susan I $[_{vP}$ $[_V$ PUT$]_i$ v $[_{VP}$ $[_{NP}$ the book$]$ $[_{V'}$ t_i $[_{PP}$ on $[_{NP}$ the shelf$]$ $]$ $]$ $]$ $]$

63c. put：agent <theme, location>

直接引语为指定语说明了它既不是轻动词的内论元也不是大写动词的内论元，它实际上是大写动词的外论元，被大写动词和它的 PP 补语一起间接 θ-标记。我们暂时忽略这一部分，集中看 PP 内部的 NP 是如何获得 θ-角色的。为了方便讨论，我们把直接宾语和间接宾语都看成复杂动词的内部论元。

（62）和（63）中的 PP 是不可或缺的成分，介词的宾语 NP 所获得 θ-角色是动词题元结构的一部分，如（62c）和（63c）所示。这就意味着介词的宾语实际上是动词的一个内部论元。然而，这两个 NP 在结构上并不是动词的"姐妹"，而是介词的"姐妹"。在这种情况下，我们假设这个结构上的介词宾语受动词间接 θ-标记。如下所示：

64. …[VP V NP [PP P NP]

动词 θ-标记与其处于姐妹关系的 PP，而 PP 的中心语 P 将这个 θ-角色输送到与它处于"姐妹"关系的 NP 上。从这一方面看，介词的作用就是把指派给它的 θ-角色输送它的宾语。这也暗示了该介词没有自己的论元结构/题元结构。

下面我们把（62）、（63）与（65）、（66）比较一下。

65a. Bill baked fresh bread for his guest.

65b. bake：agent <theme, (benefactive) >

66a. Bill opened the door with a credit card.

66b. open：agent <theme, (instrumental) >

我们看到，（65）和（66）中的 PP 并不是必需的。在这种情况下，介词宾语可能是动词的一个论元，也可能不是。它的地位相当于一个附接结构，它的 θ-标记操作如下所示：

67. …[VP V NP [PP P NP]

（65）和（66）中的介宾短语分别承担受益（benefactive）与工具（instrumental）的语义角色，拥有自己的论元结构/题元结构。因此不像（62）和

（63）中的介词，其自身获得 θ-角色并指派给它的宾语。

就介词而言，一般区分语义为空的介词和语义上非空的介词。如（62）中的与格介词 to 就是一个语义上为空的介词，因为该句可以转化为一个不带 to 的句子：Susan gave Bill the book。

我们接下来分析这类动词的格指派过程。在英语中，与格转换结构体现了格的指派要求邻接，比如下面的例子：

68a. Susan gave the book to Bill.

68b. $[_{IP}$ Susan I $[_{vP}$ $[_V$ GAVE$]_i$ v $[_{VP}$ $[_{NP}$ the book$]$ $[_{V'}$ t_i $[_{PP}$ to Bill$]$ $]$ $]$ $]$ $]$

宾语 NP 从复杂动词 $[_v$ $[V]$ $[v]$ $]$ 那里获得宾格，这种结构和介词标句语 for 与 DP 主语的关系相似（§3.2.1，例17），在本质上是一种管辖关系。然而，（69）却是不合语法的：

69a. *Susan gave to Bill the book.

69b. $[_{IP}$ Susan I $[_{vP}$ $[_V$ GAVE$]_i$ v $[_{VP}$ $[_{PP}$ to Bill$]$ $[_{V'}$ t_i $[_{NP}$ the book$]$ $]$ $]$ $]$ $]$

这个句子不正确，因为在它的结构中，NP 与向它指派格的复杂动词 $[_v$ $[V]$ $[v]$ $]$ 不相邻，因此我们只能这样说：

70a. Susan gave Bill the book.

70b. $[_{IP}$ Susan I $[_{vP}$ $[_V$ GAVE$]_i$ v $[_{VP}$ $[_{NP}$ Bill$]$ $[_{V'}$ t_i $[_{NP}$ the book$]$ $]$ $]$ $]$ $]$

问题是，选择两个内论元的动词是否可以指派两个宾格？如果我们坚持词汇范畴的格特征反映它的论元结构，那么要求两个 NP 论元的动词就能够指派两个格。也就是说，（70）中的两个 NP 分别由动词指派一个格。另一方面，如果我们坚持每个动词只能指派一个格，我们就要找出第二个 NP 的格的来源、性质以及获得格的条件。关于这一问题，有多种假设存在，我们只看其中的一种。

乔姆斯基就曾经建议，这种动词有种词汇上的特点，能够指派两个格（Case）（Chomsky, 1981）：首要格（primary Case）和次要格（secondary Case），首要的格分配给直接宾语 Bill，次要的格则分配给间接宾语 a book。从（71）中可以看出，两个 NP 都受复杂动词 $[_v$ $[V]$ $[v]$ $]$ 管辖。

71a. Susan gave Bill the book.

71b.

```
                    vP
                  /    \
              Spec      v'
               |       /  \
             Susan    v     VP
                      |    /  \
                     [e]  DP    V'
                      ↑   |    /   \
                      |  Bill V     DP
                      |      |      △
                      |    GAVE   the book
                      |_____|
```

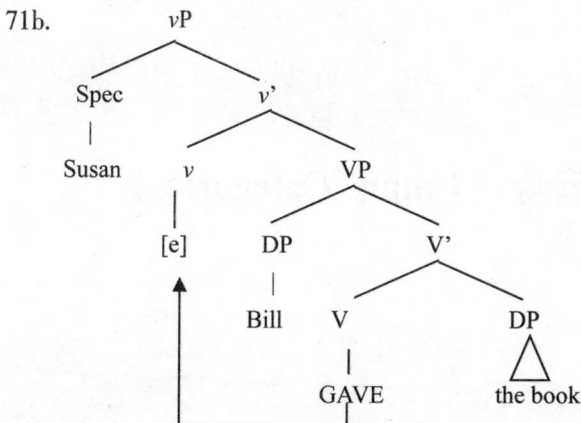

但二者的地位是不一样的，它们的区别可以从该动词的被动式中看出来：

72a. Bill was given a book.

72b. *A book was given Bill

可见，只有获得了首要格的宾语才是动词真正的直接宾语，因为只有直接宾语才可以在被动式中移到句子的主语位置。

根据这一分析，动词指派次要格的能力是由词汇决定的。这样，选择两个内论元的动词也可根据它们是否指派一个次要格分为两类，一类就是 give 这样的可以有与格转换的动词，另一类是 donate 和 transmit 这样的不能有与格转换的动词。

8.4 本章简评

这一章是本书的重点。本章有几个重要的假设：结构格与内在格、移位链、VP-内主语、ECM、VP-壳动词的格指派，每一个都是生成语法的重要组成部分。笔者之所以专辟出一章讨论 θ-角色与格，主要是考虑到 θ-角色与格本就有着千丝万缕的联系，分开讨论反而更加难以接受。移位链是本章的重中之重，一个简单的格要求就能够代替无数的条件排除不合法的移位 α，因此，它在生成语法中有着特殊的地位。被动式、非宾格在移位时所形成的链自然也要符合链的格要求，可以说第二节的几种移位只是对链的一种演示。几种特殊的 θ-角色与格的指派都与它们本身的结构有关，ECM 的结构中少了一个 CP，而 VP-壳本身就是一个棘手的问题。第四节的格指派方向尚是一个假设，但具有很强的解释力，对汉语中各种短语的中心语位置不统一的问题作出了回答。这一假设已经在很多方面得到了应用，后面我们会看到它也被应用到德语语序的解释中。

9 空范畴 (Empty Categories)

9.1 空范畴的种类 (Types of Empty Categories)

我们在约束理论一章曾用特征赋值 [+/− a (naphotic)] 和 [+/− p (ronominal)] 来表示不同种类的 DP。照应语、代词、r-表达式的特征赋值分别可以表示为 [+a, −p]、[−a, +p]、[−a, −p]。同样，空范畴也可以使用特征赋值来表示。

我们已经遇到的空范畴有三类：DP-语迹，变量和 PRO。DP-语迹是 DP-移位的结果，它一般出现在提升句式、被动式中，如下：

1a. The president seems to have left.

1b. $[_{IP}$ the president$_i$ seems $[_{IP}$ t$_i$ have left$]$ $]$

2a. The president is believed to have left.

2b. $[_{IP}$ the president$_i$ is beieved $[_{IP}$ t$_i$ to have left$]$ $]$

既然 DP-语迹是移位的结果，那么它们就总会有一个先行语，即移位的 DP。DP-语迹受到移位的 DP 约束，因此，DP-语迹与照应语在这一点上是相似的，所以我们认为 DP-语迹的特征赋值可以表示为 [+a, −p]。

变量（wh-移位、QR 的语迹）也是移位的结果，这种移位通常在向 SS 层面映射时发生（wh-移位）或向 LF 层面映射时发生（QR）。与 DP-语迹不同，它的指称不依赖于其先行语，这是因为变量的先行语，即 wh-短语和量化短语，不是指称性表达。在前面一章我们已经谈到，在算子和变量组成的 A'-链中，变量具有论元的功能，占据链内的格标记位置和 θ-标记位置。因此，变量是一个 r-表达式，和显性的 r-表达式一样，其特征赋值为 [−a, −p]。

第三类空范畴为 PRO，它既具有照应语的特点，又有代词的特点。我们看以下两个句子：

3a. The president tried to leave.

3b. $[_{IP}$ the president$_i$ tried $[_{CP}$ C $[_{IP}$ PRO$_i$ to leave$]$ $]$ $]$

3c. $^{*}[_{IP}$ the president$_i$ tried $[_{CP}$ C $[_{IP}$ PRO$_j$ to leave$]$ $]$ $]$

4a. The president doesn't know how to organize the students.

4b. $[_{IP}$ the president$_i$ doesn't know $[_{CP}$ how $[$ PRO$_i$ to organize the students$]$ $]$ $]$

4c. $[_{IP}$ the president$_i$ doesn't know $[_{CP}$ how $[$ PRO$_j$ to organize the students$]$ $]$ $]$

在（3）中，PRO 必须受句中主语的控制，这与照应语相似，从而（3c）被排除了。而在（4）中，PRO 的先行语可能在句子内，也可能在句子外。如果按照（4b）进行解释，则表明 PRO 以 the president 为先行语，如果按照（4c）进行过解释，PRO 不受控制，可解释为 one。这样一来，PRO 又与代词相似。PRO 的这种矛盾的特点决定了它的特征赋值为 [+a, +p]。我们将在后面详细讨论。

第四类逻辑组合 [-a, +p]，构成一类纯粹的代词 pro（读作小代号），目前为止，我们所见到的空范畴里没有对应的成员，但我们在后面会看到。

9.1.1 DP-语迹（DP-trace）

我们认为，DP-语迹可以看作是照应语的一种，它总是具有先行语，而且总是受到其先行语的约束。我们看 BC A 是否适用于 DP-语迹。

我们知道，DP-语迹总是受到约束。因此，要表明 BC A 适用于 DP-语迹，只要表明，对于 DP-语迹来说，有 GC 存在，且 DP-语迹一定在 GC 内受到约束即可。回想 GC 的定义，"GC 为最小包含一个主语、α 及 α 的管辖语的区域"，这就是说，要表明 GC 的存在，我们只要找到决定 DP-语迹受到约束的管辖语和主语即可。下面我们分别看一下这两个条件。

首先，我们看下面的两个句子：

5a. Bill seems to be honest.

5b. $[_{IP}$ Bill$_i$ seems $[_{IP}$ t$_i$ to be honest$]$ $]$

6a. *Bill seems that is honest.

6b. $^{*}[_{IP}$ Bill$_i$ seems $[_{CP}$ that $[_{IP}$ t$_i$ is honest$]$ $]$ $]$

（5）是合法的，（6）被排除了。其原因在于（6）违反了 TSC（有时主语条件，Tensed Subject Condition）。再看下面两个例句，DP-移位涉及 SSC（指定主语条件，Specified-subject condition）。在（7）和（8）两个句子中，DP-移位越过了主语。如果把语迹与其照应语之间的关系看作一种约束关系，我们可以将 SSC 解释为语迹不能越过介入主语受到约束。（9）中 DP-移位没有越过一个主语，因此是合法的。

7a. *Susan seems it is likely to win.

7b. *[$_{IP}$ Susan$_i$ I seems [$_{CP}$ [$_{IP}$ it is likely be [$_{IP}$ t$_i$ to win]]]]

8a. *John is believed Bill to have been helped.

8b. *[$_{IP}$ John$_i$ is believed [$_{IP}$ Bill to have been helped t$_i$]]

9a. John is believed to have been helped.

9b. [$_{IP}$ John$_i$ is believed [$_{IP}$ to have been helped t$_i$]]

显然，DP 语迹的 GC 和照应语的相同，即最小包含一个主语、α 及 α 的管辖语的区域。DP-语迹在这个区域内要受到管辖。因此，DP 语迹是一种照应语，其约束条件为 BC A。

9.1.2 变量（Variables）

接下来我们讨论变量。我们前面谈到，变量也是 r-表达式，那么它也不能受到约束。然而，下面的两个例子中变量明显地受到其算子的"约束"：

10a. Who does the president help?

10b. [$_{IP}$ who$_i$ does [$_{IP}$ the president help t$_i$]]

10c. for which person x, the president helps x

11a. The president helps everyone.

11b. [$_{IP}$ everyone$_i$ [$_{IP}$ the president helps t$_i$]]

11c. for every person x, the president helps x

这里，变量与其算子同标，同时又受它的算子 c-指令，那它是不是受到了"约束"？前面的约束与这里的约束有所不同。约束是一种所指-指派的关系，通过先行语向受约束语指派所指。然而，（10）和（11）中的约束关系并不是一种所指-指派的关系，因为算子不是指称表达式，因此也就没有所指。

因此，我们需要将这两种约束关系区分开来。我们把牵涉到所指-指派的约束称为 A-约束（A-binding）；牵涉算子与其变量的约束称为 A'-约束（A'-binding）。前者的约束语通常为一处在 A-位置的论元，后者的约束语通常为一算子，处在 A'-位置。这样看来，上面的约束条件 BC A、B 和 C 都是 A-约束。如此看来，（10）和（11）中的约束关系，是一种 A'-约束，是不符合 BC C 的。

我们再来看一下变量是不是能够受到 A-约束。

12a. Who did Bill claim (that) the students help?

12b. *$\left[_{CP}\ who_i\ did\ Bill_i\ claim\ \left[_{CP}\ t_i'\ (that)\ the\ students\ help\ t_i\right]\right]$

可以看出，如果（12）中的变量受 c-指令它的 Bill 约束，如（12b）所示，这个句子就被排除了。可见，变量不能受到 A-约束。因此，我们说变量像 r-表达式一样，在任何地方都不能受到（A-）约束。

然而，在某些语境下，变量可以受到 A-约束。如下例所示：

13a. The president (whom/that) the students like most is John.

13b. $\left[_{DP}\ the\ president_i\ \left[_{CP}\ Op_i\ \left[_{IP}\ the\ students\ like\ t_i\ most\right]\right]\right]$ is John

在（13）中，关系小句宾语位置的变量受关系名词短语的中心名词约束。这种关系与上面表述的 BC C 不一致。看来，BC C 需要修正。

（12）与（13）的不同给了我们一些暗示。（12）中有 A-约束语介入到变量和算子之间，而（13）中 A-约束语没有介入到两者之间。这种区别表明，如果有 A-约束语介入到变量与其算子之间，变量不能受到 A-约束，反之，如果没有 A-约束语介入到变量与其算子之间，变量就能够受到 A-约束。这等于说，算子决定了变量的"局部域"，其中，变量须是自由的。于是，我们有了对 BC C 的重新定义（Chomsky, 1986a）：

BC C：r-表达式必须在其算子所 c-指令的域内 A-自由。

这里 r-表达式的"局部域"和照应语、代词的"局部域"是不同的。但是，经过仔细观察，可以发现，两者差别似乎不是很大。r-表达式的"局部域"由（CP 的）主语（算子）决定，照应语与代词的"局部域"也是由（IP 或 DP 的）主语决定，如果我们能再把管辖语从"局部域"的定义中除去，三类约束条件的"局部域"概念就统一起来了。这个问题我们有些学者研究过，如奥恩（Aoun，1985，1986）提出的概化约束条件（Generalized Binding Conditions）。

我们比较（14）和（15）：

14a. His president saw him.

14b. $\left[_{DP}\ his_i\ \left[_{D'}\ D\ \left[_{NP}\ president\right]\right]\right]$ saw him$_i$]]

14c. $\left[_{DP}\ his_i\ \left[_{D'}\ D\ \left[_{NP}\ president\right]\right]\right]$ saw him$_j$]]

15a. Who did his president see?

15b. *$\left[_{CP}\ who_i\ \left[_{C'}\ did\ \left[_{IP}\ \left[_{DP}\ his_i\ \left[_{D'}\ D\ \left[_{NP}\ president\right]\right]\right]\ see\ t_i\right]\right]\right]$

15c. $\left[_{CP}\ who_j\ \left[_{C'}\ did\ \left[_{IP}\ \left[_{DP}\ his_i\ \left[_{D'}\ D\ \left[_{NP}\ president\right]\right]\right]\ see\ t_j\right]\right]\right]$

（14）可以有（14b）和（14c）两种理解，而（15）却只能有（15c）一种理解。（15b）表示的现象是一种跨越受阻（crossover），这是一种 WCO（弱跨越受阻 weak crossover），（16b）示例的则是另一种跨越受阻，SCO（强跨越受阻

strong crossover）。

16a. She$_i$ thinks [$_{CP}$ that [$_{IP}$ Bill loves her$_i$]]

16b. *Who$_i$ does [$_{CP}$ she$_i$ think that [$_{IP}$ Bill loves t$_i$]]

（16b）能够用 BC C 排除，因为在算子 c-指令的域内，变量受到句子主语位置的代词 she 约束。然而，BC C 却不能排除（15b），因为代词 his 虽然处在主语位置的 DP 下，但它却不能 c-指令变量，因此也就不能约束它。我们于是有了一个跨越受阻条件，阐述如下：

　　　变量不能与其左侧的代词同标

跨越受阻效应也适用于 QR。

17a. He suspected everyone.

17b. *[$_{IP}$ everyone$_i$ [$_{IP}$ he$_i$ suspected t$_i$]]

17c. for every x, x suspected x

18a. His father suspected everyone.

18b. *[$_{IP}$ everone$_i$ [$_{IP}$ [$_{DP}$ his$_i$ [$_{D'}$ D [$_{NP}$ father]]] suspected t$_i$]]

18c. for every x, x's father suspected x

我们表述的跨越受阻条件规定，变量不能与它左侧的代词同标，那么，变量右侧的代词是不是就可以呢？我们看两个句子：

19a. Who claims (that) he is innocent?

19b. [$_{CP}$ who$_i$ [$_{IP}$ t$_i$ claims [$_{CP}$ (that) [$_{IP}$ he$_i$ is innocent]]]

19c. for which person x, x claims x is innocent

20a. Everyone claims (that) he is innocent.

20b. [$_{IP}$ everyone$_i$ [$_{IP}$ t$_i$ claims [$_{CP}$ (that) [$_{IP}$ he$_i$ is innocent]]]

20c. for every person x, x claims x is innocent

（19）和（20）两个句子的这种理解是正确的，变量可以与它右侧的代词同标。这样看来，代词和算子也同标，代词和变量都受到算子的 A'-约束。这种代词成为 A'-约束代词（A'-bound pronoun）。

9.1.3 寄生空位与附接语岛（Parasitic Gaps and Adjunct Islands）

（21）中的现象称为寄生空位（parasitic gap）：

21a. Which article did Bill publish without proofreading?

21b. [$_{CP}$ which article$_i$ did [$_{IP}$ Bill [$_{VP}$ publish [e]$_i$] [without proofreading [e]$_i$]]]

21c. for which article x, Bill published x without proofreading x

（21）中含有两个变量/空位（我们用［e］表示），一个在 publish 的宾语位置，一个在 proofreading 的宾语位置。原则上讲，两个变量处在格标记的论元位置就意味着应该有两个算子，然而，（21）中只有一个算子，which article。这该如何理解？

有人将（21）中的 wh-短语分析为基础生成于最右端的空位，先向左移到另一个空位，最后落到它的表层位置，如下所示：

22. *[$_{CP}$ which article$_i$ did [$_{IP}$ Bill [$_{VP}$ publish t$_i$] [without proofreading t$_i$]]]

显然这种分析是不正确的。首先，这里的两个空位都是 θ-标记的位置，从一个空位移到另一个空位，是从一个 θ-标记的位置移到另一个 θ-标记的位置，与 θ-标准是相悖的。其次，这种移位是从一个格位置移向另一个格位置，与格要求（移位链只能含有一个格位置）不符。第三，这种移位是从附接短语中移出，通常这也是不允许的。附接成分通常具有岛效应，它内部的成分不能移出。我们从下面句子中可以看到附接语的岛效应：

23a. *how did Bill disappear after repairing the bike?

23b. *[$_{CP}$ how$_i$ did [$_{IP}$ Bill [$_{VP}$ disappear] [after repairing the bike t$_i$]]]
这里，短语 after + V-ing 是一个附接语，其内部成分 how 的移出导致了句子结构的破坏。这种现象我们称为 AIC（附接语岛条件，Adjunct Island Condition）。

有了 AIC 的限制，如果（21）中的 wh-短语从附接语中移出，那么这个句子肯定不正确。这样，我们只能推测（21）中的 wh-短语是从 publish 的宾语位置移出，而不是从 proofreading 的宾语位置移出：

24. [$_{CP}$ which article$_i$ did [$_{IP}$ Bill [$_{VP}$ publish t$_i$] [without proofreading [e]]]]

那么，proofreading 后的空位又是怎么来的呢？Chomsky（1986b）给出了这样的建议：

25. …without [$_{CP}$ Op$_i$ [$_{IP}$ proofreading t$_i$]]
根据这种分析，附接语内的空位是空算子移向附接语内 [Spec, CP] 位置的结果。由于这种移位在附接语内操作，它不会导致 AIC 的破坏。

（25）这种对附接语内寄生空位的分析与前面对关系小句中零 wh-短语的分析非常相似。如下例所示：

26a. This is the article (that) Bill published.

26b. this is $[_{DP}$ the article$_i$ $[_{CP}$ Op$_i$ $[_{C'}$ (that) $[_{IP}$ Bill published t$_i]$ $]$

27a. This is the kind of article you must proofread before you publish.

27b. this is $[_{DP}$ the kind of article$_i$ $[_{CP}$ Op$_i$ $[_{IP}$ you must $[_{VP}$ read t$_i]$ before $[_{CP}$ Op$_j$ $[_{IP}$ you publish t$_j]$ $]$

在前面（§5.2.2）节，我们用岛效应验证了关系小句中隐性 wh-短语的存在，那么现在我们也不妨用岛效应来验证空算子的存在。我们只需向该附接语内插入一个复杂 DP 或者 wh-短语，结果如下：

28a. ?? This is the report which Bill published before announcing the plan to discuss.

28b. ?? ···before $[_{CP}$ Op$_i$ $[_{IP}$ announcing $[_{DP}$ the plan $[_{CP}$ t$_i'$ $[_{IP}$ PRO to discuss t$_i]$ $]$ $]$ $]$ $]$

29a. ?? This is the report which Bill published before disclosing when to discuss.

29b. ?? ···before $[_{CP}$ Op$_i$ $[_{IP}$ PRO disclosing $[_{CP}$ when $[_{IP}$ PRO to discuss t$_i]$ $]$ $]$ $]$

附接短语呈现出的岛效应表明，在其表征式中确实存在零 wh-短语的移位。

寄生空位结构的显著特点是两个空位（变量）具有相同的指称值（下标）。为了解释这种现象，乔姆斯基（Chomsky, 1986b：56）提出了复合语链（chain composition）机制，两条独立生成的 A'-链合并到一起形成一条复杂的链。从技术上讲，这一合并的结果是把 wh-短语与两个空位（通过同标）连到一起，从而 wh-短语 A'-约束这两个空位位置的变量。

寄生空位还有一些其他的特点：

第一，附接短语内的空位（变量）是寄生（parasitical）在主句中的变量上的。这一点可以从下面的两个句子中看出来。（30）和（31）的主句都不含变量，其附接语内的寄生空位就不能得到允准。

30a. *Bill published the article without proofreading.

30b. *Bill published the article $[$ without proofreading $[$ e $]$ $]$

31a. *The article was published without proofreading.

31b. *the article$_i$ was published t$_i$ $[$ without proofreading $[$ e $]$ $]$

第二，这一变量一定不能 c-指令寄生空位。如果该变量 c-指令附接短语，从而 c-指令寄生空位，该寄生空位就不能被允准，如（32）所示。这称为抗 c-指令条件（anti-c-command condition）：寄生空位只能由不 c-指令它的变量允准。

32a. * Who left before we could greet?

32b. * $[_{CP}$ who$_i$ $[_{IP}$ t$_i$ left $[$ before we could greet $[e]$ $]$ $]$ $]$

第三，寄生空位只能由 SS 层面上的变量允准。在向 LF 映射时 QR 生成的变量不能允准寄生空位。如下面的（33）中的 which/every article 移走后所留下的变量就不能使寄生空位得到允准。

33a. * Bill forgot who published which/every article without proofreading.

33b. … $[_{CP}$ $[$ which article$]_j$ $[$ who$]_i$ $[_{IP}$ t$_i$ publish t$_j$ $[$ without proofreading $[e]$ $]$ $]$ $]$ $]$ …

33c. … $[_{CP}$ $[$ who$]_i$ $[_{IP}$ $[$ which article$]_j$ $[_{IP}$ t$_i$ publish t$_j$ $[$ without proof-reading $[e]$ $]$ $]$ $]$ $]$ …

寄生空位的允准条件可以总结如下：

> 如果存在一个变量，且该变量不 c-指令寄生空位，这时，该寄生空位在 SS 层面得到允准。

9.2 PRO 与控制（PRO and Control）

9.2.1 PRO 定理（PRO Theorem）

我们已经看到，PRO 典型地出现在非定式句的主语位置。如下例所示：

34a. The president tried to help the students.

34b. the president$_i$ tried $[_{CP}$ C $[_{IP}$ PRO$_i$ to help the students$]$ $]$

35a. Helping the students won't help.

35b. $[_{CP}$ C $[_{IP}$ PRO$_i$ helping the students$]$ $]$ won't help

在（34）中，PRO 在句子中有一个先行语，即根句的主语 the president，（35）中的 PRO 在句子中没有先行语。下面我们讨论一下 PRO 的特点，以期能够找出 PRO 在句子中分布规律。

PRO 出现的典型位置是非格标记位置，如非定式句的主语位置。当然，非定式句由介词标句语引导或者嵌套于 ECM 动词时，其主语位置也是格标记位置，它的格来自外管辖语。如下例所示：

36a. For the president to help the students is surprising.

36b. $[_{CP}$ for $[_{IP}$ the president to help the students$]$ $]$ is surprising

37a. The students believe the president to be gentle.

37b. the students believe $[$ IP the president to be gentle$]$

但是，PRO 却不能出现在这样的位置上。如下例所示：

38a. * For to help the students is surprising.

38b. * $[_{CP}$ for $[_{IP}$ PRO to help the students $]$ $]$ is surprising

39a. * The students believe to be gentle.

39b. * the plays believe $[_{IP}$ PRO to be gentle $]$

PRO 不能出现在格位置的这一观点还可以从它不能出现在定式句的主语位置，并且不能出现在及物动词或介词的宾语位置来得到证明。如下例所示：

40a. * Helped the students.

40b. * $[_{IP}$ PRO I $[_{VP}$ helped the students $]$ $]$

41a. * The president helped.

41b. * the president $[_{VP}$ helped PRO $]$

42a. * The president put the help on.

42b. * the president put the help $[_{PP}$ on PRO $]$

以上初步表明了 PRO 的分布可以通过格理论得到解释。然而，有理由相信 PRO 的分布是由管辖理论决定的，而不是由格理论决定的。格标记位置总是出现在受管辖的位置，因为格是通过管辖指派的。但是，并不是所有的受管辖位置都是格位置。比如在下面的句子中，被动态动词的宾语位置受到管辖，但它不是一个格标记的位置：

43a. The student was criticized（by the president）.

43b. $[_{IP}$ the student$_i$ was criticized t$_i$ $]$

44a. * It/there was criticized（by the president）.

44b. * $[_{IP}$ it/there was criticized PRO $]$

我们前面已经讨论了及物动词的宾格为被动语素所吸收，所以，被动态动词不能向它的宾语指派宾格。由于这一原因，它的宾语不得不移到被动动词的主语位置。所以，被动式的宾语位置不是格位置，虽然它受到管辖。前面指出，PRO 只是不能出现在格位置，那么它就应该能够出现在被动式的宾语位置。然而，（44）表明，PRO 不能出现在这一位置。而从（35）我们知道，PRO 不能出现在这里的原因应该不是因为它缺少先行语。由此看来，PRO 的分布由受管辖的位置决定，而不是由格位置决定。

下面的名词短语也证明了这一假设：

45a. * Their belief the president to be gentle.

45b. *[$_{DP}$ their [$_{D'}$ D [$_{NP}$ belief [$_{IP}$ the president to be gentle]]]]

46a. * Their belief to be gentle.

46b. *[$_{DP}$ their [$_{D'}$ D [$_{NP}$ belief [$_{IP}$ PRO to be gentle]]]]

前面我们已经指出，名词短语不能指派宾格。所以，（45）和（46）中的嵌套非定式句的主语位置为非格标记位置。然而，这个位置却是一个受管辖的位置，它受中心语 N 的管辖，（46）被排除了。这表明，PRO 不能出现在被管辖的位置。从而我们得出以下结论：PRO 的分布应该由管辖理论而不是格理论决定。

乔姆斯基（Chomsky, 1986a：183）给出了以下 PRO 分布条件：

PRO 定理：PRO 不能受到管辖。

9.2.2　DP 内的 PRO（PRO in DP）

在§4.2.2节，我们已经看到 DP 带有主语时具有"局部域"（或 GC）的功能，不带主语时则不具备此功能。如下例所示：

47a. The students heard stories about each other.

47b. the students$_i$ heard [$_{DP}$ [e] D [$_{NP}$ stories about each other$_i$]]

48a. *The students heard the president's stories about each other.

48b. *the students$_i$ heard [$_{DP}$ [the president]$_j$'s D [$_{NP}$ stories about each other$_i$]]

（47）中包含照应语的 DP 显然没有主语，照应语能够被 DP 外的先行语约束。然而，（48）中的包含照应语的 DP 有主语，这时，照应语就不能被 DP 外的先行语约束。

那么代词的情况又是如何呢？是不是符合 BC B？按照 BC B，代词在"局部域"/GC 内自由，可是下面的（49）却带来了问题。

49a. The students heard stories about them.

49b. the students$_i$ heard [$_{DP}$ [e] D [$_{NP}$ stories about them$_i$]]

50a. The students heard the president's stories about them.

50b. the students$_i$ heard [$_{DP}$ [the president]$_j$'s D [$_{NP}$ stories about them$_i$]]

（50）中的代词与句子主语同标可以理解，介词所处的 DP 中有主语、管辖语，这说明它是代词的"局部域"/GC，代词在"局部域"/GC 中自由，它受 DP 之外的先行语约束。但（49）中的代词与句子主语同标却令人感到费解：该句中的 DP 缺少了主语，不能充当代词的"局部域"/GC，因此代词的"局部域"/GC 为整个 IP。这样看来，代词岂不是在"局部域"内受到了约束？这岂不是和 BC B 相矛盾？

　　我们尝试通过分析比较（47）和（49）来解决这一问题。（47）中的"故事"（stories）显然是 students 自己讲的，而（49）的 stories 故事则应该是别人讲的。我们猜测，讲故事的行为者应该是空范畴。根据 Chomsky（1986a）的建议，该空范畴为 PRO。这样一来，DP 有了主语，满足了充当"局部域"/GC 的条件。这时，（47）的照应语在 DP 要受到约束，（49）的代词在 DP 内自由。

　　（47）中讲故事的人为 students 自己。DP 为照应语的"局部域"/GC，在 DP 内照应语 each other 受 PRO 约束，而 DP 的 PRO 主语又受句子的主语控制，因此它们同标。因此，照应语可以受到句子主语的约束。如（51）所示：

51a. The students heard stories about each other.

51b. the students$_i$ heard [$_{DP}$ PRO$_i$ stories about each other$_i$]

　　（49）中讲故事的是别人。DP 为代词的"局部域"/GC，在 DP 内代词 them 自由，它受 DP 外的句子主语约束。如（52）所示：

52a. The students heard stories about them.

52b. the students$_i$ heard [$_{DP}$ PRO$_j$ stories about them$_i$]

　　可以看出，照应语与代词在某些语境中的分布不对称，这是由词汇范畴，特别是动词的控制特点引起的。不同动词的选择决定了不同的控制特点。可以将（53）（54）与（51）（52）进行比较：

53a. The students told stories about each other.

53b. the students$_i$ told [$_{DP}$ PRO$_i$ stories about each other$_i$]

54a. The students told stories about them.

54b. *the students$_i$ told [$_{DP}$ PRO$_i$ stories about them$_i$]

　　（54）中的代词不能和句子的主语同指，所以（54a）不能解释为（54b）。这与（49）有着明显的反差。两者之间的差别在于动词的差别。动词 hear 是一个自由控制动词（Free Control verb）。DP 的 PRO 主语的控制语可以是 hear 的主语，也可是一个会话中的控制语。然而在同样的语境中，tell 是一个主语控制动词 DP 的 PRO 主语必须与 tell 的主语同指。因此，（52）和（54）的差异是不同动词的控制特点造成的。

　　动词不同的控制特点是独立于结构的。例如，persuade 是一个宾语控制动词，而 ask 既允许主语控制又允许宾语控制。他们控制特点的差异可以从下面两个句子的对比中看出来：

55a. The president persuaded the students to leave.

55b. *the president_i persuaded the students_j [PRO_i to leave]

55c. the president_i persuaded the students_j [PRO_j to leave]

56a. The president asked the students to leave.

56b. the president_i asked the students_j [PRO_i to leave]

56c. the president_i asked the students_j [PRO_j to leave]

动词的控制特点我们已经了解，我们还不了解的是，决定控制与选择的一系列因素，如果（56）补语 to leave 替换成 to be allowed to leave，这时动词 ask 就有着很强的主语控制的意味。

57a. The president asked the students to be allowed to leave.

57b. the president_i asked the students_j [PRO_i to be allowed to leave]

57c. ? the president_i asked the students_j [PRO_j to be allowed to leave]

含有 PRO 的补语的性质也会导致动词 ask 具有不同的控制特点。我们已经看到，当它的补语为 DP 时，DP 的主语 PRO 为主语控制。然而，当它的补语为包含 PRO 的非定式句时，PRO 则为宾语控制。如下例所示：

58a. The president asked the students to leave.

58b. the president_i asked the students_j [PRO_j to leave]

58c. *the president_i asked the students_j [PRO_i to leave]

关于 DP 内的 PRO 的最后一点是，我们要确定 PRO 在 DP 结构中的位置。根据 PRO 定理，PRO 需要被指派到不受管辖的位置，我们立即排除了［Spec，DP］位置，因为这个位置可能受到外来管辖，特别是当 DP 充作宾语的时候。这样，我们只能推测 PRO 所在的位置为［Spec，NP］。由此，（51）更详细的结构应该分析如下：

59a. The students heard stories about each other.

59b. the students_i heard [_DP [e] [_D' D [_NP PRO_i [_N' stories about each other_i]]]]

［Spec，NP］可以理解为 DP 的题元主语位置，DP 的主语基础生成在这里，由于格的原因移向了语法主语的位置［Spec，DP］。［Spec，NP］可以看作与小句的［Spec，VP］对等，而［Spec，DP］与［Spec，IP］对等。

9.2.3 PRO 的解释（Interpretation of PRO）

我们已经看到，PRO 兼有照应语和代词的特点。在有的语境中，PRO 在句子中必须有先行语，而在另一些语境中，它可能在句子中没有先行语。动词的控制特点在决定 PRO 的解释方面起着至关重要的作用。我们继续讨论 PRO 的这一特点，看它能不能用约束理论来解释。

在有些语境中，PRO 除了在句子中必须有先行语外，它必须处于其先行语的 c-指令域内。这两点和照应语相似。如下例所示：

60a. *The president's assistants tried to help himself.

60b. *$[_{DP}$ [the president]$_i$'s D $[_{NP}$ assistants]] tried [PRO$_i$ to help himself$_i$]

61a. The president's assistants tried to help him.

61b. $[_{DP}$ [the president]$_i$'s D $[_{NP}$ assistants]]$_j$ tried [PRO$_j$ to help him$_i$]

在（60）中，DP 的主语 the president 不能 c-指令 PRO，因此也就不能控制它。结果，PRO 就不能与 the president 同标，也就不能充当照应语的局域先行语。(61) 表明，代词与照应语相反，没有必要一定出在其先行语的 c-指令域内。从这一方面看来，PRO 应属于照应语一类，而不是代词一类。

然而，在一些语境中，PRO 又与代词相似，比如，有些句子中 PRO 没有先行语，而有的语境中 PRO 有一个"遥远"的先行语。如下：

62a. The president believes that it would be misleading to help himself.

62b. *$[_{IP}$ the president$_i$ believes $[_{CP}$ that it would be misleading [PRO$_i$ to help himself$_i$]]]]

PRO 与代词的相似之处还在于它可以有"分裂的先行语"（split antecedent）。"分裂的先行语"是代词特有的，它指的是一个先行语由两个 DP 构成，比如：

63a. The president expected his assistant to accept the proposal to leave together.

63b. the president$_i$ expected his assistant$_j$ to accept the proposal [PRO$_i$ to leave together]

PRO 兼有照应语、代词的特点决定了它的特征赋值为 [+a, +p]。但是这一特征赋值又带来了矛盾。一方面，[+a] 暗示（根据 BC A）它要在它的 GC 内受到约束；另一方面，[+p] 则暗示（根据 BC B）它要在它的 GC 内自由。Chomsky (1981) 认为这一矛盾的结果是 PRO 没有 GC。这恰恰与 PRO 定理不谋而合。

9.2.4 PRO 与格理论（PRO and Case Theory）

我们再从格要求的角度来讨论一下 PRO 的地位。如果说格要求就像是格过滤那样，只适用于显性的 DP，那么 PRO 不出现在格标记位置就不需要另作讨论；但如果说格要求适用于所有的论元，包括显性的 DP、空范畴，则 PRO 的问题显然需要解决。

乔姆斯基（Chomsky, 1986a）建议 PRO 有"内在格"。这一"内在格"和前面讨论的旁格、部分量不同，PRO 的内在格具有代词的格特征。这一假设表明，PRO 不依赖格指派语来获得格，所以它能出现在无格标记的位置。然而，PRO 不依赖格指派语来获得格这一假设似乎又与下面的现象相矛盾。

64a. The president refused to be helped.

64b. the president$_i$ refused [$_{CP}$ C [$_{IP}$ PRO$_i$ to be helped t$_i$]]

通常来讲，DP 移向［Spec，IP］位置是受格的驱动。如果 PRO 有内在格，那它为什么移向［Spec，IP］位置就不好解释了。然而，这一问题具有许多论点。比如，有人认为，（64）中的 PRO 移向［Spec，IP］位置是由 EPP 而不是格要求激发的，有的人则认为 PRO 的移位是 PRO 定理激发的，因为 PRO 的 DS 位置受管辖。这一观点蕴含着 PRO 定理不适用于 DS。

第三种论点是，虽然 PRO 具有格特征，但它却需要通过指定语-中心语一致使得它的格特征与 I 的格特征相匹配。这一观点蕴含着非定式 I 也具有格特征。如果我们假设 PRO 与其他显性 DP 的不同点在于 PRO 没有人称、性、数的特征，但有格的特征，我们可能就可以解释 PRO 与显性 DP 分布的不同，以及使用格要求来解释 PRO 的地位。

9.3 本章简评

空范畴现象的反映了与人类语言有关的心智状态和运算，对空范畴的研究也是生成语法的特色之一。空范畴看不见，摸不着，只能靠我们的抽象思维能力去捕捉。而对这种抽象的范畴作研究，可谓难矣！事实上，生成语法关于空范畴这方面的研究相当丰富，几乎可以和有关显性范畴的研究并驾齐驱。乔姆斯基（Chomsky，1982：19）曾指出，空范畴就其本身而言非常有意思。这出于两个原因，第一，对于空范畴的研究是对句法规则和表征的一种探索，能够揭示许多相关特点；第二，这些空位本身非常有意义，因为语言学习者很少能得到与其有关的直接证据。所以我们有理由认为，它反映了普遍语法深层的原则。这种原则由生物遗传所决定，它将是那些对人类心智本质感兴趣的人们所关注的对象。

10 界限理论：对于移位 α 的初步探讨
(Bounding Theory: A First Discussion on Move α)

10.1 移位 α (Move α)

前面我们已经讨论了多种转换，包括话题化、wh-移位、DP（NP）-移位、外置、I-降落、V-提升、I-提升、Do-支撑等。除了 Do-支持，其他转换都有一个共同的特点，那就是将一个范畴从一个位置移到另一个位置。既然所有短语结构规则都有着一条一般性的规则——XP 规则，我们可以假设所有移位规则也具有一条一般性的规则，我们称之移位 α。这里 α 是一个变量，包括各种范畴。移位 α 可以简单定义如下：

> 移动任何范畴到任何位置。

为了把 Do-支持以及一些其他的删除规则也纳入这一规则，拉斯尼克、斋藤卫（Lasnik & Saito, 1984）建议使用一个更加宽泛的说法：影响 α（Affect α）。"影响"各种移位、插入、删除等操作。我们这里只讨论移位 α。

回想第五章中定义 wh-移位时（§5.2.3），我们规定了它移动的位置，同时又规定了 wh-岛条件、CNPC 以及循环条件；而在定义 DP-移位的时候，我们规定了它移动的位置，同时又规定了 TSC、SSC。与前面移位不同的是，移位 α 既没有规定移往的位置，也没有规定移位操作的条件。这显然会导致过度生成，因为不是任何范畴都可以移向任何位置的。从前面讨论移位的条件得知，只有特定的范畴可以从一特定位置越过特定的距离移向另一特定位置。

因此，我们需要给移位 α 加上适当的条件，以阻止过度生成。这一任务大致就像用 X-杠模式来代替短语结构规则的过程，它归纳了短语结构规则的核心特点，将其表述为词项结构表征的条件。我们也可以采用同样的方法，添加转换的条件，归纳各种条件的核心特点，分别陈述为移位 α 推导的各种表征式的条件。这就意味着，我们在原则上允许移位 α 过度生成，但在实践中，却又给其产出加上条件，排除不恰当的表征式。

实际上，这一任务的实质部分已经展开。如在 §5.1.3 节中，我们已经看到，SPH（结构维系假说，Structure Preserving Hypothesis）只允许中心语范畴移向中心语位置，而最大投射移向最大投射的位置。这样，（1）是允许的，（2）被排除了。

1a. Which bike will Bill repair?

1b. $[_{CP} [_{DP}$ which bike$]_i [_{C'} [_I$ will$]_j [_{IP}$ Bill $[_{I'} t_j [_{VP}$ repair t_i···

2a. *Will which bike Bill repair?

2b. *$[_{CP} [_I$ will$]_j [_{C'} [_{DP}$ which bike$]_i [_{IP}$ Bill $[_{I'} t_j [_{VP}$ repair t_i···

前面（§8.1.1）节中的指定语-主语一致的要求也给 wh-移位的目标位置规定了严格条件，只能移向 [Spec, CP] 位置，并且 Comp 的特征必须是 [+Q]。因此，（3）是允许的，（4）被排除了。

3a. Bill wonders who Susan saw.

3b. Bill wonders $[_{CP}$ who$_i [_{C'} [+Q] [_{IP}$ Susan I $[_{VP}$ saw t_i···

4a. *Bill believes who Susan saw.

4b. *Bill believes $[_{CP}$ who$_i [_{C'} [-Q] [_{IP}$ Susan saw t_i···

因此，移位 α 的范围已经通过对表征式的独立的条件得到了严格的限制。但是，总体说来，以前的语法模型不是向移位 α 施加限制条件，而是为各种情形提供分类描述。比如，第二章中对于各种移位只是单纯描述，根本不涉及移位的动因。

10.2 界限理论：毗邻（Bounding Theory：Subjacency）

我们在第五章谈到，循环条件导致了（5b）所示的连续的阶段式推导。

5a. Which bike did you think (that) Bill would repair.

5b. $[_{CP}$ which bike$_i [_{C'}$ did you think $[_{CP} t_i'$ (that) Bill would repair t_i···

循环条件迫使 wh-移位采用循环式推导方式，每一步都移向最近的 [Spec, CP] 位置。（5b）中有两个语迹，初始语迹标记的是 wh-短语在 DS 层面上的位置，而中间语迹标记的是嵌套小句的 [Spec, CP] 位置，这一位置是 wh-短语移向根句 [Spec, CP] 位置过程中的一个中转站。

现在比较（5）与（6）：

6a. ?① Which bike do you wonder when Bill will repair?

6b. ? [$_{CP}$ which bike$_i$ [$_{C'}$ do you wonder [$_{CP}$ when [$_{IP}$ Bill will repair t$_i$···

（6）牵涉的是从 wh-岛移出的 wh-移位，这种情况在第四章通过 wh-岛条件予以排除。其实，它可以归为循环条件。（6b）的推导过程违反了循环条件，因为 wh-短语直接移向了根句的［Spec, CP］位置，而不是循环移位。wh-短语直接移向根句［Spec, CP］的原因在于嵌套小句的［Spec, CP］位置已经填充了 wh-短语 when。［Spec, CP］位置是 wh-短语通过小句界限的"出口"（escape hatch），显然，（6b）的出口被堵死了。

CNPC 也可以归为循环条件，最起码包含关系小句的复杂名词短语。比如：

7a. ?? Which bike have you met someone who can repair?

7b. ?? [$_{CP}$ which bike$_i$ have [$_{IP}$ you met [$_{DP}$ someone [$_{CP}$ who [$_{IP}$ t$_i$ can repair t$_i$···

（7）的关系小句的［Spec, CP］位置填充了 wh-短语 who，which bike 直接移向根句的［Spec, CP］位置，从而违反了循环条件。

然而并不是所有的复杂名词短语都含有关系小句，（8）的复杂名词短语包含了一个中心语 N 的 CP 补语，补语小句中也没有 wh-移位，因此，（8）的偏差程度要比（7）要低。

8a. ? Which bike did you hear the rumour that John repaired?

8b. ? [$_{CP}$ which bike$_i$ [$_{C'}$ did you hear [$_{DP}$ the rumour [$_{CP}$ t$_i$' that [$_{IP}$ John repaired t$_i$···

wh-移位的各种条件之间的相似性足够归纳出一个条件，乔姆斯基（Chomsky, 1973）给出了这个条件，称为毗邻（Subjacency），其定义基于界限节点（Bounding nodes），如下：

一次移位不能越过一个以上的界限节点。

英语中的界限节点指的是 IP 或 DP，我们将其用带圈符号标出。通过下面的几个例子，我们看一下毗邻条件的效果。

9a. [$_{CP}$ which bike$_i$ did [$_{IP}$ you think [$_{CP}$ t$_i$' (that) [$_{IP}$ Bill would repair t$_i$···

9b. ? [$_{CP}$ which bike$_i$ do [$_{IP}$ you wonder [$_{CP}$ when [$_{IP}$ Bill will repair t$_i$···

---

① 问号的多少表示句子合法性的偏离程度，标有一个问号的句子其偏离程度要小于标有两个问号或者星号的句子。就偏离程度这一议题，第十一章（§11.2.3）还有专门的阐述。

9c. ?? $[_{CP}$ which bike$_i$ have $[_{IP}$ you met $[_{DP}$ someone $[_{CP}$ who $[_{IP}$ t$_i$ can re-pair t$_i$…

9d. ? $[_{CP}$ which bike$_i$ did $[_{IP}$ you hear $[_{DP}$ the rumour $[_{CP}$ t$_i$' that $[_{IP}$ John repaired t$_i$…

因此，wh-移位的三个主要条件归为一个，毗邻条件。毗邻是一个移位条件而不是移位推导的表征式的条件。正是由于这一原因，毗邻有时被认为属于界限理论。

关于毗邻，有两点值得注意：

第一，毗邻不适用于 LF 层面。

我们看下面的（10）和（11）两个句子。两个句子都涉及带有关系小句的复杂名词短语。它们相应的陈述式为 *Bill wrote books that praise John*。

10a. ?? Who did Bill write books that praise?

10b. SS：?? $[_{CP}$ who$_i$ did $[_{IP}$ Bill write $[_{DP}$ books $[_{CP}$ Op$_j$ that $[_{IP}$ t$_j$ praise t$_i$…

11a. Who wrote books that praise who?

11b. LF：$[_{CP}$ $[$who$]_i$ $[$who$]_j$ $[_{IP}$ t$_j$ wrote $[_{DP}$ books $[_{CP}$ t$_k$ that $[_{IP}$ Op$_k$ praise t$_i$…

（10）是含有一个 wh-短语的问句，当动词 hit 的 wh-宾语移向句首时，表现出了对毗邻的破坏，因为它是从复杂名词短语岛中提取（extract）出来的。（11）是一个多元 wh-问句，在 SS 层面上，praise 的 wh-宾语留在原位置，并没有移向根句的［Spec, CP］位置。而在 LF 层面上，它和（10）一样，wh-宾语也穿越两个节点，移向了句首。但是，（11）没有表现出岛效应。两者的不同表明毗邻不适用于 LF-移位。

为确信这一猜测正确，我们再比较两个句子。它们相应的陈述式为 I wonder where Bill met John。

12a. ? Who do you wonder where Bill met?

12b. SS：? $[_{CP}$ who$_i$ do $[_{IP}$ you wonder $[_{CP}$ where $[_{IP}$ Bill met t$_i$…

13a. Who wonders where Bill met who?

13b. LF：$[_{CP}$ $[$who$]_i$ $[$who$]_j$ $[_{IP}$ t$_j$ wonders $[_{CP}$ where $[_{IP}$ Bill met t$_i$…

第二，界限节点的界定范围存在着语言之间的参数变化，不同语言对移位所作的限制程度不一。就 wh-问句而言，英语严格地受制于毗邻原则，汉语受制的程度较弱，韩语和印度尼西亚语几乎不受毗邻原则的约束。另外，不同语言可能会有不同的界限节点。例如，英语中的界限节点是 IP 和 DP，而在意大利语中则为 CP 和 DP。这种参数差异我们称之为毗邻参数（Subjacency parameter）。例如，下面的意大利语例子虽然涉及从 wh-岛中提取成分，但是，这并没有导致毗邻的破坏（Rizzi，1982）：

14a. tuo ratello, a cui mi domando che storie abbiano

your brother, to whom myself I-ask which stories they-have

raccontato.

told

14b. ··· [CP a cui [IP mi domando [CP che storie [IP abbiano raccontato t_{che storie} ··· t_{a cui} ···

我们看一下相应的英语表达：

15a. ? your brother, to whom I wonder which stories they told.

15b. ? ··· [CP to whom [IP I wonder [CP which stories [IP they told t_{which stories} ··· t_{to whom} ···

起初，英语和意大利语的不同似乎表明了毗邻是一个因语言而异（language-specific）的原则，然而，里兹（Rizzi，1982）认为这种结论是不正确的，因为在意大利语中，从其他的岛中提取成分却会导致毗邻的破坏。(16) 表明了从复杂名词短语岛中提取成分破坏毗邻的现象：

16a. （意）?? Tuo fratello a cui temo la possibilità

your brother to whom I-fear the possibility

che abbiano   raccontato tutto

that they-have   told everything

16b. ··· [CP a cui [IP temo [DP la possibilità [CP t_{a cui} che [IP abbiano raccontato tutto

16c. （英）?? your brother, to whom I fear the possibility that they have told everything

意大利语中从复杂名词短语中提取成分会像英语一样导致毗邻的破坏，这表明了毗邻不是一个因语言而异的移位条件，要想充分描写这种不差异须假定毗邻条件在两种语言中都限制移位。里兹（Rizzi，1982）在这一假设的基础上提出意大利语和英语的差异在于两种语言中充当界限节点的范畴不同。在英语中，其界限节点是 IP 和 DP，而在意大利语中则为 CP 和 DP。因此，毗邻规定了范畴不能一次越过两个节点，但没有规定哪种范畴是界限节点。语言以不同的界限节点相差别，英语中的界限节点为 IP 和 DP，而意大利语中的则为 CP 和 DP。这样一来，（14）中 wh-短语虽然越过了两个 IP 和一个 CP，但其中只有一个界限节点，即 CP，因为 IP 在意大利语中不能看作是界限节点。所以该句没有造成毗邻的破坏。然而，在英语中 IP 被认为是界限节点，所以，在与（14）相对应的（15）中就造成了毗邻破坏。在（16）中，wh-移位越过了一个 CP，一个 DP 和一个 IP，这一移位在意大利语和英语中都导致了毗邻的破坏。因此，在意大利语和英语中，从复杂名词短语中提取成分所造成的结果相似。但遗憾的是，我们目前尚无法说清楚毗邻参数与 UG 的原则相联系还是与相关的独立范畴相联系。

10.3　恰当管辖（Proper Government）

上一节我们给移位 α 加上了适当的条件，以阻止过度生成。但我们并没有涉及移位 α 所生成的语迹问题。因为对于语迹的讨论必须在管辖关系下展开。现在有了管辖关系，我们可以对移位 α 所生成的语迹再作一下讨论。比较（17）和（18）：

17a. ? Which bike do you wonder how to repair?

17b. ? [CP which bike$_i$ do [IP you wonder [CP how [IP PRO to repair t$_i$···

18a. *Who do you wonder how will repair the bike?

18b. *[CP who$_i$ do [IP you wonder [CP how [IP t$_i$ will repair the bike···

在（17）中，wh-宾语从 wh-岛中移出，而在（18）中则是 wh-主语从同一 wh-岛中移出。结果二者的偏离程度差异较大，（17）要明显小于（18）。二者都造成了毗邻的破坏，但（18）表现出更强的偏离性，这说明（18）肯定还存在着对于其他原则的破坏。

（17）和（18）表明了一个事实，那就是宾语比主语更容易提取，至少在英语中是这样的。这种现象叫做主语-宾语不对称（subject-object asymmetry）。

不仅从岛中提取成分时会表现出不对称，其他情况下也有这种现象。如下：

19a. Which bike did you say (that) Bill would repair?

19b. [CP which bike$_i$ did [IP you say [CP t'$_i$ [C' (that) [IP Bill would repair t$_i$···

20a. Who did you say (*that) would repair the bike?

20b. *[CP who$_i$ did [IP you say [CP t'$_i$ [C' that [IP t$_i$ would repair the bike···

20c. $[_{CP}$ who$_i$ did $[_{IP}$ you say $[_{CP}$ t'$_i$ $[_{C'}$e $[_{IP}$ t$_i$ would repair the bike…

（19）表明宾语可以成功地从嵌套小句中提取出来，不论标句语 that 是否存在。（20）则表明，有标句语时主语不能成功地被提取。（20b）这种现象称为that-语迹效应（that-trace effect），指的是 that 与语迹 t 连续出现在嵌套小句的句首。以前这种现象用一个特殊的 that-语迹过滤规则来剔除，后来才发现这种现象只不过是主语-宾语提取的不对称所致。

（20b）的偏差不是从岛中提取成分所造成的，因为嵌套小句不是岛。这种偏差表明了它一定是破坏了某种原则。

这种不对称必须从他们各自的结构特点上进行解释。两者主要的不同在于动词宾语通常由词汇范畴管辖，即动词 V；而主语通常由非词汇范畴管辖，即 I。根据乔姆斯基（Chomsky, 1986b），词汇管辖是一种更强的管辖，我们称之为恰当管辖（proper government）。定义如下：

当且仅当 α 管辖 β，并且 α 为词汇范畴时，α 恰当管辖 β。

有了恰当管辖，我们就可以给语迹建立一个条件，要求它们必须受到恰当管辖，这种条件称为 ECP（空范畴原则，Empty Category Principle）。定义如下：

非代名语的空范畴必须受到恰当管辖。

ECP 通常被认为是用于非代名词空范畴的条件，我们将"非代名词空范畴"理解为语迹。ECP 与毗邻的不同在于它用于移位 α 所生成的语迹的表征式，而不是用于移位 α 本身。

现在我们看如何使用毗邻和 ECP 一起来解释上面的例子。我们已经从定义得知，ECP 使用恰当管辖来区分主语位置的语迹和动词宾语位置的语迹，动词宾语位置的语迹总是被词汇管辖，因此，它满足了 ECP 的要求。我们先看（17）和（18）：

17a. ? Which bike do you wonder how to repair?

17b. ? $[_{CP}$ which bike$_i$ do $[_{IP}$ you wonder $[_{CP}$ how $[_{IP}$ PRO to repair t$_i$…

18a. *Who do you wonder how will repair the bike?

18b. *$[_{CP}$ who$_i$ do $[_{IP}$ you wonder $[_{CP}$ how $[_{IP}$ t$_i$ will repair the bike…

（17）中的语迹处在动词的宾语位置，受到词汇管辖，满足了 ECP，其偏差来自毗邻的破坏。而（18）中的语迹处在主语位置，不能满足 ECP，其较强的偏差来自毗邻和 ECP 的双重破坏。

我们再来看（19）和（20）：

19a. Which bike did you say（that）Bill would repair?

19b. $\big[_{CP}$ which bike$_i$ did $\big[_{IP}$ you say $\big[_{CP}$ t'$_i$ $\big[_{C'}$ (that) $\big[_{IP}$ Bill would repair t$_i$…

20a. Who did you say (*that) would repair the bike?

20b. *$\big[_{CP}$ who$_i$ did $\big[_{IP}$ you say $\big[_{CP}$ t'$_i$ $\big[_{C'}$ that $\big[_{IP}$ t$_i$ would repair the bike…

20c. $\big[_{CP}$ who$_i$ did $\big[_{IP}$ you say $\big[_{CP}$ t'$_i$ $\big[_{C'}$e $\big[_{IP}$ t$_i$ would repair the bike…

（19）中的宾语位于动词 repair 的宾语位置，受到动词的词汇管辖，因此是恰当管辖，（20b）中的语迹处于主语位置，没有受到词汇管辖，也就没有受到恰当管辖，从而产生较强的偏差，句子被排除。但是，（20c）却不好解释，它的语迹处在主语位置，显然没有被恰当管辖，应该被排除，然而这个句子还是正确的。可见，我们还有必要作进一步的分析，来解释和（20c）的反差现象。我们这一分析主要着眼于是否含有标句语 that。

（20c）暗示了恰当管辖不仅仅是词汇管辖，肯定还有其他的管辖形式，那就是先行语-管辖（antecedent-government）。其定义如下：

当且仅当 α 与 β 同标，α c-指令 β，且 α 与 β 之间没有语阻①间隔，这时，α 先行语-管辖 β。

恰当管辖由此也得以修正，如下：

当且仅当下列条件之一满足时，α 恰当管辖 β：

i）α 管辖 β 且 α 是一个词汇范畴

ii）α 先行语-管辖 β。

注意：先行语-管辖的三个条件是"与"的关系，三个条件必须同时满足；而恰当管辖的两个条件是"或"的关系，意思是只要一个条件满足即可。

这样，我们再来看（20）是否得到了合理的解释。（20b&c）的初始语迹（initial trace）都与中间语迹同标，并且受到中间语迹的 c-指令，但是（20b）受到中间语迹（intermediate trace）的先行语-管辖，而（20c）却没有。这关键在于先行语-管辖的第三个条件，"不能受到语阻的隔离"。因为（20b）的标句语 that 的存在致使 C' 成为先行语-管辖的语阻，而（20c）中的 C' 不是先行语-管辖的语阻标句语，因为没有标句语 that 的存在。

10.4 本章简评

本章界限理论主要是确定移位 α 的界限问题。略加思考，我们会发现，界

---

① 语阻（barrier，或译语障）的概念，后面会出现。这里理解为标句语 that 使得 C' 成为一个语阻。

限理论其实是对移位 α 精神的一种反叛，既然前面我们定义移位 α 为"移动任何范畴到任何位置"，而在界限理论中我们又给出毗邻条件"一次移位不能越过一个以上的界限节点"，两者岂不是前后矛盾？如此看来，界限理论充其量不过是权宜之计，终究会走下历史的舞台。继续学习，我们会发现，乔姆斯基（Chomsky，1986b）通过努力，终于将界限理论同其他理论模块统一到了语阻理论之下，从而弥补了这一矛盾。

11 语阻：对于移位 α 的进一步探讨
(Barriers: Further Discussion on Move α)

11.1 语迹与 ECP (Traces and ECP)

在第四章和第五章，我们分别从界限理论和管辖理论的角度尝试对移位 α 本身以及移位 α 所生成的语迹做出限制。在这两章，我们总结出了两条重要的原则，毗邻条件和空范畴原则（ECP）。毗邻条件统一了 wh-移位的三个主要条件，循环条件、wh-岛条件以及 CNPC；ECP 则是针对移位 α 所生成的语迹做出的限制，在这一原则下，我们初步解释了主语-宾语不对称现象。这一章，我们在这一基础上继续探讨空范畴的管辖问题。

11.1.1 附接语-语迹 (Adjunct-traces)

在第四章中我们已经看到了主语和宾语在提取方面的不对称性，主语要比宾语难以提取，那么附接语呢？我们知道附接语不受词汇中心语的管辖，它的语迹要想满足 ECP 必须通过先行语-管辖。因此，它在提取方面的特点更像主语。我们不妨看一个例子：

1a. *How do you wonder whether Bill repaired the bike?

1b. * [CP how$_i$ do [IP you wonder [CP whether [IP Bill repaired the bike t$_i$ …

（1）中有一个 wh-岛，句子遭到破坏的原因在于语迹的先行语太"远"，或者说 wh-短语是先行语-管辖的语阻。所以，语迹没有受到先行语-管辖，因此也就没有受到恰当管辖。可见，附接语的语迹要想满足恰当管辖/ECP 必须通过先行语-管辖。

我们再观察两个句子：

2a. How did you think (that) Bill repaired the bike?

2b. [CP how$_i$ did [IP you think [CP t'$_i$ that [IP Bill repaired the bike t$_i$ …

2c. $[_{CP}$ how$_i$ did $[_{IP}$ you think $[_{CP}$ t'$_i$ e $[_{IP}$ Bill repaired the bike t$_i$…

3a. Who did you think (*that) Bill repaired the bike?

3b. *$[_{CP}$ who$_i$ did $[_{IP}$ you think $[_{CP}$ t'$_i$ that $[_{IP}$ t$_i$ would repair the bike…

3c. $[_{CP}$ who$_i$ did $[_{IP}$ you think $[_{CP}$ t'$_i$ e $[_{IP}$ t$_i$would repair the bike…

（3）我们在上节已经讨论过，（3b）中由于 that 使得 C' 成为先行语-管辖的语阻，语迹 t$_i$ 不能受到先行语-管辖，从而不符合恰当管辖，因此被排除了。（3c）符合先行语-管辖的条件，因此也就符合恰当管辖。我们再看（2），（2c）符合恰当管辖，（2b）却显然不符合，然而（2b）却是正确的。这该作何解释呢？

这种现象通常被认为附接语的提取不会引起 that-语迹效应。拉斯尼克、斋藤卫（Lasnik & Saito, 1984）通过层面的差异来解释这一现象。他们用 $[+/-\gamma]$ 的特征赋值来标识 ECP 的允准机制。符合 ECP 的语迹的特征赋值为 $[+\gamma]$，不符合 ECP 的语迹的特征赋值则为 $[-\gamma]$。论元语迹，如主语、宾语的语迹必须在 SS 得到允准（符合 ECP），附接语-语迹只需在 LF 得到允准。换句话说，论元语迹必须在 SS 受到恰当管辖，而附接语-语迹在 SS 层面不能够被恰当管辖，而在 LF 层面必须受到恰当管辖。我们来看一下这一分析如何来解释（3b）与（2b）之间的反差。

我们先看（3b）。（3b）的语迹为论元语迹，因此必须在 SS 层面满足恰当管辖，然而由于 that 的存在，（3b）的语迹没有受到中间语迹的先行语-管辖，因此该语迹被标记了 $[-\gamma]$。如下：

4a. *Who did you think that would repair the bike?

4b. SS：γ-marking applies $\rightarrow[-\gamma]$

　　*$[_{CP}$ who$_i$ did $[_{IP}$ you think $[_{CP}$ t'$_i$ e $[_{IP}$ t$_i$ would repair the bike…

　　　　　　　　　　　　　　　　　$[-\gamma]$

（2b）的语迹是一个附接语-语迹，从而在 SS 层面无须满足 ECP，而在 LF 层面需要满足。这样，虽然在 SS 层面上附接语-语迹没有被恰当管辖，γ-标记的机制并不应用于这一层面；而在 LF 层面，标句语 that 语义上为空，在理解中也不起作用，遭到删除。这时 C' 不再是中间语迹先行语-管辖初始语迹的语阻，因此它的初始语迹被标为 $[+\gamma]$。如下：

5a. How did you think (that) Bill would repair the bike?

5b. SS：γ-marking does not apply as trace is an adjunct

$[_{CP}$ how$_i$ did $[_{IP}$ you think $[_{CP}$ t'$_i$ $[_{C'}$ that $[_{IP}$ Bill would repair the bike t$_i$ ⋯

5c. LF：that-deletion applies followed by γ-marking →[+γ]

$[_{CP}$ how$_i$ did $[_{IP}$ you think $[_{CP}$ t'$_i$ $[_{C'}$ e $[_{IP}$ Bill would repair the bike t$_i$ ⋯

[+γ]

11.1.2　中间语迹（Intermediate Traces）

到目前为止，我们的讨论都是局限在初始语迹的范围内。我们看到，ECP 可用于各种语迹，自然也包括中间语迹。这一节，我们将就 ECP 来讨论一下中间语迹的地位。

比较下面两个句子：

6a. *How do you wonder whether Bill said John answered the question?

6b. *$[_{CP}$ how$_i$ do $[_{IP}$ you wonder $[_{CP}$ whether $[_{IP}$ Bill said $[_{CP}$ t'$_i$ $[_{IP}$ John answered the question t$_i$ ⋯

7a. ?? Who do you wonder whether Bill said answered the question?

7b. ?? $[_{CP}$ how$_i$ do $[_{IP}$ you wonder $[_{CP}$ whether $[_{IP}$ Bill said $[_{CP}$ t'$_i$ $[_{IP}$ t$_i$ answered the question ⋯

（6）中提取的 wh-短语为附接语，（7）中则为论元。两者的初始语迹都受到中间语迹的先行语-管辖，但是，（6）显然要比（7）更糟糕。这该如何解释？拉斯尼克、斋藤卫（Lasnik & Saito, 1984）认为，鉴于初始语迹在两种情况下都是被恰当管辖的，那么"有悖的语迹"（offending trace）一定是中间语迹。

拉斯尼克、斋藤卫（Lasnik & Saito, 1984）的解决方案如下。先看（7），它的初始语迹是个论元，被中间语迹先行语-管辖，从而在 SS 层面获得特征赋值［+γ］。完成这一工作后，中间语迹在 LF 被删除。我们知道，中间语迹在 LF 层面不同于初始语迹，它没有变量的地位，从而对句子的理解没有作用。中间语迹为"有悖的语迹"，即不能满足恰当语迹，它在 LF 层面得到删除就解决了问题。（6）的初始语迹是一个附接语，它只需在 LF 层面满足恰当管辖。鉴于附接语语迹只能通过先行语-管辖来满足恰当管辖，初始语迹需要依赖于中间语迹以满足 ECP。这样一来，（6）的中间语迹不能删除。又由于中间语迹是一个"有悖的语迹"，它便是（6）不合语法的原因所在。

中间语迹的"悖"在于它没有受到恰当管辖，它的先行语（即 wh-短语 how、who）"离它太远"，因为 wh-岛阻碍了先行语-管辖关系。那么是不是词汇管辖呢？根据恰当管辖的定义，（6）和（7）的中间语迹应该能够满足 say 的词汇管辖。(6) 和 (7) 相关的构型如下所示：

8. ··· said $[_{CP}$ t'_i $[_{C'}$ e $[_{IP}$ ···

根据管辖的定义，动词 said 管辖位于 [Spec, IP] 位置的中间语迹，因此中间语迹被恰当管辖。但是，这与前面得出的结论（中间语迹为"有悖的语迹"）不相符。为了确保 (8) 中的动词不会恰当管辖中间语迹，恰当管辖的定义显然需要再一次修正。

我们修正的结果应该是中间语迹不能被恰当管辖，而同时又保证动词恰当管辖它的宾语。我们知道，动词的宾语，不论是显性 DP，还是空范畴，都从动词那里获得 θ-角色，然而 (8) 的语迹不能从动词那里获得 θ-角色。那么，现在我们用"θ-管辖"（θ-government）来代替"词汇管辖"。θ-管辖的定义如下：

当且仅当 α 是一个 θ-标记 β 的 X^0 范畴时，α θ-管辖 β。①

这样，恰当管辖的定义修正如下：

当且仅当下列条件之一满足时，α 恰当管辖 β：

i) α θ-管辖 β

ii) α 先行语-管辖 β。

前面恰当管辖的定义表明，如果词汇范畴恰当管辖一个 XP，那么它恰当管辖这个 XP 的指定语。新的定义则没有这种结果。因为词汇范畴若要恰当管辖另一范畴，则既要管辖又要 θ-标记该范畴。这样一来，动词总是恰当管辖它的宾语，而 (8) 中的动词则不能恰当管辖位于 [Spec, CP] 的语迹，因为 (8) 中只存在管辖关系而不存在 θ-标记。

11.1.3 DP-语迹（DP-traces）

我们说，ECP 适用于各种语迹。上节我们就 ECP 讨论了中间语迹的地位，这节我们不妨再看一下 DP-语迹的地位。

DP 移位为局部操作，即它不能跨越语阻。因此，它应该能够通过先行语-管辖满足 ECP。当然，有的 DP-语迹位于动词宾语的位置，该语迹必然受到 θ-管辖。如 (9) 和 (10) 所示：

9a. The window was broken (by Bill).

9b. the window$_i$ was broken t_i (by Bill) ···

---

① 乔姆斯基（Chomsky, 1986b）将这一个概念表述为：α θ-governs β iff α governs β and α θ-marks β，可以联系管辖和 θ-标记的定义进行比较。

10a. The window broke.

10b. the window$_i$ broken t$_i$…

（11）中的 DP-语迹却没有被 θ-管辖。因为它受到 ECM 动词的管辖，而其 θ-角色却来自嵌套小句的动词。

11a. Bill is believed to have left.

11b. Bill$_i$ is believed $[$ $_{IP}$ t$_i$ to have left …

以上三个例子中，DP-语迹都受到先行语-管辖。我们再来看一下提升结构中的情况。（12b, c & d）为几种可能的推导方式。

12a. Susan seems to be honest.

12b. Susan$_i$ seems $[$ $_{CP}$ $[$ $_{C'}$ e $[$ $_{IP}$ t$_i$ $[$ $_{I'}$ to $[$ $_{VP}$ be honest …

12c. Susan$_i$ seems $[$ $_{CP}$ t'$_i$ $[$ $_{C'}$ e $[$ $_{IP}$ t$_i$ to be honest …

12d. Susan$_i$ seems $[$ $_{IP}$ t$_i$ to be honest …

（12b）中的嵌套小句中不包含中间语迹，这表明它是直接从嵌套小句中提升的，位于主语位置的语迹没有被 θ-管辖。因此，它只能通过先行语-管辖来满足 ECP。但是这种分析却被 BC A 排除了。我们知道 DP-语迹属于照应语，（12b）中它的 GC 很难确定（如果说它的 GC 为嵌套小句，那么在嵌套小句中它既没有主语又没有管辖语——嵌套小句中管辖语只能是定式 I，§4.2.2）；如果说它的 GC 为整个句子，那么在句子中它仍然没有管辖语，因为（12b）的结构图中 CP 为最小限度条件（Minimality Condition），它阻碍了根句动词对它的管辖。

在（12c）中，嵌套小句的 [Spec, CP] 位置有一个中间语迹，说明 DP-移位从这里经过。这种从 A-位置，到 A'-位置，再到 A-位置的移位称为不恰当移位（improper movement）。说它"不恰当"是因为这种移位导致了一种不寻常的链，而且初始语迹受到中间语迹的 A'-约束。虽然通过这种移位满足了初始语迹受到中间语迹的先行语-管辖，从而满足了 ECP 的要求，但是由于约束理论本质上是有关 A-约束的理论，它不能满足 BC A。

我们再来看（12d）。这一推导方式和其他两个不同：它的嵌套小句中没有 CP 节点。这样，嵌套小句主语位置的语迹为根句动词所管辖。因此，整个句子成了 DP-语迹的 GC，因为其中 DP-语迹的管辖语、主语，DP-语迹都受移到主语位置的 DP 约束，从而满足了 BC A。虽然 DP-语迹并没有受到 θ-管辖，但受到移位了的 DP *Susan* 先行语-管辖。总之，提升结构也涉及 CP-缩减（CP-reduction），这一点和 ECM 结构（§7.5）相似。

11.1.4 优先效应（Superiority Effects）

比较（13）和（14），这两个句子都是多元 wh-疑问句。

13a. Who saw what?

13b. SS：$[_{CP}$ who$_i$ $[_{IP}$ t$_i$ saw what $\cdots$

13c. LF：$[_{CP}$ $[$what$]_j$ $[$who$]_i$ $[_{IP}$ t$_i$ saw t$_j \cdots$

14a. *What did who see?

14b. SS：*$[_{CP}$ what$_j$ did $[_{IP}$ who see t$_j \cdots$

14c. LF：*$[_{CP}$ $[$who$]_i$ $[$what$]_j$ did $[_{IP}$ t$_i$ saw t$_j \cdots$

在（13）的 SS 层面上，wh-主语移向了［Spec, CP］位置，wh-宾语不做移位（仍然留在动词宾语位置），如（13b）所示。而到了 LF 层面，wh-宾语也移向了［Spec, CP］位置，如（13c）所示。（14）的两个 wh-短语的移位与（13）的恰好相反。在 SS 层面上，wh-宾语移向了［Spec, CP］位置，wh-主语不移位（仍然留在［Spec, VP］位置），如（14b），到了 LF 层面，wh-主语也移到了［Spec, CP］位置，如（14c）所示。这两个句子之间的差异进一步表明提取的主语-宾语不对称，这一次是在 LF 层面。在（13）中，wh-宾语能够移到已经为另一个 wh-短语占据的［Spec, CP］位置，而在（14）中，wh-主语不能进行移位。这种现象称为优先效应（superiority effect）。

wh-附接短语在 LF 层面的提取与 wh-主语相似。如下所示：

15a. Why did you say what?

15b. SS：$[_{CP}$ why$_i$ did $[_{IP}$ you I say what $\cdots$t$_i \cdots$

15c. LF：$[_{CP}$ $[$what$]_j$ $[$why$]_i$ did $[_{IP}$ you say t$_j \cdots$t$_i \cdots$

16a. *What did you say why?

16b. SS：*$[_{CP}$ what$_j$ did $[_{IP}$ you say t$_j \cdots$why$\cdots$

16c. LF：*$[_{CP}$ $[$why$]_i$ $[$what$]_j$ did $[_{IP}$ you say t$_j \cdots$t$_i \cdots$

上一节将这种不对称的原因解释为：wh-宾语移位后留下的语迹能够通过先行语-管辖或 θ-管辖来满足恰当管辖，而主语和附接语移走后留下的语迹只能通过先行语-管辖来满足恰当管辖。

奥恩等（Aoun, Hornstein & Sportiche, 1981）用 COMP-加标（COMP-indexing）来解释这种不对称性。

> 当且仅当 COMP 仅统制一个下标为 i 的元素时，［COMP$\cdots$XP$_i \cdots$］ →
> ［COMP $\cdots$ XP$_i \cdots$ ］$_i$。

我们可以简单理解为，第一个移向 COMP 的范畴的下标即为 COMP 的下标。很明显，这里的 COMP 的概念来自早期结构，当时认为 COMP 是 IP 前域内的唯一节点。在现在的句子结构里，COMP 应该被理解为〔Spec，CP〕位置。

我们再用 COMP-加标来分析一下（17）和（18）。

17a. Who saw what?

17b. SS: $[_{CP} [_{Spec} who_i]_i [_{IP} t_i saw what \cdots$

17c. LF: $[_{CP} [_{Spec} [what]_j [who]_i]_i [_{IP} . t_i saw t_j \cdots$

18a. *What didwho see?

18b. SS: *$[_{CP} [_{Spec} what_i]_i did [_{IP} who see t_i \cdots$

18c. LF: *$[_{CP} [_{Spec} [who]_j [what]_i]_i did [_{IP} t_j see t_i \cdots$

由于（17）中的 wh-主语首先移向〔Spec，CP〕位置，〔Spec，CP〕获得 wh-主语的下标，如（17b&c）所示。wh-主语的语迹从而受到〔Spec，CP〕的先行语-管辖，从而满足了 ECP。wh-宾语的语迹不受〔Spec，CP〕的先行语-管辖，因为两者下标不同，然而，wh-宾语位于动词 see 的宾语位置，它通过 θ-管辖满足 ECP。

现在我们来看（18）。（18）中的 wh-宾语首先移向〔Spec，CP〕位置，〔Spec，CP〕获得了 wh-宾语的下标。结果，wh-主语的语迹不能受到〔Spec，CP〕的先行语-管辖，从而为 ECP 所排除。换句话说，由于〔Spec，CP〕获得了 wh-宾语的下标，wh-主语的语迹从而失去了唯一能够满足 ECP 的机制。

总之，wh-宾语之所以能够移到已经为另一个 wh-短语占据的〔Spec，CP〕位置，是因为它的语迹并不完全依赖于先行语-管辖来满足 ECP，因为它总是可以通过 θ-管辖 ECP。另外，wh-主语之所以不能移向已经有另一个wh-短语的〔Spec，CP〕位置，是因为它完全依赖于先行语-管辖来满足 ECP。（15）和（16）也是同样的道理。

这一分析带来一个有趣的预测，那就是不可能存在带有 wh-主语和 wh-附接语的多元 wh-问句。因为这两个范畴不论哪个先移位，剩下的一个都不能通过先行语-管辖来满足 ECP。如下：

19a. *Who disappeared why?

19b. SS: *$[_{CP} [_{Spec} who_i]_i [_{IP} t_i I disappear \cdots why_j \cdots$

19c. LF: *$[_{CP} [_{Spec} [why]_j [who]_i]_i [_{IP} . t_i disappear \cdots t_j \cdots$

20a. *Why did who disappear?

20b. SS：$^*[_{CP} [_{Spec} why_j]_j$ did $[_{IP} who_i$ disappear $\cdots t_i \cdots$

20c. LF：$^*[_{CP} [_{Spec} [who]_i [what]_j]_j$ did $[_{IP} t_i$ disappear $\cdots t_j \cdots$

11.2 语阻构架（Barriers Framework）

毗邻与 ECP 是两个不同的条件，前者是关于移位的，后者则是关于语迹表征式的。两者的不同可以从它们各自的定义中看出。毗邻的定义没有涉及管辖，然而 ECP 的定义关键依赖于管辖的概念：恰当管辖。现在，我们需要一种方法来统一管辖（ECP）与移位（毗邻）。乔姆斯基（Chomsky, 1986b）推出了一种这样的方法，称为语阻（barrier）构架。这一节，我们将讨论这种构架的主要特点。

11.2.1 语阻（Barriers）

语阻构架的核心是"语阻"这一概念。根据直觉判断，最大投射本来不是管辖的语阻，但可能因为靠近另一个自身为语阻的最大投射而成为语阻。我们来看几个熟悉的句子：

21a. Susan believes $[_{IP}$ them $[_{I'}$ to $[_{VP}$ be clever $\cdots$

21b. I consider $[_{DP}$ them $[_{NP}$ great athletes$\cdots$

21c. I find $[_{AP}$ them $[_{A'}$ crazy $\cdots$

21d. I want $[_{PP}$ them $[_{P'}$ out of my room now $\cdots$

21e. They made $[_{VP}$ us $[_{V'}$ leave immediately

（21a-e）表明了一个事实，即 XP 的指定语可以受到来自外部的管辖。在上面的五个句子中，嵌套 XP 的主语都是被根动词管辖，这就是说，最大投射（如21a-e 中的 IP、DP、AP、PP、VP）通常不是管辖的语阻。

我们再来看一个与（21a）相似的句子。

22a. Bill decided to leave.

22b. $[_{IP}$ Bill decided $[_{CP}$ e $[_{IP}$ PRO to leave $\cdots$

前面（§9.2.1）说过，PRO 只能出现在不受管辖的位置（PRO 定理）。因此，嵌套小句主语位置 PRO 显然不受根动词 decide 管辖。问题是，为什么 PRO 不受管辖？

我们不妨比较一个（21a）和（22）的不同。我们看到，（22）的嵌套主语被 CP 和 IP 隔开了，而（21a）中只隔着 IP。而且，（21a）的嵌套 IP 受根动词管辖，动词为词汇范畴；而（22）的 IP 受 C 管辖，C 是一个非词汇范畴。用术语来说，那就是，（21a）的 IP 受到 θ-管辖（根动词管辖并 θ-标记 IP），而（22）的 IP 没有（管辖它的为功能范畴 C）。这里我们称 θ-管辖为 L-标记（L-marking），定义如下：

　　如果 α θ-管辖 β，α 就 L-标记 β。

方便起见，θ-管辖的定义重新写在这里：

　　当且仅当 α 是一个 θ-标记 β 的 X^0 范畴时，α θ-管辖 β。

所以，（21a）中的 IP 被根动词 θ-管辖，从而它受到 L-标记。

我们现在假设 L-标记的最大投射不是语阻，那么（21a）的 IP 就不是语阻，这就是根动词能够越过 IP 管辖根动词的原因。那我们能不能说，非 L-标记的最大投射都是语阻呢？如果这样，（22）中的 IP 没有受到 L-标记，它就是语阻，所以根动词不能管辖 [Spec, IP]。而（22）中的 CP 不是语阻，因为它受根动词的 L-标记。但是，这种猜测似乎又不成立，因为我们看到 IP 不能单独成语阻，即便是它没有被 L-标记。如（23）所示：

23a. How did Bill repair the bike?

23b. [$_{CP}$ how did [$_{IP}$ Bill repair the bike t$_{how}$ ··· ①

我们看到，（23）中的 wh-附接语 *how* 先行语-管辖它的语迹，既然先行语-管辖也是一种管辖，那么，这就说明 IP 不会对管辖产生阻碍。也就是说，IP 不是语阻，即使它没有受 L-标记。这岂不是和上面的结论矛盾？该如何解释？

乔姆斯基（Chomsky, 1986：15）称 IP 是一个"有缺陷的"（defective）范畴：它不是一个固有的语阻，它只能通过继承而成为一个语阻。因此，IP 只在部分程度上是语阻。即使没有受到 L-标记，单独的 IP 也不能成为语阻，但它能通过直接统制其他的语阻而成为语阻，或者使得直接统制它的另一个最大投射成为语阻。

因此，我们就有了两类语阻，一类是"固有语阻"（inherent barrier），指那些非 L-标记的最大投射；另一类是"继承语阻"（barrier by inheritance），这类也是最大投射，它直接统制 IP 或其他为语阻的最大投射，从而成为语阻。这样，我们得出语阻的定义：

　　当且仅当下列条件之一满足时，α 是 β 的语阻：

　　i）α 没有受到 L-标记且 α 统制 β（α ≠ IP）

---

① 注意，从现在开始，语迹的下标将使用它的先行语来标示。如，who 的语迹为 t$_{who}$，而 Susan 的语迹为 t$_{Susan}$。这纯粹是符号变化，毫无理论含义。

ii) α 直接统制 γ，而 γ 没有受到 L-标记且 γ 统制 β.①

现在再回头看（21a）和（22）。（21a）的 IP 不是语阻，这不仅是因为它受到了根动词的 L-标记，而且是因为它不能单独成为语阻，所以它的嵌套小句主语受到根动词的管辖。（22）中的 CP 因为统制非 L-标记的 IP 而成为语阻，所以根句动词不能管辖 PRO.

注意，管辖可以越过单独的 CP 或 IP，但不能同时越过两者。如下例所示：

24a. How did you say (that) she answered the question?

24b. [$_{CP}$ how did [$_{IP}$ you say [$_{CP}$ t$_{how}$' [$_{IP}$ she answered the question … t$_{how}$…

24c. *[$_{CP}$ how did [$_{IP}$ you say [$_{CP}$ [. she answered the question …t$_{how}$…

在（24b）中，CP 和 IP 之间有一个中间语迹，这时，CP 就不是语阻。因为中间语迹可以越过 IP 先行语-管辖初始语迹，而移位的 wh-短语越过 CP 先行语-管辖中间语迹。这样，移位的 wh-短语先行语-管辖初始语迹。而在（24c）中，wh-短语直接移向句首，这时，CP 因直接统制 IP 而成为语阻，这样，就破坏了 ECP，因此（24c）被排除了。

11.2.2 语阻与附接（Barriers and Adjunction）

看下面的句子：

25a. Who did Bill meet?

25b. [$_{CP}$ who did [$_{IP}$ Bill [$_{VP}$ meet t$_{how}$…

在（25）中，VP 是一个固有语阻，因为它的管辖语是一个功能成分 I，IP 直接统制 VP，从而成为一个继承语阻。这样，（25）中的先行语与语迹之间就涉及两个语阻。但（25）并没有表现出对 ECP 的破坏，这是因为它的语迹位于动词的宾语位置，受到动词的 θ-管辖。但是，可以看出，VP 和 IP 作为语阻肯定阻碍 who 从它的 DS 位置向 SS 的位置移位。因此，应该出现毗邻关系的偏差。但是事实上没有，为此我们需要对此做出解释。

我们再来看一个带 wh-附接语的句子：

26a. How did Bill repair the bike?

---

① 这一定义和乔姆斯基的定义是一样的，我们只是在表述和字符使用上略加简化，不妨看一下乔姆斯基（Chomsky, 1986b：14）对它的定义：i. γ is a blocking category (BC) for β iff γ is not L-marked and γ dominates β. ii. γ is a barrier for β iff (a) or (b)：a. γ immediately dominates δ, δ a BC for β. b. γ is a BC for β, γ≠IP.

26b. $[_{CP}$ how did $[_{IP}$ Bill $[_{VP}$ repair the bike $\cdots t_{how} \cdots$

26c.

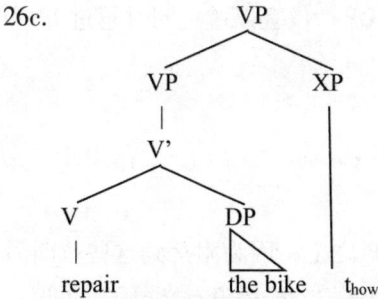

（26）中的语迹不能受到 θ-管辖，它只能依赖于先行语-管辖来满足 ECP。可是上面说过，这里的 VP 是一个固有语阻，IP 是一个继承语阻，两个语阻阻碍了这一管辖。这样，移位的 wh-短语 how 就不能先行语-管辖它的语迹。那么这个句子应该被排除，可这个句子并没有。为什么呢？

如（26c）所示，wh-附接语从右端附接到 VP 上。前面（§2.3.1）讲到，附接语的地位特殊，它与所附接范畴既是"母女"关系又是"姐妹"关系，换句话说，虽然附接语是它所附接的范畴的成分，但又不完全是它的成分。我们称附接成分为 VP 的"副成分"（associate member）。

我们假定最大投射只是完全成分的语阻，而不是副成分的语阻，受其他规则约束。这样一来，由于附接语迹不是 VP 的完全成分，即 VP 不能统制它，VP 就不是附接语迹的语阻；而又由于 VP 不能统制附接语迹，IP 虽然因为直接统制 VP 而成为 VP 所统制成分的语阻，但 IP 不能成为附接语迹的语阻。这就解释了为什么附接语迹能受它的 wh-附接语的先行语-管辖。

我们再回头看（25）。可以假设 wh-宾语也采用副成分的关系作为权宜之计以脱出 VP，换句话说，wh-宾语为了移出 VP，它可以先附接到 VP 上，生成一个中间语迹。详细如下：

27a. Who did Bill meet?

27b. $[_{CP}$ who did $[_{IP}$ Bill $[_{VP} t_{who}'$ $[_{VP}$ meet $t_{who} \cdots$

如果把中间语迹看成与 VP 为"姐妹"关系，由于它不是 VP 的完全成分，即 VP 不能统制它，VP 就不是它的语阻，因此 IP 也不能成为它的语阻。这样，中间语迹与初始语迹之间、中间语迹与先行语之间就不再有语阻，从而满足了 ECP 和毗邻。

（27b）这种分析的实质在于，我们总是可以通过附接避开语阻。因为附接导致了一种结构，中间语迹既不在结构之内也不在结构之外。

在远距离的提取时，移位的 wh-宾语附接到嵌套 VP、根句的 VP 以避开语阻，同时，wh-短语还要移到嵌套［Spec，CP］位置以避免同时越过 IP 和 CP。如下例所示：

28a. Who did you say (that) Bill met?

28b. ［CP who did ［IP you ［VP t$_{who}$'''］［VP say ［CP t$_{who}$''］［IP Bill ［VP t$_{who}$'］［VP met t$_{who}$···

注意：要禁止 wh-短语附接到 IP 与 CP 之上，因为附接到这些范畴后，就避开了它们的语阻，而通过［Spec，CP］的移位就变得没有必要了。（29）显示了禁止附接到 IP 与 CP 的必要性。

29a. *How do you wonder whether Bill repaired the bike?

29b. *［CP how do ［IP you ［VP t$_{how}$'］［VP wonder ［CP whether ［IP Bill ［VP repaired the bike ···t$_{how}$···

附接语从岛中移出会破坏 ECP 与毗邻。可以看出，这里 ECP 的破坏是因为语阻的存在导致了语迹不能受到先行语-管辖。这里的语阻为 CP，它从 IP 那里继承了语阻。我们本来可以通过首先移向［Spec，CP］来避开这一情形。可是，嵌套［Spec，CP］位置早已为另一个 wh-短语（whether）所占据。

事实上，不仅附接到 IP 和 CP 之上是不允许的，附接到 DP 之上也是不允许的。不能附接到 DP 之上这一情况可以通过复杂名词短语的破坏来解释。（30）的陈述形式应该为 I have seen the bike which Bill was driving。

30a. *Who have you seen the bike which was driving?

30b. *［CP who have ［IP you ［VP t$_{who}$'］［VP seen ［DP the bike ［CP which ［IP t$_{who}$ ［VP was driving t$_{which}$···

这个句子涉及两个语阻：CP 与 DP，CP 直接统制 IP，并且它是非 L-标记的。在第二章（§2.3.2）将关系小句看作是附接语，从而它不能受到它所修饰的名词 θ-标记）；DP 也是语阻，因为它直接管辖非 L-标记的 CP。这样，我们就可以理解为什么不能附接到 IP 与 CP 之上，附接到 DP 也不允许。因为如果允许附接到 IP、CP 与 DP 之上，这个句子就不再有语阻，也就无法解释其偏差。

11.2.3 语阻与毗邻（Barriers and Subjacency）

语阻除了要统一管辖与毗邻之外，还将破坏毗邻的程度与移位时越过的语阻数目联系起来。也就是说，越过一个语阻的移位比越过两个语阻的移位的偏离程度要轻，越过的语阻越多，句子的偏离程度越高。我们先分析两个句子，（31）标有一个问号，（32）标有两个问号：

31a. ? Which bike don't you know how to repair?

31b. ? [$_{CP}$ which bike don't [$_{IP}$ you [$_{VP}$ t$_{which\ bike}$" [$_{VP}$ know [$_{CP}$ how [$_{IP}$ PRO to [$_{VP}$ t$_{which\ bike}$' [$_{VP}$ repair t$_{which\ bike}$…

32a. ?? Which bike have you met someone who can repair?

32b. ?? [$_{CP}$ which bike have [$_{IP}$ you [$_{VP}$ t$_{which\ bike}$" [$_{VP}$ met [$_{DP}$ someone [$_{CP}$ who [$_{IP}$ t$_{who}$ can [$_{VP}$ t$_{which\ bike}$' [$_{VP}$ repair t$_{which\ bike}$…

（31）是个 wh-岛破坏的例子，它牵涉到一个语阻，CP，它从 IP 那里继承了语阻。（32）的 CNPC 岛牵涉两个语阻，DP 和关系小句的 CP，CP 非 L-标记，DP 从 CP 那里继承了语阻。这样，我们就能看得出它们的偏差程度。

上一节我们讨论了另一个岛，附接语岛，如（33）所示。另外，还有一类岛，称为主语岛（subject-island），如（34）所示。黄正德（Huang, 1982）将这两种岛一起称为 CED（提取域条件, Conditions on Extraction Domains）。我们来看一下这两句，它们的陈述形式分别为 They disappeared without greeting Bill 与 Reading this book would be fun。

33a. ?? Who did they disappear without greeting?

33b. [$_{CP}$ who did [$_{IP}$ they [$_{VP}$ disappear [$_{PP}$ without [$_{IP}$ PRO I t$_{who}$' [$_{VP}$ greeting t$_{who}$…

34a. ?? This is the book which reading would be fun.

34b. ?? … [$_{CP}$ which [$_{IP}$ [$_{CP}$ t$_{which}$" [$_{IP}$ PRO [$_{VP}$ t$_{which}$' [$_{VP}$ reading t$_{which}$…

（33）的 wh-短语是从 PP 附接语中提取出来的，（34）牵涉着提取小句的主语到小句的［Spec, CP］位置。两个句子牵涉着同样程度的偏差，即两个语阻。（33）中的两个语阻为 PP 和直接统制它的 IP，PP 是非 L-标记的，IP 则从 PP 那里继承了语阻。（34）中的两个语阻为关系小句 CP 和直接统制它的 IP，CP 是非 L-标记的，从而是一个固有语阻，IP 则从 CP 那里继承了语阻。

11.2.4 中心语移位限制（Head Movement Constraint）

前面讨论的语阻系统内的移位都是最大投射移位的情况，尤其是 wh-短语移位。现在我们来看一下 X^0 范畴移位的情况。

先比较两个句子：

35a. How tall will Bill be?

35b. [$_{CP}$ how tall [$_{C'}$ will [$_{IP}$ Bill [$_{I'}$ t$_{will}$ [$_{VP}$ be … t$_{how\ tall}$…

36a. How tall is Bill?

36b. $[_{CP}$ how tall $[_{C'}$ is $[_{IP}$ Bill $[_{I'}$ t_{is} $[_{VP}$ $t_{be}\cdots t_{how\ tall}\cdots$

37a. *How tall be Bill will?

37b. *$[_{CP}$ how tall $[_{C'}$ be $[_{IP}$ Bill $[_{I'}$will $[_{VP}$ $t_{be}\cdots t_{how\ tall}\cdots$

（35）牵涉到 I-提升，（36）牵涉到 V-提升。（37）则表明了动词不能从 VP 内部直接提升到 C。如（36）所示，提升动词到 C 必须经过 I。在第五章（§5.7.2），我们谈到助动词移到 C 是为了支撑屈折变化，然而（37）却不是这种情况，它的 I 包含着一个情态，所以屈折变化不需要动词 be 去支撑。似乎没有什么理由禁止动词移动到 C 位置。（37）说明了动词在移往 C 的过程中要经过 I 是出于某种限制，如 I 的元素需要支撑等。

这种限制称为 HMC（中心语移位限制，Head Movement Constraint）。其表述方式有多种，我们这里采用乔姆斯基（Chomsky，1986b）的定义：

X^0 范畴 α 的移位限制在 β 位置：

1）β 为中心语；

2）β 管辖 α 的最大投射。

管辖动词最大投射（VP）的中心语范畴为 I，管辖 I 的最大投射 IP 的中心语范畴位 C。根据 HMC，动词的移位限制在 I。如果动词直接移到 C，不经过 I，就会破坏 HMC。所以，（35）中的情态成分（I）移到 C，以及（36）中的动词先移到 I，再移到 C 都符合 HMC，然而，（37）中的动词直接移到 C 就不符合 HMC。用一般的术语说，那就是中心语的移位限制在它上方的最近的中心语，越过介入的中心语范畴会导致 HMC 的破坏。下面我们看一下如何用语阻理论来解释中心与移位限制。

先看（37），VP 是一个语阻，如要避开这一语阻，我们只能通过附接；同时，SPH（结构维系假说，§5.1.3）要求最大投射只能附接到最大投射上，而中心语也只能附接到中心语范畴上。这样看来，（37）中的动词，作为中心语范畴，就不能附接到 VP 来避开这一语阻。因此，动词在移向 C 的过程中只能越过 VP（注意：动词移向 C 还要越过 IP，IP 通过继承 VP 的语阻，也成为一个语阻）。这样一来，（37）就牵涉两个语阻，因此被排除了。

然而，我们看到，同样是语阻，（36）中的 VP 就没有阻碍动词向 I 的移位。这似乎说明，当动词仅仅移向 I 而不是越过 I，VP 的语阻就会通过某种途径消除。

为进一步解释（36）和（37）的这种差异，语阻系统又设想 I θ-标记，从

而 θ-管辖其补语 VP。这一设想的结果是 VP 受到 L-标记，因此不再是语阻，这样一来动词移向 I 变得合法。但事情不可能就这么简单，因为这种解释的结果是（37）的动词直接移向 C 也变得合法，因此我们必须补充一些东西，那就是，当动词仅仅移向 I 时，VP 的语阻会因此而消除，而如果动词越过 I 直接移向 C，该语阻就会保持。这一结果我们可以通过修订 L-标记的定义来取得，我们将 L-标记范畴限制在词汇范畴，如下：

如果 α 是一个 θ-管辖 β 的词汇范畴，α L-标记 β.

原则上讲，作为一个非词汇范畴，I 是一个非-L-标记的范畴。因此，即使 I θ-管辖其补语 VP，但并不 L-标记 VP，但当动词移向 I，I 就取得了词汇范畴的地位。这就意味着，当（36）中的动词移向 I 的时候，VP 就不再是语阻，因为它受到词汇范畴化了的 $[_I [V] I]$ 管辖。（37）的情况不同，（37）的 I 为一个情态动词，而不是一个词汇范畴。因此，VP 仍然是一个语阻并将其语阻传递给 IP，因此它有两个语阻。

11.3 相关最小限度条件（Relativised Minimality）

这一节我们再讨论一下统一（先行语-）管辖与约束的可能性。我们讨论 Rizzi（1990）提出的方案，称为相关最小限度（Relativised Minimality）。这种方案揭示了（先行语-）管辖与约束之间存在着相当程度的平行性。

Rizzi 起初发现从 wh-岛提取附接语、超级提升以及 HMC 的破坏之间有着相似之处。如下：

38a. *How do you wonder why John fixed the car?

38b. *$[_{CP}$ how $[_{C'}$ do $[_{IP}$ you $[_{I'}$ wonder $[_{CP}$ why $[_{IP}$ John fixed the car $t_{how} \cdots$

39a. *John seems it is likely to solve the problem.

39b. *$[_{IP}$ John seems $[_{IP}$ it is likely $[$

t_{John} to solve the problem $\cdots$

40a. *How tall be John will?

40b. *$[_{CP}$ how tall $[_{C'}$ be $[_{IP}$ John $[_{I'}$ will $[_{VP}$ $t_{be} \cdots$ $t_{how\ tall}] \cdots$

在每一例中，都有一个同先行语同类的范畴处在先行语和它的语迹之间。在（38）中，wh-短语 why 处在移位的附接 wh-短语 how 和它的语迹之间。在（39）中，DP it 处在移位的 DP *John* 和它的语迹之间。在（40）中，X^0 范畴 will 处在移位的 X^0 范畴 be 和它的语迹之间。

事实上，一个介入范畴干涉先行语和它的语迹之间的关系表明了最小限度效应。先行语不能先行语管辖它的语迹是因为有一个同类的（潜在的）"先行语"介入到两者之间。注意："同类"一词极其关键，看下面两个例子：

41a. How did you think (that) John fixed the car?

41b. $[_{CP}$ how did $[_{IP}$ you think $[_{CP}$ (that) $[_{IP}$ John fixed the car $\cdots t_{how}\cdots$

42a. Will John fix the car?

42b. $[_{CP}$ $[_{C'}$ will $[_{IP}$ John $[_{I'}$ t_{will} $[_{VP}$ fix the car$\cdots$

（41）中的两个主语介入到 wh-短语和它的语迹之间却没有阻碍了先行语-管辖，这是因为两个主语和先行语不是同一类型。主语是 A-指定语（A-specifier，即它们占据了 A-位置的［Spec, IP］），而 wh-短语是 A'-指定语（占据［Spec, CP］位置）。（42）中的主语也没有阻碍先行语-管辖，因为该主语与移位的 X^0 范畴也不是同类，移位的 X^0 范畴是中心语，而主语是一个 XP-指定语。

既然先行语-语迹的关系对先行语和介入范畴的特性敏感，因此，Rizzi 认为管辖所要求的最小限度条件一定是相关的（relativised），而不是 §3.1 的呆板的（rigid）版本，如下所示：

在结构 $[_{XP}\cdots X \cdots [_{YP}\cdots Y \cdots ZP]\cdots]$ 中，X 不管辖 ZP。

说它呆板是因为它没有区分出哪些可以成为最小管辖语的介入范畴，因此我们需要的最小限度必须是相对的，准确地说，只有和先行语同类的范畴可以成为先行语语迹的最小管辖语。这一条件又分三种情况（Chomsky, 1995b: 81-82）：

a. 如果 α 是中心语，γ 也是中心语。

b. 如果 α 是一个 A-位置，γ 则是一个 A-位置的指示语。

c. 如果 α 是一个 A'-位置，γ 则是一个 A'-位置的指示语。

因此，我们将先行语-管辖的定义修正为：

当且仅当 α 与 β 同标，α c-指令 β，α 与 β 之间没有语阻①间隔，且遵循相关最小限度条件，这时，α 先行语-管辖 β。

现在我们回头看（38）（39）和（41）。（38）中的 wh-语迹无法受到其先行语 how 的管辖，这是因为 wh-短语 why 的阻碍，其原因在于 why 与 wh-语迹

---

① 语阻（或译语障，barrier）的概念，后面会出现。这里理解为标句语 that 使得 C' 成为一个语阻。

的先行语 how 为同一类型，即同为 A'-指示语。同样的道理，（39）中的 DP-语
迹无法受到其先行语 John 的管辖是受到 A-指示语 it 的阻碍；（41）合乎语法，
这是因为其中的 wh-语迹与其先行语 how 之间没有 A'-指示语阻隔。

11.4 本章简评

乔姆斯基将各种移位归结为移位 α，表面似乎是让各种成分随意移位，而
实际上并非如此，管约论的基本理念是"不问过程，只管结果"——对转换结
果加以规范。这样一来，不合法的移位自然就被淘汰掉了。本章可以说是一路
探索，最终找到了一个语阻。语阻的最大意义是它以移位 α 的结果而不是过程
为检验对象，与移位 α 的精神达到了高度的契合。但是，语阻理论的建立对生
成语法来说远非终点，生成语法还需要不断自我更新，在不断的发展过程中完
善自己。

12 中心语参数（Head Parameter）

到目前为止，我们的讨论几乎都局限于英语和汉语。接下来几章，我们将分别介绍几种比较有代表性的语言，在生成语法的框架内研究其特点。

我们在前面看到了多种参数，如用来解释不用语言语序的中心语参数或方向参数（head（or directionality）parameter），解释语言中的移位差异问题的邻接参数（subjacency parameter）以及 wh-移位参数（wh-movement parameter）等。原则和参数统称为 UG（普遍语法，Universal Grammar）。说语言间存在参数不同，是承认语言的差异，但这种差异并不是任意的，而是有一定的限制，所以我们还要找出这种差异的性质，看它如何与 UG 的原则系统相联系。

我们在本书中列出几种参数，这并不是说我们所涉及的参数能囊括世界上的所有语言。我们只是用这几种参数来略述几种比较有代表性的语言的特点，向大家展示不同语言之间的差异，并且与大家一起尝试用原则参数来解释语言差异。要知道，汉语和英语间存在不少差异，有了前面的理论，再借鉴其他语言的参数研究经验，我们就可以进一步解释汉语，向语言共性再迈进一步。

我们首先看语言发展史上与英语关系最密切的德语。

单就其语序来看，德语是一门很值得研究的语言。学过德语的人都知道，德语拥有两套语序，嵌套小句中为严格的 OV（Object Verb）语序，而在根句中却表现出"动词位二"现象。我们首先看德语的嵌套小句。

12.1 OV 语序（Object Verb）

德语的嵌套小句的语序表现出严格的 OV 特点，我们可以从下面的句子看出（Radford, et al, 1999: 349）：

1a. Ich weiss, dass der Adrian das Buch gelesen hat.
    I   know,   that the Adrian the book read has

"I know that Adrian has read the book."

1b. Ich weiss, dass der Adrian $[_{I'}$ $[_{VP}$ $[_{DP}$ das Buch $[_V$ gelesen $[_I$ hat]]]]]

而与（1）相对应的英语小句语序则如下：

2a. I know that Adrian has read the book.

2b. I know that Adrian $[_{I'}$ $[_I$ has] $[_{VP}$ $[_V$ bought $[_{DP}$ the ball]]]]

Chomsky（1986a）建议两者的差别用下面的参数来解释：

中心语参数：i) 中心语在前；ii) 中心语在后

中心语参数有两个值：中心语在前和中心语在后，第一个值产出了英语的语序，第二个值产出了德语的语序。

我们可能会说，一种语言既然选择了一个中心语参数值，所有的中心语范畴都应该向同一方向选择其补语。这两种语言的功能范畴 I 的确是这样的。英语的中心语向右选择其补语，VP 处在 I 的右侧；德语的中心语向左选择其补语，VP 在 I 的左侧。然而，并不是所有德语的中心语范畴都向同一方向选择它们补语，它的标句语 dass 同 IP 的语序和英语相同：$[_{CP}$ $[_{C'}$ dass $[IP]$]]。这又说明德语中 C 向右选择 IP。如下例所示：

3. $[_{CP}$ $[_{C'}$ dass $[_{IP}$ der Adrian das Buch gelesen hat]]

因此，我们可将（1）用树形图表示如下（Radford, et al., 1999：349）：

4.

根据韦伯胡特（Webelhuth, 1989）的观察，德语中还有其他范畴也向右选择补语，多见于名词、形容词、介词（Gen 表示属格）：

5a. die   Zerstörung   der   Stadt

   the   destruction   the   city（Gen）

5b. $[_{DP}$ $[_{D'}$ die $[_{NP}$ $[_N$ Zerstörung] $[_{DP}$ der Stadt]]]]

6a. stolz   auf   Maria

proud   of   Mary

6b. $[_{AP} [_{A'} \text{stolz}] [_{DP} \text{auf Maria}]]$

7a. mit   einem   Hammer

with   a   hammer

7b. $[_{PP} [_{P'} \text{mit}] [_{DP} \text{einem Hammer}]]$

德语似乎有一种混合的语序，不像英语总是中心语在前。事实上，德语表明了同一语言的范畴也可能选择不同的中心语参数值，这似乎支持参数与个体范畴相联系的观点，个体范畴的差别在于其是否选择补语、是否向所选择的补语指派格。另外，个体范畴在选择补语的方向上也有所差异。如果事实是这样，那么这似乎和我们前面对汉语的假设相吻合。

12.2 动词位二（Verb Second）

德语的另一个特点是动词位二现象。动词位二现象通常与欧洲大陆日耳曼语联系在一起。在这些语言中，定式动词（finite verb）要求处在"第二位置"，紧接第一个成分之后。在某些语言（如德语）中，这种现象只限于根句，而在其他的语言（如意第绪语及冰岛语）中，这种现象不仅见于根句，嵌套小句也是如此。英语并非动词位二的语言，但它又是被称作是"动词位二残余的语言"，因为在某些语境中仍然有动词位二的限制。

我们刚才看到，德语嵌套小句的非标记顺序（unmarked order）是动词跟在它的补语之后，而定式助词跟在非定式主动词之后，如（4）所示。可是，下面（8a）中的语序似乎无法用上面的方法进行解释（Radford, et al., 1999: 350）：

8a. Das Buch   hat   der   Adrian   gelesen.

the   book   has   the   Adrian   read

"The book, Adrian has read."

8b. *Das Buch der Adrian   hat   gelesen.

the book the Adrian   has   read

9a. er   Adrian hat   das Buch   gelesen.

the   Adrian has   the book   read

"Adrian has read the book."

9b. *Der Adrian das Buch   hat   gelesen.

　　the　Adrian　the　book　　has　　read

　　（8b）则表明嵌套小句的 OV 语序不适用于这一例子。（9a）中动词与宾语的语序与嵌套小句的相一致，但助动词与主动词的顺序与嵌套小句的不一致，（9b）则进一步表明了［［VP］Aux］的顺序不适用。

　　那么这里可以看到，德语中的根句语序和嵌套小句的语序很不一样，我们该如何解释这一现象呢？我们前面得出的结论是德语的语序为［OV］和［VP I］，我们应该坚持这一结论还是抛弃这一结论呢？

　　重新观察（8a）和（9a），我们发现，（8a）和（9a）的定式动词都是跟在句子的第一个成分之后，这种语序被称为"动词位二制约"（Verb Second (V2) Constraint）。我们还可以通过其他例子获得支持①。

10a. Gestern　hat　der　Adrian　das　Buch　gelesen.

　　　yesterday　has　the　Adrian　the　book　bought

10b. *Gestern　der　Adrian　das　Buch　kaufte.

　　　yesterday　the　Adrian　the　book　bought

11a. Im　Park　　hat　der　Adrian　das　Buch　gelesen.

　　　in　park　　has　the　Adrian　the　book　read

11b. *Im Park der Adrian das Buch gelesen hat.

11c. *Im Park der Adrian hat das Buch gelesen.

　　那么为什么德语的根句要求"动词位二"呢？我们尝试做出如下解释。

　　（10）和（11）中的定式动词都在主语之前，而不是在它的典范位置［Spec, IP］，这表明定式动词所占据的"第二位置"一定是在 IP 之前的域内。鉴于定式动词是一个中心语范畴，那么根据结构维系假说（§5.1.3），这一位置一定是 C，IP 前面的唯一中心语位置。另外，第一位置的范畴是一个最大投射则表明第一位置是［Spec, CP］，C 前面的域内的唯一位置。因此，我们猜测，定式动词从它的典范位置（VP 内）穿过 I 移到了 C。仅仅如此尚不能解释 V 与其补语的语序，以及 I 与其补语的语序。在根句的推导中，V 与 I 分别通过 V-提升及 I-提升离开了原来的位置。这样一来，（8a）中的动词并非跟在宾语之后，这似乎与前面得出"嵌套小句的动词跟在其补语之后"这一结论并不相悖。同样的道理，（9a）中的助动词没有跟在主动词之后也与前面的结论"嵌套

---

①　有关"动词位二"，我们还可以讨论一下德语中的可分动词的分和情况，可分动词在根句中要分开，而在嵌套小句中则不能分开。但遗憾的是，笔者尚未发现这方面的资料。

小句中 I 跟在其补语 VP 之后"不相悖。

根据这一分析，（12a）的结构与推导过程如（12b&c）所示：

12a. Das Buch hat der Adrian gelesen.

the book has the Adrian bought

"Adrian has bought the book."

12b. DS：[$_{IP}$ der Adrian [$_{I'}$ [$_{VP}$ [$_{DP}$ das Buch] [$_V$ gelesen]] [$_I$ hat]]]

12c. SS：[$_{CP}$ das Buch [$_{C'}$ hat [$_{IP}$ der Adrian [$_{I'}$ [$_{VP}$ [$_{DP}$ t$_{das\ Buch}$] [$_V$ ge-lesen]] [$_I$ t$_{hat}$]]]]]

我们看到，（12a）的深层结构（12b）与前面嵌套小句的结构一致：V 位于其直接宾语的右侧，I 位于其补语 VP 的右侧，而 C 位于其补语 IP 的左侧。在（12c）中，位于 [Spec, CP] 的 XP，即第一位置的成分来自动词的直接宾语。该成分由其典范位置，经话题化（§5.1.2）移向了 [Spec, CP] 位置。我们已经知道，英语的话题化是一个附接移位，德语则与之不同，它的话题化是一个替代移位。

那么为什么德语的根句要求动词位二（V2），而嵌套小句则没有这一要求呢？这一问题的回答还得基于假设"第二位置为 C"。嵌套小句的 C 位置为标句语所填充，动词无法再移向这一位置（den Besten, 1983）。这一点，我们可以通过含有一类所谓"桥动词"（bridge verb）的补语小句来说明。在含有桥动词的补语小句中，标句语就会丢失，这时，嵌套小句中也会产生 V2 现象。这可以从例句（13）和（14）中看到（Vikner, 1990）：

13a. Er sagt, dass die Kinder diesen Film gesehen Haben.

he says that the children this film seen have

"He says that the children have seen this film."

13b. … [$_{CP}$ dass [$_{IP}$ die Kinder [$_{VP}$ [$_{DP}$ diesen Film [$_V$ gesehen]] [$_I$ haben]]]

14a. Er sagt diesen Film Haben die kinder gesehen.

he says this film have the children seen

"He says that the children have seen this film."

14b. [$_{CP}$ diesen Film [$_{C'}$ haben [$_{IP}$ die Kinder [$_{VP}$ [$_{DP}$ t$_{diesen\ Film}$ [$_V$ gese-hen]] [$_I$ t$_{haben}$]]]

关于 V2 语言，我们仍然有一个问题需要回答，那就是为什么根句中定式动词一定要移向 C？对于这一问题的回答同样能够有效地解释 V2 语言与非 V2 语言之间的参数差异。关于这一问题存在各种假设（如 Koopman，1984；Travis，1984；Holmberg，1986；Platzack，1986；Rizzi，1990）。在（§7.4）中，在解释"汉语中的名词短语结构和小句的结构不对称"问题时，我们使用了格的指派方向参数。我们认为，德语的参数差异与定式 I 的格指派方向有关。在 V2 语言中，定式 I 通过管辖向左指派格，而不是通过指定语-中心语一致。这样一来，定式 I 必须位于主语左侧，从而导致定式 I 移向 C。那么为什么动词也要移向 C 呢？这是因为定式 I 独自无法指派主格，它只能依赖动词的支持，因此动词也会随定式 I 一起移到 C。德语选择补语的方向也可以用格指派方向参数来解释。德语动词向左选择其宾语 DP，这是因为它向左指派格。C 却必须位于 IP 的右侧，因为根据格指派的邻接条件，如果 C 位于 IP 右侧，那么定式 I 移向 C 就不能与主语邻接，也就无法指派主格。

以上问题得到了解释，新的问题又出现了。德语中含有某些动词的补语小句允许 V2，但这种情况必须是该句的 C 节点没有被标句语所填充。然而，日耳曼语族的某些 V2 语言，其嵌套小句虽然存在标句语，仍然允许动词位二。意第绪语与冰岛语便是这样的两种语言。如下面例子所示（Vikner，1990）：

15a.　*…az　dos　yingl　oyfn　　veg　vet　zen　a　kats.
　　　　…that　the　boy　　on–the　way　will　see　a　car

15b.　…az　dos　yingl　vet　oyfn　　　veg　zen　a　kats.
　　　　…that the　boy　　will　on–the　way　see　a　car

16a.　*…ad　Helgi　alderi　hevur　hitt　Mariu.
　　　　…that　Helga　never　has　　met　maria

16b.　…ad　　Helgi　hevur　alderi　hitt　Mariu.
　　　　…that　Helga　has　　never　met　maria

意第绪语和冰岛语不同于德语，它们的语序分别为［VO］和［I VP］。这里通过添加状语"on the way"与"never"，我们看到，虽然有标句语存在，小句仍然呈现动词位二的制约。

关于这一现象，文献中多有解释（Diesing，1990；Santorini，1990；Rögnvaldsson & Thráinsson，1990），基于两个假定：第一，根句、嵌套小句的第二位置应为定式 I，而不是 C；第二，［Spec，IP］是一个 A'-位置，被话题化范畴所占据。根据这一假说，（15b）与（16b）的表征式如下所示：

17a. ···az dos yingl vet oyfn   veg zen a kats.

···that the boy   will on-the way see a car

17b. ··· $[_{CP}$ az $[_{IP}$ dos yingl $[_{I'}$ vet $[_{ADV}$ oyfn veg$]$ $[_{VP}$ t$_{vet}$ $[_{VP}$ zen a kats ···

18a. ···ad Helgi hevur alderi hitt Mariu.

···that Helga has   never met Maria

18b. ··· $[_{CP}$ ad $[_{IP}$ Helgi $[_{I'}$ hevur $[_{ADV}$ aldrei$]$ $[_{VP}$ t$_{hevur}$ $[_{VP}$ hitt Mariu···

（17）和（18）的第一位置为句子的主语，似乎还不足以说明问题，我们下面看一下当第一位置不是句子的主语的时候，这一假说是否适用。下面（19）和（20）中的第一位置的范畴不是句子的主语。

19a. ···az morgn   vet dos yingl oyfn   veg zen a kats.

···that tomorrow will the boy   on-the way see a car

19b. ··· $[_{CP}$ az $[_{IP}$ morgn $[_{I'}$ vet $[_{VP}$ dos yingl $[_{ADV}$ oyfn veg$]$ $[_{V'}$ t$_{vet}$ $[_{VP}$ zen a kats ···

20a. ···ad Mariu Helgi hevur alderi hitt.

···that Maria Helga has   never met

20b. ··· $[_{CP}$ ad $[_{IP}$ Mariu $[_{I'}$ hevur $[_{VP}$ Helgi $[_{ADV}$ aldrei$]$ $[_{V'}$ t$_{hevur}$ $[_{VP}$ hitt t$_{Mariu}$···

在（19）中，［Spec, IP］（第一位置）为副词 morgn "明天" 占据，而在（20）中，［Spec, IP］为动词的宾语所占据。两句的主语都位于［Spec, VP］，即主语在 DS 层面的位置（§8.2），谓语副词左向附接于 V'。

意第绪语和冰岛语的嵌套小句中即使存在标句语也要求 V2。可以看出，"第二位置为定式 I" 的假说能够很好地解释这一现象，至于这一假说如何解释德语中 V2 不能与标句语同现的问题，我们这里不再做进一步讨论。

在研究 V2 现象时我们看到：定式动词总是要移向第二位置；"第一位置" 总是为一个话题化范畴所填充。我们禁不住问：那么这两者哪一个把另一个拉到了 IP 之前？其实，这一问题的答案我们可以从英语中找到。

英语显然不是德语或其他日耳曼语那样严格的 V2 语言，但英语却被认为是 "残余的 V2 语言"（Rizzi, 1991），因为英语的 wh-疑问句中也呈现 V2 效应。在根句中的 wh-短语移向［Spec, CP］，总是引发定式助词向 C 节点移位（Aux-

提升)①（§5.7.2）。我们看下面的例句：

21a. Why has John left suddenly?

21b. $[_{CP}$ why $[_{C'}$ has $[_{IP}$ John $[_{I'}$ t_{has} $[_{VP}$ t_{have} $[_{VP}$ left suddenly··· t_{why} ···

在英语中不仅 wh-疑问句有 V2 现象，在否定成分话题化时也呈现 V2 效应。比如：

22a. Never have I seenanything like that.

22b. $[_{CP}$ Never $[_{C'}$ have $[_{IP}$ I $[_{I'}$ t_{have} $[_{VP}$ t_{have} $[_{VP}$ seen anything like that···

有趣的是，英语中否定成分话题化时呈现 V2 效应不仅见于根句，在有标句语的嵌套小句中也能见到，如例句（23）（Culicover, 1992）：

23a. The committee resolved that under no circumstances would John be allowed to continue in his work.

23b. ··· $[_{CP}$ under no circumstances $[_{C'}$ would $[_{IP}$ John $[_{I'}$ t_{would} $[_{VP}$ be allowed···

可见，V2 效应是由算子出现在［Spec, CP］位置所引发，该算子可以是 wh-短语也可以是否定短语，但不是非否定短语。有趣的是，为什么英语中非否定短语的话题化不会引发 V2 效应？这可以解释为非否定短语话题化时左附接到 IP 而不是替代移位到［Spec, CP］位置。那么，为什么非否定短语话题化时不移向［Spec, CP］位置？这一点可以从非否定短语话题化移向 IP 与移向 CP 的差别中看出。

24a. With no score would the students be satisfied.

24b. $[_{CP}$ with no score $[_{C'}$ would $[_{IP}$ the students $[_{I'}$ t_{would} $[_{VP}$ be satisfied···

25a. With no score, the students would be satisfied.

25b. $[_{IP}$ with no score $[_{IP}$ the students $[_{I'}$ would $[_{VP}$ be satisfied···

（24）为否定成分话题化，而（25）为状语的话题化，两者的意思差别也很明显，（24）表达的是"there is no score that would make the students feel satisfied"，而（25）表达的是"the students would feel satisfied if there was no score"。

12.3 本章简评

德语的语序特点为汉语研究提供了很多对比性的材料。两种语言都拥有混合

---

① 注意：Aux-提升是一种根句现象。

型语序，但许多参数设置却又恰恰相反：德语动词居尾，汉语动词居首；德语中C向右选择 IP，汉语动词向左选择；德语名词、形容词、介词都向右选择补语，而汉语则向右。因此，我们研究德语的经验对研究汉语也具有极大的参考价值。

13 代词脱落语中的 pro

(*pro* in pro-drop Languages)

13.1 零主语 (Null Subjects)

我们在前面谈到，汉语是一种允许代词脱落 (pro-drop) 的语言。其实，汉语不是典型的代词脱落型语言，典型的代词脱落型语言是屈折语言，如俄语、意大利语等。

13.1.1 代词脱落 (pro-drop)

比较两个俄语的句子：

1a. Он позвонил.

    he   (has) telephoned

1b. [IP Он I [VP позвонил …

2a. Позвонил.

(has) telephoned

2b. [IP e I [VP позвонил …

在俄语的定式句中，代名语主语可以不出现。比如 (2)。俄语允许主语代词脱落 (drop)，所以它被称为代词脱落型语言。嵌套小句也是如此：

3a. Кирилл сказал что он позвонил.

    Kirill   has. said that   he   has. phoned

3b. [IP Кирилл I [VP сказал [CP что [IP Он I [VP позвонил …

4a. Кирилл сказал что позвонил.

4b. [IP Кирилл I [VP сказал [CP что [IP e I [VP позвонил …

俄语的这一特点在英语中是没有的，英语的定式句必须有一个显性的主语 (EPP)。所以，英语不是一种代词脱落的语言，比如下面的 (5) 被 EPP 排除了。

5a. *(He) has phoned.

5b. John said that *(he) has phoned.

俄语的这种在定式句中允许主语代词"脱落"的特点该如何解释呢？一开始人们对这个问题的回答很直接：俄语允许主语代词"脱落"是因为其省略内容可以从动词的 Agr 语素恢复，因为俄语拥有丰富的屈折 Agr 语素变化，如下所示，不同的介词对应的动词形式都因人称和数的特征不同而不同：

Singular   Plural

6a.（я）ем   '（我）吃'   6d.（мы）едим '（我们）吃'

6b.（ты）ешь '（你）吃'   6e.（вы）едите '（你们）吃'

6c.（он/она）есть'（他/她）吃' 6f.（они）едят '（他/她/它们）吃'

俄语的 Agr 范畴具有丰富的一致特征，通过这些可以辨别的一致特征，其主语代词可以很容易地体现出来；相比之下，英语的 Agr 范畴则相当贫乏，主语代词如果脱落则无法恢复其特征内容。因此，俄语是一种代词脱落语言而英语不是，代词脱落现象只发生在某些语言中，这些语言的脱落代词的特征内容可以从它们的 Agr 中得到恢复。①

了解了这些，现在我们回头去看与 EPP 相关的一些问题。里兹（Rizzi, 1982）认为，主语代词脱落的句子虽然表面上没有主语，实际上是有主语的，只是主语通过空范畴来实现。那么这个空范畴是什么呢？前面（§9.1）我们讨论了多种空范畴的特征赋值，如 DP-语迹的特征赋值为 [+a, -p]，变量语迹的特征赋值为 [-a, -p]，PRO 的特征赋值则为 [+a, +p]。前两个显然不是代词脱落的空范畴，因为它们的语迹特征是移位造成的，而目前我们看到的代词脱落都没有牵涉到移位。PRO 也需要排除，因为定式句的主语位置是一个受管辖的位置，而 PRO 不受管辖（PRO 定理）。因此，定式句主语位置的空范畴一定是一个新成员。

我们在前面（§9.1）已经指出，从逻辑上讲，空范畴中应该有一类 [-a, +p] 的逻辑组合，或者说，一类纯粹的代名语范畴，与显性的代词相对应。代词脱落的句子中"丢失的"主语显然是一个纯粹的代名语，在代词脱落的句子

---

① 这种分析属于"还原说"（recoverability hypothesis），这一观点认为动词形态变化的丰富程度与代词脱落有关，但这不是绝对的，因为汉语、日语这些没有曲折变化的语言也允许有代词脱落（详见温宾利，2002：183）。

中有主语的功能。这个纯粹代名语的空范畴我们用 pro（读作小 pro）来表示，和 PRO 一样，我们也称它零主语。因此，（2）和（4）可以精确地表示为：

7a. Позвонил.

7b. [IP pro I [VP позвонил …

8a. Кирилл сказал что позвонил.

8b. [IP Кирилл I [VP сказал [CP что [IP pro I [VP позвонил …

那么我们再来看一下代词脱落和零主语出现的条件。我们刚才讨论了对 Agr 范畴的要求，即为其条件，既要求 Agr 范畴具有丰富的一致特征，通过这些可以辨别的一致特征，其主语代词可以很容易地体现出来，陈述如下：

    pro 允准条件：pro 由与它同标的显性（丰富）Agr 范畴所允准。

英语的 Agr 范畴在很大程度上是抽象的，不能允准 pro，所以在英语的定式句中不允许零主语。

13.1.2 自由主语倒置（Free Inversion）

里兹（Rizzi，1981）认为，零主语现象的出现不是孤立的，而是属于一连串相关的语言特征。这些特征除了代词脱落之外还有自由主语倒置（Free Inversion）、THAT-语迹效应（THAT-trace effect）、零虚位语（null expletives）等。这一节我们讨论自由主语倒置。

下面的例子（9）和（10）分别来自俄语和意大利语，它们的语序是自由的，而英语则不允许相应的语序：

9a. Позвонил   Кирилл.

   (has) telephoned   Kirill

9b. Скажишь   чтопозвонил   Кирилл.

   (have) said-2S   that telephoned   Kirill.

10a. Ha telefonato Gianni.

    has telephoned Gianni

10b. Hai   detto che ha telefonato Gianni.

    have-2S said   that has telephoned Gianni

这样看来，代词脱落和自由主语倒置应该是相关的，一种允许定式句中有零主语的语言就允许自由主语倒置。这是为什么呢？

里兹（Rizzi，1982）联系零主语现象来对意大利语的自由主语倒置的现象作了分析，如下（FI 指的是自由主语倒置）：

11a. Ha telefonato Gianni.

11b. DS：$[_{IP}$ Gianni I $[_{VP}$ ha telephonato …

11c. FI：$[_{IP}$ pro$_i$ I $[_{VP}$ $[_{VP}$ ha telephonato$]$ Gianni$_i$ …

11d. SS：$[_{IP}$ pro$_i$ I $[_{VP}$ $[_{VP}$ ha telephonato$]$ Gianni$_i$ …

如（11b）所示，在 DS 层面，主语处在 [Spec, IP] 位置，即典型的主语位置。通过移位 α，主语附接到 VP 上，如（11c）所示。该移位的着陆点不能 c-指令它初始位置。这样看来，主语位置上的空范畴不可能是它的语迹，因为主语位置的语迹应该被先行语-管辖以满足 ECP 的要求（回想第五章我们讲到主语的语迹只能通过先行语-管辖来满足 ECP，而先行语-管辖要求 c-指令）。那么主语位置的空范畴是什么呢？上一节我们已经看到，这里应该是一个零主语 pro，它是代名语，因此不是 ECP 的对象（ECP 的定义只涉及非代名词的空范畴）。主语的语迹通过满足 ECP 得到允准，而在零主语句中，pro 通过 Agr 范畴提供的丰富信息得到允准。

可见，自由主语倒置的分析依赖于零主语，因此，只有那些允许零主语的语言才允许自由主语倒置。

13.1.3 THAT-语迹效应（THAT-trace Effect）

允许零主语的语言不仅有自由主语倒置，而且还"明显没有 THAT-语迹效应"，THAT 这里理解为英语中的 that 以及其他语言中的对应成分。如（12）所示，在意大利语中，以标句语 THAT 引导的小句中的主语可以提取出来，这在英语中是不允许的，这种提取会导致 That-语迹效应（见 §10.3），最终破坏 ECP。

12a. Chi   haiditto   che   ha telefonato?

　　 who   have-2S said   that   has telephoned

12b. $[_{CP}$ chi hai ditto $[_{CP}$ t$_{chi}$' $[_{C'}$ che $[_{IP}$ t$_{chi}$ ha telefonato …

里兹（Rizzi, 1982）认为意大利语中的 ECP 的破坏是表面的，这种句子有一个（迂回的）推导过程，其生成的 LF 表征式与 ECP 是一致的。如下例所示：

13a. Chi haiditto che ha telefonato?

13b. DS：$[_{IP}$ pro hai ditto $[_{CP}$ che $[_{IP}$ chi I $[_{VP}$ ha telefonato …

13c. FI：$[_{IP}$ pro hai ditto $[_{CP}$ che $[_{IP}$ pro$_i$ I $[_{VP}$ $[_{VP}$ ha telefonato$]$ chi$_i$ …

13d. Wh-mov.：$[_{CP}$ chi$_i$ hai ditto $[_{CP}$ t$_{chi}$' $[_{C'}$ che $[_{IP}$ pro$_i$ I $[_{VP}$ $[_{VP}$ ha telefonato$]$ t$_{chi}$ …

13e. SS：$[_{CP}$ chi$_i$ hai ditto $[_{CP}$ t$_{chi}$' $[_{C'}$ che $[_{IP}$ pro$_i$ I $[_{VP}$ $[_{VP}$ ha telefonato〕t_{chi}…

13f. LF：$[_{CP}$ chi$_i$ hai ditto $[_{CP}$ t_{chi}' $[_{C'}$ e $[_{IP}$ pro$_i$ I $[_{VP}$ $[_{VP}$ ha telefonato]
t_{chi}…

这一推导过程包括两步，第一步如（13c）所示，通过主语倒置，wh-主语附接到 VP 上①，第二步如（13d）所示，通过 wh-移位，倒装的主语从 VP-附接语的位置提到句首。

可以看出，里兹的这一分析在 LF 层面上满足了 ECP。我们使用拉斯尼克、斋藤卫（Lasnik & Saito，1984）的分析来解释一下倒置的主语附接到 VP 的位置：

14a. Chi haiditto che ha telefonato?

14b. SS：γ-marking does not apply as a trace is an adjunct

$[_{CP}$ chi$_i$ hai ditto $[_{CP}$ t_{chi}' $[_{C'}$ che $[_{IP}$ pro$_i$ I $[_{VP}$ $[_{VP}$ ha telefonato] t_{chi}…

14c. LF：*that*-deletion applies followed by γ-marking →[+γ]

$[_{CP}$ chi$_i$ hai ditto $[_{CP}$ t_{chi}' $[_{C'}$ e $[_{IP}$ pro$_i$ I $[_{VP}$ $[_{VP}$ ha telefonato] t_{chi}…

[+γ]

由于初始语迹是一个附接语语迹，虽然它在 SS 层面没有被恰当管辖，但在 SS 层面上附接语迹没有使用 γ-标记，而直到 LF 层面才进行标记（该论述可参看 §11.1.1）。拉斯尼克、斋藤卫认为在 LF 层面上标句语 *that* 对句义解释没有什么意义，因此被删除了（影响 α），这时 C' 不再是先行语、中间语迹，中间语迹、初始语迹之间的语阻。结果，初始语迹得到特征赋值[+γ]，从而满足了 ECP。

与此形成鲜明对比的是：在英语中，由于不允许零主语，主语不能通过附接关系移出小句。这是由于 that 的存在，主语提取后留下的语迹无法满足 ECP。

可见，一种语言之所以没有 THAT-语迹效应，其根本原因在于该语言允许自由主语倒置，自由主语倒置又依赖于该语言的 Agr 能够允准定式句中主语位置上的 pro。由于英语缺少了零主语的现象，因此不允许自由主语倒置，自然也就导致了 THAT-语迹效应。

13.1.4 零虚位语（Null Expletives）

定式句中允许零主语的语言也允许定式句中使用零虚位语（Safir，1985；

---

① 笔者认为此处 wh-主语应该附接到 IP 上而不是 VP 上，详细讨论见庄会彬：《里兹"倒置主语附接于 VP"之献疑》，《外国语文研究》2013 年第 6 辑。

Travis, 1984）。下面的西班牙语例子表明，西班牙语中允许零主语（Jaeggli & Safir, 1989）：

14a. (El) dijo que le parece que Juan mató al perro.

　　　he said that to-him seems that Juan killed the dog

14b. [$_{IP}$ pro dijo [$_{CP}$ que [$_{IP}$ pro le parece [$_{CP}$ que [$_{IP}$ Juan mató al perro…

零主语的语言也允许零虚位主语。因为既然能够通过 Agr 确认语义的零主语 pro，那么也能通过 Agr 确认虚位的零主语 pro。但有意思的是，不仅零主语的语言允许零虚位主语，有些非零主语的语言也允许零虚位主语。比如，德语不是一种零主语的语言，但它允许定式句中存在零虚位主语。（15）一句表明：根句定式句中不允许空语义主语，但嵌套小句定式句中允许零虚位主语（Jaeggli & Safir, 1989）。

15a. *(Er) sagt, dassihm scheint, dass Hans den Hund getötet hat.

　　　he said that him-DAT seemed that Hans the dog killed has

15b. [$_{IP}$ Er sagt [$_{CP}$ dass [$_{IP}$ ihm scheint [$_{CP}$ dass …

概括说来，似乎允许定式句中存在零主语的语言，如意大利语、西班牙语，也允许定式句中存在零虚位主语。然而，允许定式句中存在零虚位主语的语言，如德语，未必允许定式句中存在零主语。

13.2　零宾语（Null Objects）

俄语和意大利语都是定式句的主语与动词的 Agr 范畴显性一致的语言，这称为（显性）主语一致。世界上还有一些语言，不仅具有显性的主语一致，还具有通常所谓的显性宾语一致。后者指的是直接宾语与及物动词之间的一致关系，通常有一个 Agr 语素附接到动词上。齐佩瓦语（Chichewa）① 就是一种这样的语言，如贝克尔（Baker, 1988）提供的例句（16）所示（SP 指的是主语一致前缀，OP 指的是宾语一致前缀，ASP 指的是体标记）：

16a. Mikkango yanu i-na-thamangits-a mbuzi zathu.

　　　lions your SP-PAST-chase-ASP goats our

　　　"You lions chase out goats."

16b. Mikango yanu i-na-zi-thamangits-a mbuzi zathu.

　　　lions your SP-PAST-OP-chase-ASP goats our

---

① 班图语（Bantu）的一支。

"You lions chase out goats. "

宾语一致，也就是存在一个宾语一致性语素，该语素与动词的直接宾语相一致，在齐佩瓦语中实际上是可选择的。（17a）只有一个 Agr 语素，即标注为 SP 的主语—致性语素，而在（17b）中，包括两个明显的 Agr 语素，一个与主语—致（SP），另一个与动词的直接宾语—致（OP）。为了区分这两种一致性语素，我们用 Agr_s 指代主语—致性语素，用 Agr_0 指代宾语一致性语素。对于 Agr_0 的理论地位我们将在 16 章作进一步的讨论。

这里我们讨论宾语一致的主要目的在于引出一个相关的空论元议题，也就是说，凡具有显性/丰富的宾语一致屈折的语言都允许零宾语的存在，该零宾语可以解释为代名语（pronominal）。如齐佩瓦语中的 DP 宾语（例 16b）就能够脱落，如（17a）所示。事实上，这个缺失的宾语可以解释为代名语，在结构上表示为 pro，如（17b）所示。

17a. Mikkango   yanu   i-na-zi-thamangits-a

　　 lions   your   SP-PAST-OP-chase-ASP

17b. $[_{IP}$ Mikkango yanu $[_{VP}$ $[_V$ i-na-zi$_i$-thamangits-a$]$ pro$_i$$]$

缺失的直接宾语被解释为代名语 pro 是有原因的。动词 chase 是个及物动词，从而根据投射原则（Projection Principle）和 θ-标准要求，在结构表征时必须有内论元。在意大利语中允准主语位置的 pro，这一机制在齐佩瓦语中同样也适用于零宾语句的直接宾语位置，比如（17）。其动词的 Agr_0 元素屈折丰富，足以使得直接宾语 pro 的特征得以恢复。

这样看来，俄语、意大利语的零主语和齐佩瓦语的零宾语似乎具有相似的特点，它们的出现都是由同标的（co-indexing）显性 Agr 语素所导致。

俄语、意大利语没有显性的宾语一致。假定零宾语为 pro，那么根据 pro 允准条件，当显性 Agr_0 语素缺省时，它无法得到允准。然而，事实却不是这样。我们不妨看以下两个意大利语的例子（Rizzi, 1986a）：

18a. Questo   conduce   la   gente   a   concludere   quanto   segue.

　　 this   leads   the people to conclude   what   follows

18b. Questo conduce la gente a $[$PRO concludere quanto segue$]$

19a. Questo   conduce   a   concludere   quanto   segue.

　　 this   leads   to conclude   what   follows

19b. Questo conduce $[e]_i$ a $[$PRO$_i$ concludere quanto segue$]$

（18）中的及物动词 conduce "导致" 具有显性的宾语，也就是 la gente "人

们"。然而，（19）显然没有宾语。里兹（Rizzi，1986a）认为（19）中一定包含一个零宾语以解释这里嵌套小句的 PRO 主语以根动词内含的宾语为先行语（控制语）。前面我们已经讲到控制本质上是两个 A-位置之间的关系（见第十章），因此，（19）中必须有一个零宾语。

为了确定（19）中存在零宾语，我们不妨再看一个句子：

20a. La buona musica reconcilia con se stessi.

20b. La buona musica reconcilia [e]ᵢ con se stessiᵢ

（20）中的照应语 se stessi "他们自己" 作为反身代词需要在句中找到一个约束语（binder）以满足 BC A。按照常识，该约束语应该是动词 reconcilia "使和谐" 的宾语，因为主语 la buona musica "好的音乐" 不可能是它的先行语，最简单的理由是，主语这里为单数，而照应语为复数。

通过以上讨论，我们不难看出（19）和（20）两个句子中肯定存在一个零宾语。

我们假定该空范畴为 pro（PRO 是不可能的，因为该空范畴所处的位置是受到管辖的），似乎前面的预言只是部分地实现了：在英语中，显性宾语一致的缺乏导致了零宾语的缺乏。与（19）和（20）对应的英语句子显然被排除了，如下例所示：

21a. *This leads toconclude what follows.

21b. *Good music reconciles with oneself.

然而，这一预言在意大利语中却没有实现，意大利语虽然与英语一样缺乏宾语一致，但仍然允许零宾语。确切地说，根据上面的 pro 允准条件，pro 出现在一个不能得到允准的环境。因此，pro 的允准条件必须修正。修正要顾及一点，那就是意大利语的零宾语的解释较为任意（上面意大利语的零宾语可理解为 "人们"，也可理解为 "某个人"），而不像齐佩瓦语的零宾语有一个特定的解释。这似乎说明，零宾语是否有个特定的解释取决于显性宾语一致是否存在。

pro 的解释机制与 PRO 的解释机制（§9.2）在很大程度上相似。当句子中有先行语时，PRO 有一个特定的解释，当句子中没有先行语时，其解释就是任意的。如下例所示：

22a. John tried to leave.

22b. [IP Johnᵢ tried [CP C [IP PROᵢ to leave …

23a. It is difficult to predict their next move.

23b. [IP it is difficult [CP C [IP PRO to predict their next move…

从齐佩瓦语和意大利语的比较中我们可以得出两条结论。首先，似乎应该区分 pro 形式上的允准机制与 pro 的解释机制。后者可以说是所有（基础生成的）空范畴的解释机制；其次，显性的宾语一致似乎与 pro 的意义相联，而不是与它形式上的允准机制相联，这一点我们可以从意大利语的零宾语句中得出，即使没有显性的宾语一致，pro 也能够得到允准。显性宾语一致的作用只不过在于它能将 pro 的解释限定在特定的所指。

里兹（Rizzi, 1986a）提出一个 pro 理论，该理论将形式上的允准与它的解释做了明确的区分。下面两条就来自该理论：

a. 代词脱落参数：pro 应受到指定 X^0 的管辖

b. 识别惯例：pro 的特征被指定到 X^0 之上，否则，其特征不易辨别

（a）为允准条件，指定的中心语实为有词项特征的中心语，通过管辖允准 pro。将 pro 允准与特定范畴相联系的结果是指定中心语因语言的不同而有所差异。在意大利语中，指定中心语包括定式 I 与 V，因为 pro 既可能出现在定式句主语的位置，也可能出现在部分及物动词的宾语位置。而英语中则没有指定中心语，因为其定式句的主语位置不允许 pro，而任何动词的宾语也不允许。（b）为识别惯例，用来指定 pro 所具有的特定解释的条件。当其掌管允准机制的中心语融合显性的 Agr 语素时，pro 有一个特定的解释，而当句中掌管允准机制的中心语没有融合这样的一个元素时，其解释就是任意的。

根据这一理论，英语中不允许空论元并非由于它缺乏显性的（主语和宾语）一致，而是由于英语缺乏允准 pro 词汇特性的范畴，恰恰是这一词汇特性解释了英语与意大利语及齐佩瓦语之间的参数差异。这也给汉语的代词脱落提供了一个解释，当然，汉语的代词脱落似乎和葡萄牙语更为相似。

据黄正德（Huang, 1984）和拉波索（Raposo, 1986）的考察，葡萄牙语也允许零宾语。如下例所示：①

24a. A Joana viu-o   na televisao ontem e noite.

    the Joana saw-him on television last   the night

24b. $[_{IP}$ A Joana I $[_{VP}$ $[_{V}$ viu$]$ $[_{DP}$ o$]$ $[_{PP}$ na televisao$]$ $[$ontem e noite$]$ …

25a. A Joana viu na televisao ontem e noite.

---

① （24）中的宾语属于附着代词，该内容见下一章。另外，需特别说明：葡萄牙语分布较广，情况不一。本书仅涉及欧洲葡萄牙语。

the Joana saw on television last   the night

25b. [IP A Joana I [VP [V viu] [e] [PP na televisao] [ontem e noite] …

我们看到，（25）与（24）不同，动词 viu "看" 缺少了显性宾语。表面上看来，似乎葡萄牙语与意大利语在这方面相似，然而，葡萄牙语与意大利语在性质上根本不同。

首先，葡萄牙语的零宾语没有任意性的解释，这一点不像意大利语，葡萄牙语被理解为指向篇章语境中的一个个体（或实体），称为零话题（zero-topic）。第二，葡萄牙语的零宾语不能与同一句中的（前置的）wh-短语同现。我们不妨看两个例子（Rizzi, 1986a）：

26. *Para qual d-os filhos   é que a Maria comprou?
      for   which of-her children is that   Maria   brought

27. Quale musica riconcilia con se   stessi?
      which music   reconciles with themselves

葡萄牙语的零宾语不能与 wh-短语同现，这暗示了空范畴的性质。假如说这是一个空算子，那么它不能与 wh-短语同现就不难理解了，因为在 SS 层面只能有一个算子范畴出现在 [Spec, CP] 位置。就像英语中带有空 wh-短语的关系小句一样（§5.2.4.2），同样能表现出一种岛效应。另外，意大利语的零宾语不能与 wh-短语同现则证明了该语言中的零宾语不是空算子。

葡萄牙语的零宾语本质上为空算子，它移向相应的 [Spec, CP] 位置，这一结论得到黄正德（Huang, 1984）、拉波索（Raposo, 1986）所讨论的一些其他现象的支持，如果有兴趣，可以参阅相关资料。

13.3 本章简评

汉语的主语、宾语省略现象广泛存在，但目前的研究一直不能令人满意。这样一来，有些代词脱落语言的研究经验就很值得我们借鉴，例如，俄语、意大利语、西班牙语、葡萄牙语。当然，这些代词脱落语言与汉语有很大不同，但这些语言的研究比较深刻，能够给我们提供一个很好的参照系。黄正德（Huang, 1989）的广义控制范畴理论给我们做了一个很好的榜样，而这方面的研究远远不够，我们还应该将这项研究继续深入下去。

14 VSO 型语言（VSO Languages）

　　VSO 型语言的主语位置通常在定式动词（finite verb）之后。然而 VSO 语言本身也不尽相同，有的 VSO 语言，如威尔士语（凯尔特语族），其定式句不允许 SVO 语序出现；而另一类 VSO 语言，如标准阿拉伯语（闪米特语族），其定式句允许 VSO 语序，也允许 SVO 语序出现。我们这里将讨论两个有关 VSO 语言与 SVO 语言之间参数差异的假说：第一个假说与威尔士语相关，我们称之为 V-提升到 C；第二个假说与标准阿拉伯语相关，我们称之为主语在 VP 内。

14.1　动词提升到 C（Verb-raising to C）

　　（1a&b）为两个威尔士语的例子（Sproat，1985），分别代表两类 VSO 句式。

1a. Gwelodd　Siôn　ddraig.
　　saw　　　Siôn　dragon

1b. Gwnaeth　Siôn　weld　ddraig.
　　did　　　Siôn　see　　dragon

　　（1a&b）虽然在成分结构上有所不同，却很显然是同义句。（1a）结构简单，I 屈折元素出现在主动词之上，（1b）具有一个所谓的迂说法结构（periphrastic structure），主动词不带有屈折，屈折元素出现在助动词之上（相当于英语中 do-支撑）。

　　威尔士语为什么会具有这样的语序呢？根据埃蒙茨（Emonds，1980）的提议，这种 VS（XP）语序是由 V（经过 I）提升到 C 而形成。据此，（1a&b）的推导过程如下：

2a. Gwelodd　Siôn　ddraig.
　　saw　　　Siôn　dragon

2b. $[_{CP}$ e $[_{C'}$ Gwelodd $[_{IP}$ Siôn $[_{I'}$ t$_{Gwelodd}$ $[_{VP}$ ddraig···

3a. Gwnaeth　Siôn　weld　ddraig.

　　did　　　　Siôn　see　　dragon

3b. $[_{CP}$ e $[_{C'}$ Gwnaeth $[_{IP}$ Siôn $[_{I'}$ t$_{Gwnaeth}$ $[_{VP}$ weld ddraig…

（3）中的助动词是来自 VP 经过 I 移到 C，还是直接插入到 I 还是 C（像英语中的 do-支撑），无论哪一种说法，这一提议是成立的。

根据上面的分析，威尔士语的［V S（XP）］语序所生成的过程和 V2 语言的［XP V S（YP）］语序生成过程相同，两者的区别在于 V2 语言的定式动词提升到 C 是由于算子出现在［Spec, CP］的位置而引发的，而对于 VSO 语言的威尔士语来说，动词提升到 C 则与之无关。根据这一分析，VSO 语言从根本上来说是一种 V2 语言，因为它们的定式动词都一成不变地移向 C 节点。

斯普罗特（Sproat, 1985）将这一特征归因于定式 I 的主格指派方向的参数限制。在威尔士语中，定式 I 只能通过管辖向右指派主格。因此，I 只能移到主语左侧的 C 节点位置。而移位定式 I 时，动词也需要同时移位，以"词汇支撑" I，如（2）所示；当 I 得到助动词的支撑时，主动词的支撑就变得没有必要了，如（3）所示。这样一来，VSO 语言与 SVO 语言之间的参数差异就缩小为 I 的指派方向的参数限制。回想我们前面也使用了类似的参数来解释 V2 语言与非 V2 语言之间的差异，这表明 V2 现象与 VSO 现象之间肯定存在相似性。

这种相似性的分析受到威尔士语的两个重要特点的支持。首先，我们知道，威尔士语的定式句不允许 SVO 语序，但是我们看到，当威尔士语的主语话题化时，它就会位于［Spec, CP］位置，这时会有一个小词 a 标志（Jones & Thomas, 1977）。如下例所示：

4. Mair　　a　　　fydd　　yn　aros　am　John.

　　Mair　PRT　will-be　in　wait　for　John

　　"It is Mair who will be waiting for John. "

威尔士语还有一个支持这一分析的特点，那就是其定式句与非定式句的语序存在鲜明的差异。我们看到定式句允许 VSO 语序而不允许 SVO 语序。与此对照的是，其嵌套非定式句允许 SVO 语序。如下例所示：

5a. Dymunai　Wyn　i　Ifor　ddarllen　y　llyfr.

　　wanted　　Wyn　for Ifor　read　　　the book

　　"Wyn wanted for Ifor to read the book. "

5b. $[_{IP}$ dymunai Wyn $[_{CP}$ e $[_{C'}$ i $[_{IP}$ Ifor I $[_{VP}$ ddarllen y llyfr…

根据斯普罗特（Sproat, 1985）的分析，定式句中复杂［［V］I］提升到 C，从而使得I能够通过管辖向右指派给主语主格。而非定式I缺乏指派格的能力，因此无须提升到C。

所以，非定式句的SVO语序进一步证实了前面的分析，即定式句的VSO语序是由于［［V］I］提升到C以向主语指派格而生成。

14.2 主语在VP内（Subject inside VP）

前面已经指出，标准阿拉伯语属于VSO语，但它的定式句中也允许SVO语序的出现。(6a) 和 (6b) 两句在阿拉伯语中的意义相同。

6a. raʔa-a　　l-ʔawlaad-u　　Zayd-an.

　　saw-3S　　the-boys-NOM　　Zayd-ACC

6b. l-ʔawlaad-u　　raʔa-w　　Zayd-an.

　　the-boys-NOM　　saw-3PL　　Zayd-ACC

虽然（6a）与（6b）两句同义，但两者有一点不同，那就是（6a）的主语与动词的Agr$_s$范畴不一致，主语是（阳性）复数，而Agr$_s$为（阳性）单数。然而，在（6b）中，主语与动词的Agr$_s$范畴一致，都是（阳性）复数。从这一差异出发，穆罕默德（Mohammad, 1989）认为（6b）中存在着主语与Agr$_s$在数上的一致，从而主语与I指定语-中心语一致。因此，主语位于［Spec, IP］位置；另外，（6a）缺少主语与Agr$_s$在数上的一致，这表明主语与I并非指定语-中心语一致，因此主语并不位于［Spec, IP］。根据VP内主语假说（§8.2），主语仍然留在它所基础生成的VP之内。根据这一分析，（6a）和（6b）的推导过程如下：

7a. raʔa-a　　l-ʔawlaad-u　　Zayd-an.

　　saw-3S　　the-boys-NOM　　Zayd-ACC

7b. ［$_{IP}$ e ［$_{I'}$ raʔa-a ［$_{VP}$ l-ʔawlaad-u ［$_{V'}$ t$_{raʔa-a}$ Zayd-an…

8a. l-ʔawlaad-u　　raʔa-w　　Zayd-an.

　　the-boys-NOM　　saw-3PL　　Zayd-ACC

8b. ［$_{IP}$ l-ʔawlaad-u ［$_{I'}$ raʔa-a ［$_{VP}$ t$_{l-ʔawlaad-u}$ ［$_{V'}$ t$_{raʔa-a}$ Zayd-an…

(7) 和 (8) 有一个共同的特点，那就是动词移向I，在那里获得定式特征。它们的差别在于主语是留在它在DS层面上的位置还是移向［Spec, IP］。在 (7) 中，主语仍然留在它在DS层面上的位置，所以它在SS层面上所生成的语序是VSO，而在 (8) 中，主语移向［Spec, IP］位置，其结果导致了SS层面上 SVO 的语序。正是因为如此，（7）中的主语与 I 不存在指定语-中心语一致，因此也就不要求数的一致，而（8）中的主语与 I 存在着指定语-中心语一致，两者的数也就需要达成一致。

关于标准阿拉伯语，关键要注意的是它的 I 既可以像（7）那样，向右指派格（通过管辖），又可以像（8）那样，向左指派格（通过指定语-中心语一致）。这一点是标准阿拉伯语区别于其他 VSO 语言的参数差异，也是它区别于严格 SVO 语言的原因所在。

（7）和（8）的分析除了解释标准阿拉伯语的两种基本语序及一致类型之外，还由此引出了两个重要的猜测（Mohammad，1989）。第一，如果 VSO 语序是由于主语无法移向［Spec，IP］而造成的，而不是通过动词提升到 C 所形成，那么在嵌套小句中应该具有 VSO 语序，当然也可能具有 SVO 语序。下面的例句证实了这一猜测：

9a. za'amu-u   ʔanna-hu   raʔa-a   l-ʔawlaad-u   Zayd-an.
claimed-3PL that-it   saw-3S   the-boys-NOM   Zayd-ACC

9b. [$_{IP}$ za'amu-u [$_{CP}$ ʔanna-hu [$_{IP}$ t$_{hu}$ [$_{I'}$ raʔa-a [$_{VP}$ l-ʔawlaad-u [$_{V'}$ t$_{raʔa-a}$ Zayd-an···

10a. za'amu-u   ʔanna   l-ʔawlaad-u   raʔa-w   Zayd-an.
claimed-3PL that   the-boys-NOM   saw-3PL   Zayd-ACC

10b. [$_{IP}$ za'amu-u [$_{CP}$ ʔanna [$_{IP}$ l-ʔawlaad-u [$_{I'}$ raʔa-a [$_{VP}$ t$_{l-ʔawlaad-u}$ [$_{V'}$ t$_{raʔa-a}$ Zayd-an···

第二，根据 EPP，VSO 型的句子一定在［Spec，IP］位置有一个虚位（expletive）主语，而 SVO 型的句子则不会。之所以有这一猜测是因为 VSO 句型中的题元主语没有移到［Spec，IP］位置，而在 SVO 中却移到了［Spec，IP］位置。其相关语境可以从（9）和（10）中看到。在（9）中，嵌套 VSO 小句中有一个附在标句语 anna（相当于英语的 that）之上的虚位元素-hu（相当于英语的 it），而（10）中的嵌套 SVO 小句则不包含虚位元素。

至于（7）这样的 VSO 型根句，其虚位主语以零主语形式实现，更确切地说，是 pro。在前面（12.1.4）我们已经看到，零主语的语言通常具有零虚位主语。标准阿拉伯语是一个零主语的语言，我们可以从（9）和（10）看出，那么它允许零虚位主语也就不足为怪了。

14.3 本章简评

从语言类型学上讲，威尔士语与阿拉伯语归属于同一类型的语言。然而，生成语法的研究对它们做出了不同的划分。之所以将这一章纳入本书之中，我们只是想告诉大家，不要被表面现象左右。透过现象，我们会发现两种类型相似的语言可能来自不同的参数。汉语的类型一直难以确定，从而引起了很多争议，也出现过很多观点，有人说是 SVO，有人坚持 SOV。我们应该停止那些无谓的争执，从汉语的参数着手，或许就能够揭开庐山真面目。

15　融合现象（Incorporation Phenomena）

融合现象（Incorporation Phenomena）多与多式综合语（polysynthetic language）联系在一起，其"特点是动词谓语包含有各种复杂的成分，这些复杂的词的形式往往相当于其他语言的句子。例如，美洲的阿尔贡金语的 akuo-pi-n-am（他从水中拿起它），包含词根 akuo-（拿）、附加成分-（e）pi-（水）、-（e）n-（用手）和-am（它）"（戚雨村，1985：294-295）。

这一章，我们将概述复杂谓语生成的句法框架。这一框架由贝克尔（Baker，1988）提出，称为融合理论（Incorporation theory）。贝克尔认为，复杂谓语在词库中通过移位 α 生成。我们这里只看几个名词融合、动词融合和介词融合的例子。本章选用的摩荷克语（Mohawk）① 是一种典型的融合语言。

15.1　融合理论（Incorporation Theory）

比较下面来自摩荷克语的例子（M 指的是阳性，N 指的是中性，SUF 指的是名词屈折）：

1a. Ka-rakv　　　ne sawatis hrao-nuhs -a?
　　3N-be-white　DET John　　3M-house-SUF

1b. Hrao-nuhs-rakv　　　ne　　　sawwatis
　　3M-house-be-white　DET　　John（Baker，1988：20）

（1a）与（1b）在语义上相同，但名词 nuhs "房屋" 的位置不同。（1a）中的名词位于静态动词-rakv "是白色的" 的补语名词短语之内。而（1b）中的名词 "房屋" 融合到复杂动词中，位于动词与 Agr_0 语素之间。

（1b）中的名词融合到动词的主要结果是宾语一致的改变。在（1a）中，动词带有中性的 Agr_0 语素，与以中性名词 house 为中心语的名词短语 John's

---

① 属伊洛魁语系（Iroquoian）。

house 一致，而在（1b）中，动词带有阳性的 Agr$_o$语素，与 John 一致。如果宾语一致是与直接宾语的一致（宾语一致通常限于直接宾语），那么其融合的结果是所有者 sawatis "John" 在（1b）中获得了直接宾语的地位。换句话说，宾语融合到动词内会改变所有者的语法功能地位，使之从名词短语的主语变成一个动词的直接宾语。

伴随着名词融合到动词的过程，"所有者"的语法功能也有所改变，这一直被看作是词汇派生复杂谓语的一个主要论据。这种复杂谓语的词汇派生总是牵涉到词库中运用形态派生规则。根据这一分析，（1b）这样的句子是基础生成的，因为它的"所有者"在复杂谓语的宾语位置。

在原则参数框架内，名词短语语法功能的改变是句法移位的结果。例如，在被动式和非宾格动词的推导过程中，句法移位的结果是，内论元从动词的直接宾语变成句子的主语。然而，N-融合结构里的所有者的情形却不一样，从名词短语的主语位置移到基础生成的空宾语位置，所有者不可能获得动词直接宾语的地位。这一移位是被 θ-标准排除的。贝克尔（Baker, 1988）认为，在复杂谓语的句法推导过程中，所有者的语法功能的明显改变并不是问题。他还进一步论证，有证据表明，N-融合一定是句法的而不是词汇的。在讨论这一证据之前，我们先略述贝克尔（Baker, 1988）有关 N-融合的句法分析，以及这一分析对所有者的影响。

贝克尔（Baker, 1988）的融合理论核心为 UTAH（题元指派一致关系假说，Uniformity of Theta Assignment Hypothesis），其内容如下：

词项间的题元关系由这些词项在 DS 层面的结构关系来表征。

UTAH 的影响可用下面的被动句同主动句的比较来简单表明。

2a. The question was answered（by John）.

2b. [$_{IP}$ the question was answered t$_{the question}$（by John）…

3a. John answered the question.

3b. [$_{IP}$ John answered the question….

根据 UTAH，D-结构中的 the question 与动词的结构关系与 DS 层面上应该是一样的。这样看来，在句子（3）的 DS 中，the question 应该在动词直接宾语的位置。这基本是对被动式的标准分析（§8.3.1）。

那么当论到 N-融合的例子，比如（1b），UTAH 暗示名词 nuhs "房屋"在 DS 也该占据（1a）中的同样位置。因此，N 融合进动词肯定发生在 DS 层面之后。由此（1b）的推导过程如下所示：

4a. Hrao-nuhs-rakv   ne   sawwatis

    3M-house-be-white DET   John

4b.

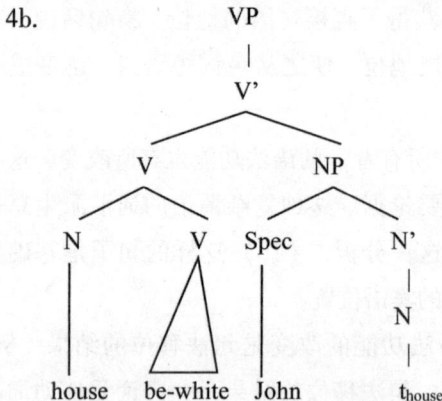

    N 融合进 V 是一个中心语到中心语的移位，中心语 N 移出 NP 附接到 V，所移位的 N 先行语-管辖其留在 NP 内的语迹，其原因和 V 提升到 I，再提升到 C（§14.1）相同。

    为了解释 N-融合对所有者的影响，贝克尔（Baker, 1988：64）还提出了 GTC（管辖透明性推论，Government Transparency Corollary），表述如下：

        如果一个词项融入了某个词汇范畴，那么这一词汇范畴就管辖该词项原来所管辖的一切。

    假定 N 管辖［Spec, NP］，那么由于 N 融合到动词中，（4）中的动词就管辖［Spec, NP］位置的所有者。这种推导复杂谓语与所有者之间的管辖关系通过宾语一致反映出来。这就是结构上为 NP 指示语的所有者如何获得复杂谓语的直接宾语地位原因。

    有关 N-融合，我们还可以进行相当大胆的概括，只有内论元（典型的是及物动词的受事）能够融合，外论元不能融合（Mithun, 1984）。这种差异我们可以从下面的摩荷克语中的例子（5a-c）看出（ASP 指的是体标记，PRE 指的是名词屈折前缀）（转引自 Baker, 1988：82）：

5a. Yao-wir-aʔa   ye-nuhweʔ-s   ne   ka-nuhs-aʔ.

    PRE-baby-SUF 3$_F$S/3N-like-ASP   DET   PRE-house-SUF

    "The baby like the house. "

5b. Yao-wir-aʔa   ye-nuhs-nuhweʔ-s.

    PRE-baby-SUF 3$_F$S/3N-house-like-ASP

    "The baby house-likes. "

5c. *Ye-wir-nuhwe?-s   ne   ka-nubs-a?.

3_FS/3N-baby-like   DET   PRE-house-suF

"Baby-likes the house. "

贝克尔认为,(5b)与(5c)中对 N-融合的限制从本质上说是句法的,它反映了 HMC/ECP 对中心语移位的限制。(5c)中的名词从主语位置[Spec, IP]融合入动词是一个降落移位,其结果会导致缺乏 c-指令,从而融合的 N 无法先行语-管辖其语迹。其结构如下所示:

6a.   *Ye-wir-nuhwe?-s   ne ka-nubs-a?.

6b. $[_{IP} [_{NP} t_N] I [_{VP} [_V [V] [N] \cdots$

外论元不能融合到动词内,根据 Baker 的观点,这一概括是一个很强的论据,它表明 N-融合是通过移位 α 进行句法推导的。

N-融合句法分析的另一个主要的论据是另一个概括,即介词的宾语不能融合到 V,这可以从下面纽埃语(Niuean)① 中的例子中看出(ABS 指的是"通格标记")(转引自 Baker, 1988:85):

7a. Ne tutala a au   ke he   tau tagata.

PAST-talk ABS-I   to   PL-person.

"I was talking to (the) people. "

7b. *Ne tutala tagata a au (ke he) .

PAST-talk-person ABS-I (to)

7c. $[_{IP} I [_{VP} [_V [V] [N]] [_{PP} P [_{NP} [N t_N \cdots$

假定 N-融合是一种从中心语到中心语的移位,那么(7b)属于 HMC 的辖域。如(7c)所示,N 到 V 的移位越过 P,这破坏了 HMC。因为 P 的介入产生了(相关)最小限度条件(§11.3),从而融合的 N 不能先行语-管辖它在 PP 内的语迹。

在讨论其他的融合类型之前,我们不妨再从格理论的角度来看一下N-融合。在摩荷克语的例子(1b)中,动词是非宾格动词,因此它不能向宾语位置的名词短语指派格。那么名词短语是如何满足它的格要求的呢? Baker 认为,名词短语是通过融合其中心语 N 到动词来满足其格要求的。其观点是这样的:名词短语可以通过多种方式来满足格要求,这包括各种各样的格,如内在格、结构格等。名词短语的中心语融合到动词是可行的,这样给定的名词短语就能够满足

---

① 属南岛语系(Austronesian)。

格要求。这样一来，虽然（1b）中的动词不能指派格，它的名词短语补语却可以通过融合其中心语到动词来满足格要求。相关资料可以阅读贝克尔（Baker, 1988）。

15.2　动词融合（Verb Incorporation）

比较下面的两个齐佩瓦语的例子（Baker, 1988：148）：

8a. Mtsikana　ana-chit-its-a　　　　kuti　mtsuku　u-gw-e

　　girl　　　AGR-do-make-ASP　that　waterpot　AGR-fall-ASP

　　"The girl made the waterpot fall."

8b. Mtsikana　anau-gw-ets-a　　　　　mtsuko.

　　girl　　　AGR-fall-make-ASP　　waterpot

　　"The girl made the waterpot fall."

（8a）和（8b）是使役结构（causative construction）的两个不同的例子。（8a）中受使役动词（causativised verb）gw"掉落"出现在嵌套小句中，带有独立的屈折形式。而在（8b）中，受使役动词融合进使役动词（causative verb）之中，不再带有独立的屈折变化。（8b）即为一个所谓形态使役式（morphological causative）的例子。

如 N-融合一样，（8b）的 V-融合也导致了某些成分的语法功能的明显变化，被融合的动词的主语 mtsuku"水瓶"表现出了直接宾语的特征。这一点我们可以从这一成分所表现出的宾语一致（OP）中看出，而且这一成分在复杂动词为被动式的时候还可以充当主语。

9a. Mphunzitsi　a-na-wa-lemb-ets-a　　　　　　ana

　　teacher　　　SP-PAST-OP-write-CAUS-ASP　children

9b. Ana　　　　a-na-lemb-ets-edw-a　　　　　　　ndi mphunzitsi

　　children　SP-PAST-write-CAUSE-PASS-ASP　by teacher

在齐佩瓦语中，被动式并不像英语那么迂说（periphrastic）。也就是说，它的被动式不像英语那样，既有助动词又有分词形式（participial form）。齐佩瓦语的被动是一种形态被动（morphological passive），只含有主动词和被动语素。

贝克尔（Baker, 1988：21）认为（8b）这样的形态使役式的推导过程如下：

10a. Mtsikana　anau-gw-ets-a　　　　mtsuko.

girl　　　AGR-fall-make-ASP　　aterpot

10b.

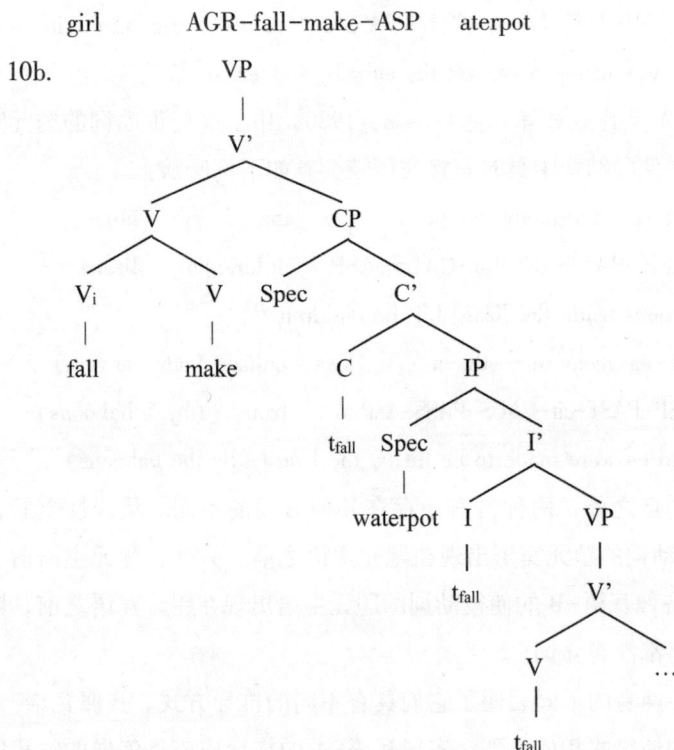

　　这里受使役动词的循环移位与 HMC 的要求是一致的。贝克尔认为这一动词移位过程产生了类似于 ECM 的结构，根动词管辖并向嵌套小句的主语指派格。这就解释了为什么题元上为主语的受使役动词会具有直接宾语的特征。

　　（8b）中的受使役动词是不及物的。具有形态使役式的语言在一点上极其相似，那就是受使役动词的题元主语总是在使役结构中表现出直接宾语的特点。然而，当使役动词及物时，语言在受使役动词的题元主语或题元宾语是否具有宾语特性这一点上就有所不同。Baker 用两种齐佩瓦语的方言（以下我们称齐佩瓦语-A 与齐佩瓦语-B）来说明了这种不同。

　　在齐佩瓦语-B 中，受使役动词的题元主语在使役结构中具有直接宾语特征，这表现在它可以引发宾语一致（OP），而且在被动式中能够移到主语位置。我们看下面的例子。

11a. Catherine a-na-mu-kolol-ets-a　　　　　　mwana wake chimanga.

　　　Catherine SP-PAST-OP-harvest-CAUS-ASP child　her　corn

　　　"Catherine made her child harvest the corn."

11b. Mnyamata a-na-kolol-ets-edw-a　　　　　　chimanga ndi Catherine.

boy　　　　SP–PAST–harvest–CAUS–PASS–ASP corn　　 by　Catherine.

"The boy was made to harvest the corn by Catherine."

而齐佩瓦语–A 及其他语言（见 Gibson，1980）中，受使役动词的题元宾语而不是题元主语在使役结构中具有直接宾语特征。如下例所示：

12a. Anyani　a–na–wa–meny–ets–a　　　　　　ana　　　kwa　buluzi.

　　　baboons SP–PAST–OP–hit–CAUS–ASP　children to　　　lizard

　　　"The baboons made the lizard hit the children."

12b. Ana　　　a–na–meny–ets–edw–a　　　kwa　buluzi（ndi　anyani）.

　　　children SP–PAST–hit–CAUS–PASS–ASP to　　lizard　（by　　baboons）

　　　"The children were made to be hit by the lizard（by the baboons）."

除了这些不同点之外，两种方言还存在其他方面的不同。从线性上看，齐佩瓦语–A 的使役动词的题元宾语出现在题元主语之前。另外，题元主语前有介词 kwa "to"。而齐佩瓦语–B 的使役动词的题元主语出现在题元宾语之前，题元主语、题元宾语前都没有介词。

贝克尔认为，两者的不同表明了它们具有不同的推导方式。齐佩瓦语–B 应该与不及物动词的使役式相似；那么齐佩瓦语–A 的推导应该是怎样的？我们看一下（12a）的推导过程。

13a. Anyani　a–na–wa–meny–ets–a　　　　　ana　　　kwa　buluzi.

　　　baboons SP–PAST–OP–hit–CAUS–ASP children　to　　lizard

13b.

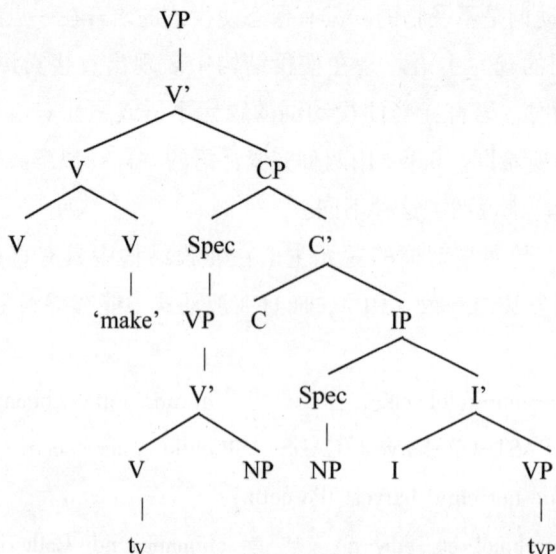

15.3 介词融合（Preposition Incorporation）

比较下面两个齐佩瓦语的例子：

14a. Mbidzi zi-na-perek-a msampha kwa nkhandwe.

    zebras SP-PAST-hand-ASP trap to fox

    "The zebras handed the trap to the fox."

14b. Mbidzi zi-na-perek-er-a nkhandwe msampha.

    zebras SP-PAST-hand-to-ASP fox trap

    "The zebras handed fox the trap."

（14a）中的目标论元（间接宾语）出现在直接宾语后的 PP 内部，然而在（14b）中，目标论元出现在动词之后，主体论元之前，而且也没有介词 kwa "to"，但动词中出现了一个被称为涉用语素（applied morpheme）的新语素，（14b）中的目标论元称为涉用宾语（applied object），（14b）被称为涉用结构（applicative construction）①。

（14a）与（14b）的语义相同，其论元与动词具有相同的题元关系。UTAH 也要求它们具有相同的 DS 表征式。贝克尔（Baker, 1988：231）认为，（14b）中的涉用结构是由 P-融合所形成，如（15b）所示②：

15a. Mbidzi zi-na-perek-er-a nkhandwe msampha.

    zebras SP-PAST-hand-to-ASP fox trap

15b.

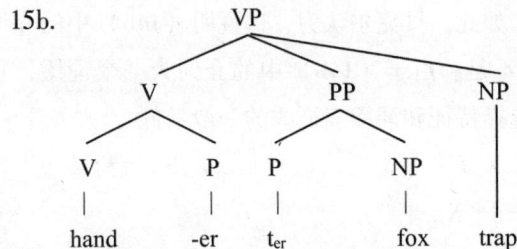

这里 PP 出现在主题论元之前，并非一定要遵循 UTAH 及 HMC。考虑到复杂动词的格指派，这里可以使用邻接（§3.2.1）解释。贝克尔认为，被融合的

---

① 国内常有人将 applicative 一词译为"施用"，如孙天琦（2009）和孙天琦（2019），但考虑到该词多指某种能够给动词的论元结构添加额外论元成分的动词词缀形式，所添加的论元通常表述动词的行为涉及他人，因此我们这里根据胡建华（2010）将其译为"涉用"。

② 注意 Baker 的框架没有使用两分支结构。

范畴所留下的语迹不能代替它的先行词指派格，所以，P 的语迹不能向涉用宾语指派格，而是由派生的复杂动词 [$_V$ [P] V] 向涉用宾语指派格。贝克尔认为，宾语结构的这一特点恰恰解释了为什么涉用宾语总是表现出直接宾语特点。

在齐佩瓦语中，涉用宾语能够引发与动词的宾语一致，比如（16a），而且当动词为被动式时还可以移到主语位置，如（16b）：

16a. Amayi   a-ku-mu-umb-ir-a   mtsuko   mwana.

     woman   SP-PRES-OP-mold-for-ASP   waterpot child

     "The woman is moulding the waterpot for the child. "

16b. Mbidzi   zi-na-gul-ir-idw-a   naspato   （ndi   kalulu）.

     zebras   SP-PAST-buy-for-pass-ASP   shoes   （by   hare）

     "The zebras were bought shoes by the hare. "

主题论元不能表现出像（16a&b）那样的直接宾语特点，它不能引发动词的宾语一致，当动词为被动式时也不能移到主语位置。如下例所示：

17a. *Amayi   a-na-u-umb-ir-a   mwana mtsuko.

     woman   SP-PAST-OP-mold-for-ASP   child   waterpot

17b. *Naspato   zi-na-gul-ir-idw-a   mbidzi （ndi kalulu）.

     shoes   SP-PAST-buy-for-pass-ASP zebaras （by   hare）

最后，与 N-融合和 V-融合不同，（14a）中的介词与（14b）中的涉用语素之间没有明显的形态关系。在 N-融合与 V-融合中，融合与非融合的对等句有同一词根，而涉用结构中则并非如此。贝克尔认为，这说明（14b）中的介词是一个词缀，而（14a）中的介词不是。由于（14b）中的介词为一个词缀，它被迫附到动词上，其根据是形态选择特征和词缀表征式的一般条件。

> 漂泊词缀过滤器：如果 X 是一个形态次范畴无法在 S-结构层面上得到满足的词项，那么它就是一个 *X。

形态使役式的 V-融合也能用这一条件进行判断。在形态使役式中，使役动词也近乎词缀，其形态选择特性要求它附到动词词根之上，又由于在贝克尔的体系中不允许降落，因此受使役动词移向根句的使役动词。

15.4　本章简评

我们一开始就声明，融合通常是多式综合语的特点，但"各种语言多多少少都表现出一些'融合'的特点"（Crystal，1997：180）。这就是说，不排除汉语中存在融合现象的可能，汉语中的许多语言现象至今还是"未解之谜"，如"放在了小床上"中的"在"不是介词吗？它怎么会与"放"一起带体标记？"晒太阳"——"太阳"是施动，怎么会在宾语的位置？[①]"打倒了张三"——"倒"本来是一个不及物动词，现在后面有了宾语，是不是使役化结构呢？"跳楼"——"跳"是一个不及物动词，那么后面的"楼"是如何得到"格"的呢？或许换一种思维方式就能解释这些现象。在真正解读汉语的，我们不仅需要理论，还要从其他语言中汲取养分。

---

① 计永佑（1983），胡树鲜（1990）等对此做过一些解释，但笔者认为其解决方案并不令人满意。

16 附着（Clitics and Cliticisation）

16.1 法语中的附着词（Clitics in French）

什么是附着词？我们知道，法语的代词在性、数、格以及人称上存在差别。不仅如此，法语的代词还在音系的力度上存在差别。因此，这种语言有一类重读人称代词（strong pronoun），非重读的代词称为直接宾语人称代词。其实，这是不规范的术语，正式的名称应该是附着词①（clitics）。重读人称代词和附着词是相对的，如在法语中就有 toi 和 te、moi 和 me 相对。如下例所示：

1a. À toi de faire.

　to you Comp to-do

　"The decision is yours. "

1b. Jean te déteste.

　Jean you hates

　"Jean hates you. "

Moi/me、toi/te 在形态上是相关的，me、te 看上去是由 moi、toi 弱化而来，但有几对很难确定，如 eux "they" /les "them"。

我们看到，直接宾语附着代词只能出现在定式动词前，如（2）所示：

2a. Jean te déteste.

　Jean you hates

2b. ＊Jean déteste te.

　Jean hates you

附着直接宾语与非附着直接宾语的语序差别明显，后者只能出现在动词后，

---

① 传统的语法书（例如法语的教科书）上可能称之为直接宾语人称代词，但这要注意，这种宾语绝不是英语中的宾语，它具有许多宾语成分没有的特征。

比如：

3a. *Jean　Marie　déteste.

　　 Jean　　Marie　hates

3b. Jean　déteste　Marie.

　　 Jean　 hates　　Marie

附着直接宾语出现在动词前，而非附着宾语出现在动词后，这该怎么理解呢？法语的动词不可能选择〔OV〕与〔VO〕两种参数值。法语应该是中心语在前的语言，〔OV〕语序只有在直接宾语是附着代词时才会出现，这表明附着代词的特点迫使它移到了定式动词前。

值得注意的是，附着词和词缀都是依赖性元素，但二者在许多方面是不同的。例如，词缀通常对所附的词汇范畴非常挑剔，而附着词相对来说比较杂乱，其位置在很大程度上由句法决定，当然也要考虑韵律问题。

附着词的许多特点表明它依赖于动词存在，不能独立出现。例如，当在问句中动词移到 C（主语-助动词倒置操作）的时候，附着形式必须和动词一起提升，而不能被搁置在后。如：

4a. Les　a-t-elle　vus?

　　 them has-she　　seen

4b. *A-t-elle　les　　vus?

　　 has-she　　them seen

附着代词也不能像重读人称代词那样被用来回答问题，如：

5. —Qui a-t-elle vu?

　　—*Les/Eux

有人可能要问，为什么法语中的附着词出现在动词前而不是在动词后？换句话说，为什么法语中的附接法会导致〔CL V〕这样的词序，而不是〔V CL〕这样的词序？罗曼语族在这一方面也不尽相同。除了非否定性的祈使式之外，法语定式句与非定式句中的附着词都出现在动词前。我们已经看了定式句的例子，再看一个非定式句的例子：

6a. Marie　veut　　les　　voir.

　　 Marie　wants　 them　to-see

6b. *Marie　veut　　voir　　les.

　　 Marie　wants　 to-see　them

以上所讨论的附着词在句中都相当于动词的直接宾语，由于这一原因，它们被称为宾格附着词（accusative clitics）。还有一类附着词与动词的间接宾语相当，称为与格附着词（dative clitics），这类附着词如下例所示：

7a. Marie lui a donné un livre.

    Marie him$_{DAT}$ has given a book

7b. Marie le lui a donné.

    Marie it him$_{DAT}$ has given

8. Marie a donné le livre a Jean.

    Marie has given the book to Jean

我们尚不清楚与格附着词是与 DP 相当，还是与 PP 相当。从（8）中我们可以看出，法语中的非附着间接宾语是一个 PP 形式。法语以及其他罗曼语族的语言通常缺乏与格转换，从这一点上看，与格附着词应该相当于 PP。但是有证据证明，法语与格介词 a 不能投射 PP 结构。因此，它可能只是一个表面的与格标记（Vergnaud，1985）。根据这一观点，与格附着词应该相当于一个 DP 而不是 PP。

但是，在法语中的确存在着 PP 附着词，这包括部分量（partitive）附着词 en "of them" 及处所式（locative）附着词 y "in it"。如下：

9a. Marie en a vu trois.

    Marie of-them has seen three

9b. Marie a vu trois de ces livres.

    Marie has seen three of these books

10a. Marie y a vécu.

    Maire in-it has lived

10b. Marie a vécu a Londres.

    Marie has lived in London

en 及 y 的 PP 性质无法直接从它们的形态结构中得出，它们并不包含一个介词和一个代名语宾语。它们被认为是 PP 附着词是因为它们与非附着语境中的 PP 相对应。

宾格附着词和与格附着词都是与 VP-相关成分对应的附着词。法语中还有一类附着词相当于句子的主语。如下例所示：

11a. Elle/Il a vu le livre.

    she/he has seen the book

11b. A-t-elle/il vu le livre?

has-she/he   seen the book

从（11）中可以看出，法语中的主语附着词在陈述句中出现在动词之前，而在疑问句中出现在动词之后（SAI）。这一特点表明主语附着词不同于与 VP-相关的附着词。

16.2 带有附着形式的语言分类（Types of Clitic Languages）

带有附着词的语言可以根据其附着词的分布进行分类。一般来说，我们将其分为三类，附着形式第二位（Clitic Second，CL2）的语言、附着形式非第二位（Non-CL2）的语言以及附着形式位置固定的语言（Fixed Position clitic language）。

法语、西班牙语以及意大利语属于第二类，即附着形式非第二位的语言。在法语的定式句与非定式句中，附着词都出现在动词前；西班牙语（以及意大利语等其他语言）的附着词在定式句中出现在动词前，而在非定式句中出现在动词后。如下例所示：

12a. Maria los ha visto.

　　 Maria them has seen

12b. *Maria ha visto los.

　　 Maria　 has seen them

13a. Maria quiere verlos.

　　 Maria wants to-see-them

13b. *Maria quiere los ver.

　　 Maria　 wants them to-see.

西班牙语、意大利语和法语有一个共同的特点，那就是它们的附着形式可能出现在句子或小句的第一位，如下：

14. Los ha visto Maria.（西班牙语）

　 them has seen Maria

15. Li　 ha visti Maria.（意大利语）

　 them has seen Maria

16. Les a-t-elle vus？（法语）

　 them has-she seen

葡萄牙语中的附着形式只能处于句子/小句的第二位置，而不能处在第一位置，如下例所示（Madeira，1993）：

17a. Deu   lhe   umap renda.

     gave-3S him_{DAT} one   present

     "he gave him a present."

17b. *Lhe   deu   uma   prenda.

     him_{DAT} gave-3S one   present

葡萄牙语属于 CL2 语言。这类语言与法语、葡萄牙语、意大利语不同，其附着形式只能出现在第二位置。我们再看几个例子（Madeira，1993）：

18a. Não lhe   deu   uma   prenda.

     not   himDAT gave-3S one   present

     "She did not give him a present."

18b. Onde a   encontrou O João?

     where her   met-3S   the John

     "Where did John meet her?"

18c. A alguém as   afreceram.

     to someone $them_{DAT}$ offered3PL

     "They offered them to someone."

葡萄牙语中的 CL2 的语序是如何形成的呢？马德拉（Madeira，1993）认为这一范畴为算子，位于［Spec，CP］或附近。这一观点有助于我们理解（19）这样的情形，动词前的主语不能迫使附着形式移到动词前的位置：

19. O Pedro deul he   uma prenda.

    the Pedro gave him_{DAT} one present

    "Pedro gave him a present."

第三类是附着形式位置固定的语言，其附着词一成不变地跟在动词、名词或代词后面。这类语言如闪米特（Semitic）语族的阿拉伯语、希伯来语。我们看几个标准阿拉伯语的例子（Roberts & Shlonsky，1995）：

20a. raʔa-w-hu.

    saw-3PL-him

    "They saw him."

20b. kitaabu-hu

    book his

20c. sallamuu 'alay-hi.

greeted-3PL on him

"They greeted him. "

（20a）为直接宾语附着形式，（20b）为表所属的附着形式，（20c）为介词宾语附着形式。可以看出，阿拉伯语附着形式的位置与上面两种有着很大不同。关于这一方面后面再接着讨论。

16.3 附着的本质（Nature of Clitic and Cliticisation）

以上我们探讨了多种附着形式，那么，附着形式到底是一种什么范畴呢？它是不是就是我们通常所说的代词呢？它又是如何附着到中心语之上的呢？下面我们将给出较具影响的观点，有关罗曼语族的附着词的资料来自凯恩（Kayne, 1975, 1989），阿拉伯语、希伯来语则来自罗伯茨和什隆斯基（Roberts & Shlonsky, 1995）。

16.3.1 罗曼语的附着（Clitics and Cliticisation in Romance Languages）

凯恩（Kayne, 1989）认为，既然罗曼语的附着词总是与中心语（动词、名词或代词）连接在一起，那么这里"与中心语连接在一起"可以假定为一种中心语附接。因此，我们可以假定，附着代词属于 D 范畴，如同代词属于 D 范畴（见§2.5.2），占据 DP 的 D 位置。从而说，附着词的移位为中心语移位。① 这可以用一个法语的例子验证，如下例所示：

21a. Jean ne les voit pas.

Jean not them sees not

21b. *Jean les ne voit pas.

Jean them not sees not

从前面（§5.6）我们知道，否定通常要阻碍中心语的移位，而（21）表明，VP-相关附着形式不能出现在 ne 前。这样，我们就能断定附着词的移位是一种中心语移位。凯恩（Kayne, 1989）认为附着词左附接到 I。这种观点可以较容易地解释法语、西班牙语、意大利语的定式句情况，但解释这些语言中的非定式句的情况略为烦琐，需要分开讨论。

首先，在法语的非定句中，附着词出现在动词之前，如（22）：

22. Lui parler serait une erreur.

---

① 当然这还不能说明 PP-附着词的个例，欧哈拉（Ouhalla, 1988）认为 PP-附着词也是中心语移位。

　　　　him$_{DAT}$　to-speak　　would-be　a　　　mistake

这可以看作是附着词直接左附接到 I，而非定式动词不移向 I。如下所示：

23. [$_{IP}$ SUBJ [$_{I'}$ [CL] [$_{VP}$ V [$_{DP}$ [$_{D'}$ t$_{CL}$]]] …

意大利语、西班牙语非定式句的情形有所不同，附着词出现在动词之后，如下面的意大利语例子所示：

24. Parlargli　　　　　　sarebbe　　un errore.

　　 to-speak-him$_{DAT}$　would-be　an　error

凯恩认为这是因为意大利语和西班牙语的附着词左附接到 I，但西班牙语和意大利语不同的是，它们的非定式句的动词也要经过动词提升，附接到 I'，如下所示：

25. [$_{IP}$ SUBJ [$_{I'}$ [V] [$_{I'}$ [CL] [$_{VP}$ t$_V$ [$_{DP}$ t$_{CL}$] …

这样看来，法语与意大利语、西班牙语在非定式句方面的差异由动词提升的差异所致，而不是附着的方向差异所致。

　　目前我们所谈论的附着都是在局域内的，附着形式都是在小句内进行位移，这种情况称为局域内附着 (local cliticisation)。意大利语，以及一些其他的罗曼语言中存在一种结构，该结构中的附着形式在语义上与嵌套非定式小句相关，本身却连接到根句的定式动词上。这种现象称为附着形式攀升 (clitic climbing)，如 (26a) 所示，(26b) 则表明在特定的语境下附着形式可能留在嵌套小句内。

26a. Gianni　li　　　vuole　vedere

　　　 Gianni　them　wants　to-see
26b. Gianni　vuole　vederli.

　　　 Gianni　wants　to-see-them

附着形式攀升可以说是一种长距离移位的例子，这显然与附着是中心语移位的观点不符，因为中心语的移位受到 HMC 的限制，通常为局部移位。因此，将局域内附着看作中心语移位还算是合理的，但将附着形式攀升也看作是中心语移位就不那么合理了。可是，如果我们把附着形式攀升看作是 XP-移位而把局域内附着看作是中心语移位则显得不一致，因此，凯恩 (Kayne, 1989) 提出，附着形式攀升也是一种中心语移位，其证据如下：

　　第一，附着形式攀升同局域内附着一样会受到否定形式的阻碍（否定通常要阻碍中心语的移位）。例子 (27) 表明，当嵌套非定式句为否定时，附着形式就无法攀升。

27a. Gianni vuole non vederli.

　　Gianni wants not to-see-them

27b. *Gianni li vuole non vedere.

　　Gianni them wants not to-see

第二，中心语范畴会阻碍附着形式攀升，非中心语范畴则不会。在下面的例子（28）中的 what 不阻碍附着形式攀升，而 Comp 却阻碍这一攀升。这说明，附着形式攀升是中心语移位。

28a. Non ti saprei che dire.

　　not to-you would-know what to-say

　　"I would not know what to say to you."

28b. Non so se farli.

　　not know-1S it to-do-them

　　"I don't know whether to do them."

28c. *Non li so se fare.

　　not them know-1S it to-do

因此，凯恩（Kayne, 1989）认为附着形式攀升通过每一个介入的中心语，包括 C，最终左附接到根句的 I，每一次移位都与 HMC 一致。（26a）中附着形式的攀升过程如下：

29a. Gianni li vuole vedere

　　Gianni them wants to-see

29b. $[_{IP}$ SUBJ $[_{I'}$ [CL] $[_{VP}$ V $[_{CP}$ $[_{C'}$ t_{CL} $[_{IP}$ SUBJ $[_{I'}$ t_{CL} $[_{VP}$ V $[_{DP}$ $t_{CL}]$ …

这样一来，凯恩不仅解释了为什么意大利语（以及相似的语言）允许附着形式攀升，而且还解释了为什么法语不允许附着形式攀升。意大利语和法语的这一区别与它们之间的另一种差异相关，即，意大利语允许零主语，这说明意大利语的非定式句的 I 是"强势的"，从而 L-标记 VP（L-标记见§11.2），这使得附着形式能够从 VP 脱出（escape），移向根句。由于法语不允许零主语，其非定式句的 I 也就不是"强势的"，从而也就不能 L-标记 VP，结果附着形式就不能从 VP 脱出。因此，附着形式是否能够移向根句，主要在于它是否能够从 VP 中脱出。

16.3.2　闪米特语的附着（Clitics and Cliticisation in Semitic Languages）

阿拉伯语和希伯来语中的附着词与罗曼语中的不同。罗伯茨、什隆斯基

（Roberts & Shlonsky，1995）对它们进行了深入地比较后，得出了结论：阿拉伯语及希伯来语中所谓的附着形式，最好将其看作是基础生成的宾语一致标记而不是经过中心语移位的 D 范畴。罗伯茨、什隆斯基（Roberts & Shlonsky，1995）所列的阿拉伯语及希伯来语中附着词的特点如下：

 a. 附着词只会出现在寄主（host）之右；

 b. 附着词总是附到最近的 c-指令中心语之上；

 c. 附着词会出现各种词汇范畴之上，甚至一些特定的功能范畴之上；

 d. 附着词不体现格的特征；

 e. 附着词不会成簇出现，即，一个寄主一个附着形式；

 f. 附着词与名词性的定式词不存在形态上的相似性。

特点（a & c）如（30）所示：

30a. raʔa-w-hu.

  saw-3PL-him

  "They saw him."

30b. kitaabu-hu

  book his

30c. sallamuu ʿalay-hi.

  greeted-3PL on him

  "They greeted him."

30d. zu'ima ʔanna-hum wasal-uu.

  claimed that-them arrived

  "It is claimed that they have arrived."

特点（b）来自巴勒斯坦阿拉伯语（Palestinian Arabic）的例子（31）。该例子中既有助动词又有主动词，但附着词附在了主动词上（在罗曼语中如果一个定式句既有助动词又有主动词，附着形式与定式助动词连接在一起）。

31. kaan bixayyt ha.

  was sewing it

  "He was sewing it."

特点（d & e）如下面开罗阿拉伯语（Cairene Arabic）例子（32）所示：

32. fahhim-u la-ha.

  make-understand3MS-it to-her

阿拉伯语的附着词不管处在什么样的语境都是同一个格，与格的附着形式也不是单独一类（罗曼语中单独有一类与格附着形式）。

至于特点（f），我们知道，阿拉伯语中定冠词形式一定，如 l-mudarris/a/ iin "the teacher（MS）/MF/PL"，这与附着词不相关（法语中的某些词语定冠词是相关的）。

罗伯茨和什隆斯基（Roberts & Shlonsky，1995）认为，阿拉伯语、希伯来语中的附着形式事实上是宾语一致元素，基础生成于它所连接的中心语之上，而不是罗曼语中的代词，基础生成于 DP 的 D，移向寄主。他们的分析认为，由于论元位置被一个零代名语元素 pro 所占据，这一 pro 可通过 Agr 元素识别。其根本结构如下（X 表示任何词汇范畴，CL/Agr_0 通过相关特征与 pro 相一致）：

33. ⋯$X+CL_i/Agr_{0i}$⋯pro_i

16.3.3　主语附着词（Subject Clitics）

我们在考虑附着词时需要区分句法层面的附着和 PF 层面的附着，前者是中心语移位的例子而后者则考虑语境因素。一个附着形式通过句法附着可能出现在同一位置，但通过音系附着最终会与不同的范畴相连接。

有证据表明，主语附着词和 VP-相关附着词不同，它们不经过句法附着，而是依赖于音系附着（Kayne，1975）。

主语附着词不同于 VP-相关附着词，我们看两个法语的例子：

34a. Il　l'a　　 vu.

　　 he　her has　seen

34b. Il　ne　l'a　　 pas　vu.

　　 he　not　her has　not　seen

35a. L'a-t-il　　　vu?

　　 her has he　　seen

35b. Ne　l'a-t-il　pas　vu?

　　 not　her has he not　seen

（34）表明主语附着词可以出现在动词前否定元素的左边，这和 VP-相关附着词不同，VP-相关附着词不能出现在这一位置（见例（26））。（35）则表明主语附着词与 VP-相关附着词的 SAI 语境也不相同，在 SAI 语境中，VP-相关附着词出现在动词左侧，而主语附着词出现在动词的右侧。这表明，主语附着词在动词复杂体移到 C 节点之前并没有附接在其上。

我们先不忙着做出结论，继续看其他语言中主语附着词的例子。

有些语言的主语附着词最好分析为 Agr_S 元素。里兹（Rizzi，1986b）通过把几种意大利北方特伦蒂诺方言（Trentino）、菲奥伦蒂诺方言（Fiorentino）等同法语进行比较，得出了这一结论。

下面来自特伦蒂诺方言（Trentino）的例子有两个特点：第一，主语附着形式同 DP 主语一起出现；第二，主语附着形式必须出现。

36a. El Gianni el magna.

　　　the Gianni CL eats

36b. El magna.

　　　CL eats

36c. *Magna.

法语中就不允许这种形式，除非是主语在韵律上被打断。

37a. *Jean il mange.

　　　Jean he eats

37b. Jean, il mange.

　　　Jean he eats

显然，（37b）中的主语是一个左脱位的（dislocated）DP 而不是一个主语，这和（36a）中的 DP 主语不同，该 DP 主语不是一个脱位的 DP。里兹是通过量化 DP 来证明这一点的。在法语中，量化 DP（如 nobody, everything）不能左脱位，比如（38）；在菲奥伦蒂诺方言中，它却能出现在动词前的位置，比如（39）。

38. *Personne (,) il n'a rien dit.

　　　nobody 　　　he not has anything said

39. Nessuno l'ha detto nulla.

　　　nobody CL said anything

里兹的另一个证据是，在某些意大利语北方方言中，主语附着形式能够出现在动词前的否定元素内部（法语中不能），下面是特伦蒂诺方言的例子：

40. (La Maria) no la parla.

　　　the Maria not CL speaks

第三个证据是特伦蒂诺方言中 VP 连接（conjunction of VPs）不能以附着形式为主语，比如（41a）；而法语中可以，比如（41b）。

41a. *La canta e balla.

　　　CL sing and dance

41b. Elle chante et danse.

she   sings   and dances

以上讨论的三点差异的结论是意大利北方方言中所谓的主语附着词，其地位相当于 Agr$_S$，基础生成于 I，由于动词提升，它和动词合到一起，而法语中的主语附着词基础生成于主语位置只是由于在 PF 层面上由于音系的连接加入动词复杂体中。其表征式分别如下：

42a. （法语）[$_{IP}$ [$_{DP}$ CL] [$_{I'}$ [Agr] [$_{VP}$ V …

42b. （意大利语）[$_{IP}$ [$_{DP}$ pro] [$_{I'}$ [Agr CL] [$_{VP}$ V …

除了以上三类附着之外，还存在一种附着形式叠加（clitic doubling），指的是代名语附着形式与语义上相关的 DP 同时出现。多数带有附着形式的语言都允许与格附着形式与间接宾语的叠加。然而，允许宾格附着形式与直接宾语叠加的语言并不多。还有一些语言允许属格附着形式与所属者的叠加。这方面的文献有很多，如涉及河床西班牙语（River Plate Spanish）（Rivas，1997；Jaeggli，1980）、罗马尼亚语（Steriade，1980）、黎巴嫩阿拉伯语（Aoun，1982）。有兴趣的读者可以查阅。

16.4 本章简评

笔者以前总是以为汉语中没有附着现象，第一次见到附着概念，是在李宝伦、潘海华（1999）的文章中，他们提及在黄先生"跑得快"（Huang，1988）一文中使用"黏合说"（即本书中的"附着"）来解释汉语的否定标记"不"的分布，那时笔者才开始注意这方面的文章并逐渐认识到，附着是语言中比较复杂的现象之一，虽然在原则参数理论框架内，我们对这一现象的认识在不断提高，但对这一方面的研究仍有待进一步深入。

17 INFL 分解假设（Split INFL Hypothesis）

17.1 强势 Agr VS 弱势 Agr（Strong versus Weak Agrs）

随着原则和参数研究的深入，生成语法对功能范畴的特征和语法作了进一步的研究。其中最为主要的是关于 INFL 的研究。下面我们看一下这方面的研究。

17.1.1 主动词（Main Verbs）

通过前面（第二章）的学习，我们知道英语中允许 I-降落（或者词缀跳越），但不允许主动词的 V-提升，如（1）。我们在第八章（§5.5）已经指出，英语中不允许主动词的 V-提升，这是因为格指派要求邻接。V-提升会导致谓语副词介入动词和它的宾语之间。然而，由于多方面的原因，这似乎不是恰当的解释。邻接的要求是一个线性的概念，它更像是反映了基础结构，更何况，即便是在缺少谓语副词的情况下，主动词也不能提升到 I。在这一节，我们将通过非线性这一概念来解释英语的这一特点。这一节主要是基于埃蒙茨（Emonds, 1978）所作的英语和法语的比较。

法语的情况和英语的恰恰相反，（1）的这种语序在法语中不允许，而（2）的这种语序在法语中却可以（见 Chomsky, 1995b：134）：

1a. John often kisses Mary.

1b. $[_{IP}$ John $[_{I'}$ t$_I$ $[_{VP}$ often $[_{VP}$ $[_V$ kiss $[I]$ $]$ Mary⋯

2a. *John kisses often Mary.

2b. *$[_{IP}$ John $[_{I'}$ $[_V$ kiss$]$ I $[_{VP}$ often $[_{VP}$ t$_{kiss}$ Mary⋯

3a. *Jean souvent embrasse Marie.

    Jean   often   kisses   Mary

3b. *$[_{IP}$ Jean $[_{I'}$ t$_I$ $[_{VP}$ souvent $[_{VP}$ $[_V$ embrasse $[I]$ $]$ Marie⋯

4a. Jean embrasse souvent Marie.

4b. $[_{IP}$ Jean $[_{I'}$ $[_{V}$ embrasser$]$ I $[_{VP}$ souvent $[_{VP}$ $t_{embrasser}$ Marie…

（3）和（4）所显示的法语的特点表明，法语不允许 I-降落，在定式句中要求主动词的 V-提升。埃蒙茨（Emonds，1978）的主要观点是：法语类语言的动词提升到 I，英语类语言的动词下落到动词 V（见 Chomsky，1995b：133－138）。I-降落生成的复杂 V 和 V-提升生成的复杂 I 分别如下：

5. $[_{V}$ $[V]$ $[I]$ $]$：I-lowering

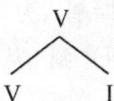

```
      V
     / \
    V   I
```

6. $[_{I}$ $[V]$ $[I]$ $]$：V-raising

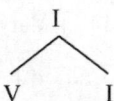

```
      I
     / \
    V   I
```

波洛克（Pollock，1989）通过假设两种语言的 Agr_S 性质存在差异作出解释。其假设如下：在英语中，由于它比较抽象，其 Agr_S 是"不透明的"（opaque）。这种不透明性使得英语的 Agr_S 产生一种作用，即限制附接到它上面的范畴，导致该范畴不能将词汇特征传送（transmit）给其论元，尤其是 θ-角色。而在法语中，由于它的 Agr_S 特性相对不是那么抽象，尤其是复数的词形变化方面，因此它的 Agr_S 是"透明的"（transparent）。法语的 Agr_S 透明也就意味着它不限制词汇范畴的附接，因此，附接到法语 Agr_S 的动词能够将 θ-角色传送给论元。

下面我们看这两个假设如何解释上面的例子。首先，我们看（2），（2）中的主动词提升并附接到 I/Agr_S，由于英语中的 Agr_S 是不透明的，主动词受到限制，不能将 θ-角色传送给论元。因此，（2）无法满足 θ-标准，因此被排除了。说得概括一些，英语中主动词之所以不能移到 I 是因为，一旦如此，它就会被限制到不透明的 Agr_S 中，也就无法向其论元传送 θ-角色。而（1b）中的 I-降落不会导致 V 受到限制，这种情况下，V 是寄主，复杂中心语的结构为（5），因此，V 能够向其论元传送 θ-角色。再看法语，法语的 Agr_S 与英语的不同，是透明的，这样一来，虽然其中心语复合体如（6）所示，Agr_S 并不妨碍动词向其论元传送 θ-角色。正是由于这一原因，法语中的主动词可以移向 I。

我们下一步需要解释为什么 I-降落在法语中行不通。我们首先要作出一个概括，V-提升只要可能，就是必需的。在法语中，主动词可以提升，因此必须提升，而我们前面已经讨论过，英语中的动词不能提升。

为进一步解释这一概括，我们再看一下（1）的 SS 表征式，如下例所示：

7a. John often kisses Mary.

7b. [$_{IP}$ John [$_{I'}$ t$_I$ [$_{VP}$ often [$_{VP}$ [$_V$ [$_V$ kiss] [I]] Mary⋯

乔姆斯基（Chomsky, 1991）认为这一表征式牵涉到一条病语链（ill-formed chain），降落的 I 留下的语迹不能受到 I 的 c-指令，因此不能受到 I 的先行语-管辖。而又由于中心语语迹只能通过先行语-管辖来满足 ECP，（7b）显然破坏了 ECP.（见第五章）。假定 ECP 适用于 LF 层面，乔姆斯基认为（7）的推导在 LF 层面还牵涉一次额外的移位，复杂体 [V+I] 移（回）到 I 从而除去 I 下这一有悖的语迹。其推导的 LF 表征式如下：

8a. John often kisses Mary.

8b. SS：*[$_{IP}$ John [$_{I'}$ t$_{[I]}$ [$_{VP}$ often [$_{VP}$ [$_V$ [$_V$ kiss] [I]] Mary⋯

8c. LF：[$_{IP}$ John [$_{I'}$ [$_V$ [$_V$ kiss] [I]] [$_{VP}$ often [$_{VP}$ t$_{[kiss][I]}$] Mary⋯

在 LF 层面上的中心语移位过程的性质基本上是"正确的"。它纠正了那些在 LF 层面不能满足 ECP 条件的移位链。

问题是，为什么法语中不能允许 I-降落？如果可能，其派生过程也可以像（8）所示的那样，在 SS 层面 I-降落到 V，在 LF 层面上复杂体 [V+I] 移（回）到 I。这样一来，（3a）的推导过程如下：

9a. *Jean souvent embrasse Marie.

    Jean   often   kisses   Marie

9b. SS：*[$_{IP}$ Jean [$_{I'}$ t$_{[I]}$ [$_{VP}$ souvent [$_{VP}$ [$_V$ [$_V$ embrasser] [I]] Marie⋯

9c. LF：[$_{IP}$ Jean [$_{I'}$ [$_V$ [$_V$ embrasser] [I]] [$_{VP}$ souvent [$_{VP}$ t$_{[embrasser][I]}$] Marie⋯

如果 LF-提升在法语中可行，那么（9b&c）就是合法的，也就没有理由排除（9a）。为了排除（9）这种推导方式，乔姆斯基（Chomsky, 1991）提出了一个推导条件，称为最省力条件（Least Effort Condition），该条件是推导经济性（economy of derivation）的首要原则。目前对这一条件的解释是"短距离的推导优于长距离的推导"。如果说给定一个句子，与之对应的有多种推导方式，那么涉及移位的最少的推导方式优于其他的推导方式。

我们再看（4b），重复如下：

10a. Jean embrasse souvent Marie.

10b. SS：$[_{IP}$ Jean $[_{I'} [_{V}$ embrasser$]$ I $[_{VP}$ souvent $[_{VP}$ t$_{embrasser}$ Marie…

（10）中只涉及一次以显性的移位，即 V-提升。由于法语的 Agr$_s$ 是透明的，（10）所派生的移位链毫无不妥之处，无需 LF 层面的"纠正"环节。（9）与之形成鲜明对照，需要一次额外的（隐性）移位，以在 LF 层面纠正 I-降落所带来的不能满足 ECP 条件的移位链，如（9c）所示。由于这个原因，（9）的推导方式被最省力条件排除了，因为（10）比（9）省力。

概括来说，显性降落的推导方式无可避免地需要隐性提升来殿后，而显性提升则无须如此。所以，在法语中，只要显性 V-提升可能，那些涉及显性 I-降落的推导通常就要被排除掉。

根据上面的分析，英语与法语之间的参数差异是一个"降落"与"提升"的差异，归根到底是 Agr$_s$ 特点的不同。英语中的 Agr$_s$ 是不透明的，主动词不能移过去，而法语中的 Agr$_s$ 是透明的，主动词可以移过去。另一方面，由于法语中的主动词能够显性地移向 I，根据最省力条件，其他的推导方式都被排除了。

乔姆斯基（Chomsky，1991）没有使用"不透明（opaque）"和"透明（transparent）"等概念，而采用贝莱蒂（Belletti，1990）术语"弱势（weak）"和"强势（strong）"。"弱势"表示英语 Agr$_s$ 的性质，"强势"表示法语 Agr$_s$ 的性质。至于这两个术语为什么用于 Agr$_s$ 而不是 I 后面会明确说明。术语"弱势""强势"以及"推导经济性"在以后的章节中至关重要。

17.1.2 助动词（Auxiliary Verbs）

虽然英语法语中的主动词不同，它们的助动词却是相似的。两种语言的定式句中都允许助动词显性 V-提升，如（11）和（12）所示：

11a. John has completely lost his mind.

11b. $[_{IP}$ John $[_{I'} [_{V}$ have$]$ I $[_{VP}$ completely $[_{VP}$ t$_{[have]}$ lost his mind…

12a. Jean a complètement perdu la tête.

    Jean has completely   lost   the head

12b. $[_{IP}$ Jean $[_{I'} [_{V}$ avoir$]$ I $[_{VP}$ complètement $[_{VP}$ t$_{[avoir]}$ perdu la tête…

不仅如此，这两种语言的定式句中还都不允许助动词显性 I-降落，如（13）和（14）所示：

13a. *John completely has lost his mind.

13b. *$[_{IP}$ John $[_{I'}$ t$_{[I]} [_{VP}$ completely $[_{VP} [_{V} [$ have$] [$ I$]]$ lost his mind…

14a. *Jean complètement a perdu la tête.

Jean   completely   has   lost   the head

14b. *$[_{IP}$ Jean $[_{I'}$ t$_{[I]}$ $[_{VP}$ complètement $[_{VP}$ $[_V$ $[_V$ avoir$]$ $[I]$ $]$ $]$ perdu la tête…

英语和法语中助动词的相似性似乎与主动词的差异形成反差，但这两者并不矛盾。我们不妨逐个看一下。在（11）中，助动词显性 V-提升到 I，对于主动词来说这是不允许的，要知道英语中的 Agr$_s$ 是不透明的（或者说是弱势），主动词在这里受到限制，无法将词汇特征传送给论元。但是对于助动词来说这并不妨碍，因为它不指派 θ-角色（助动词不带有论元），因此这不会破坏 θ-标准。那么（13）为什么被排除了呢？这里既然 V-提升是可能的，那它就是必需的，所以根据最省力条件，它自然就被排除了。

至于法语例子（12），也就无须多说，它的 Agr$_s$ 是透明的（强势），主动词尚且能提升过来，何况助动词？例子（14）为什么被排除，这自然和英语例子（13）的原因相同，毋庸赘言。

17.2　Neg-短语（Neg Phrase）

17.2.1　英语中的否定（Negation in English）

看下面的句子：

15a. John does not like his father.

15b. $[_{IP}$ John $[_{I'}$ $[do]$ I $[_{Neg}$ not $[_{VP}$ like his father…

16a. *John not likes his father.

16b. $[_{IP}$ John $[_{I'}$ t$_I$ $[_{Neg}$ not$]$ $[_{VP}$ $[_V$ $[like]$ $[I]$ $]$ $]$ his father…

17a. *John likes not his father.

17b. $[_{IP}$ John $[_{I'}$ $[_V$ like$]$ $[_{Neg}$ not$]$ $[_{VP}$ $[_V$ t$_{like}]$ his father…

上面的例子表明，Neg 阻碍 I 与动词的合并，不论 I-降落到 V 还是 V-提升到 I 都不能奏效，最终两者只好使用最后一招，do-支撑（见 §5.6）。

那么（16）和（17）为什么被排除了呢？如果说（17）被排除是因为主动词不能显性提升到 I，那么（16）中的 I 降落到 V 为什么被排除就不太清楚了。显性的 I-降落所形成的病态链原则上可以在 LF 层面通过提升 $[_V$ $[V]$ $[I]$ $]$ 到 I 来纠正，但是这一过程在否定句中似乎由于某种原因被阻碍了。

到目前为止，我们一直假定 Neg 基础生成于 I。从形态语音学的角度来看，not（非缩写形式）是一个自主的范畴，不像 Agr$_s$ 及 Tense 那样依赖于动词。当

然这种独立性的最有力的证据是它的句法行为。波洛克（Pollock, 1989）认为
Neg 在 I 与主动词合并过程中的阻碍效应的最好的解释是假定 Neg 是一个独立范
畴，投射自身的 X-杠结构 NegP。从表面上看，Neg 介入 I 元素（由 do 支撑）
与主动词之间，如（15）中 not 处在 does 和 like 之间。因此，NegP 在句子结构
中应该处在 I 和 VP 之间。如下图所示（Chomsky, 1995b：136）：

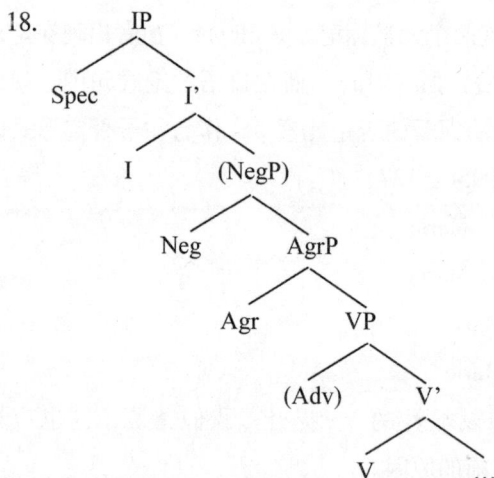

18.

```
            IP
          /    \
       Spec     I'
              /    \
            I      (NegP)
                  /      \
               Neg       AgrP
                        /    \
                     Agr      VP
                           /      \
                       (Adv)      V'
                                /    \
                               V      ...
```

这一结构是如何解释 Neg 阻碍 I 与主动词合并的呢？我们上面已经谈到，由
于英语中的 Agr$_s$ 为弱势（不透明的），它的主动词不能提升到 I，所以只能通过
I-降落和主动词进行合并；但是，如果 I 通过显性的 I-降落与主动词合并，那
么这一移位所形成的病态链在原则上就需要在 LF 层面再通过提升 [$_V$ [V]
[I]] 到 I 来纠正，但这一过程在否定句中破坏了 HMC，如下：

19a. DS：[$_{IP}$ John [$_{I'}$ I [$_{NegP}$ [$_{Neg'}$ not [$_{VP}$ like his father···

19b. SS：*[$_{IP}$ John [$_{I'}$ t$_I$ [$_{NegP}$ [$_{Neg'}$ not [$_{VP}$ [$_V$ like] [I]] his
father···

19c. LF：*[$_{IP}$ John [$_{I'}$ [$_V$ like] [I]] [$_{NegP}$ [$_{Neg'}$ not [$_{VP}$ t$_{[v like] [I]}$]
his father···

显然，在 LF 层面上的这一纠正过程越过了介入的中心语范畴 Neg，破坏了
HMC。Neg 所产生的最小限度（minimality）效应（参见 §11.3）阻碍了提升的
[$_V$ [V] [I]] 先行语管辖它在 VP 内的语迹。最终，英语只能使用 do-支撑
来抢救带有主动词的否定句。如（20）所示：

20. [$_{IP}$ John [$_{I'}$ [do] [I]] [$_{NegP}$ [$_{Neg'}$ not [$_{VP}$ [$_V$ like]] his
father···

do-支撑是某些语言所特有的规则，作为最后一招来挽救那些通过 UG 决定的过程（如使用中心语移位）无法生成的否定句。根据乔姆斯基（Chomsky，1991）的观点，使用某种语言特有的规则，要遵循经济条件，如 do-支撑必须在 UG 决定的过程（中心语移位）受到阻碍的时候才能使用。

17.2.2　法语中的否定（Negation in French）

在标准法语中，句子的否定有两个元素标记，ne 和 pas。前者出现在定式动词之前，后者出现在定式动词之后，如（21a）；而在口语的定式句中，动词前的否定元素 ne 可以脱落，只留下动词后的否定元素 pas 作为句子否定形式的唯一标记，如（21b）（Chomsky，1995b：137）。

21a. Jean　（n'）　aime　pas　Marie.

　　　Jean　ne　　like　NEG Marie

21b. *Jean　pas　　aime　Marie.

　　　　Jean　NEG　like　　Marie

前面看到，法语肯定句中涉及显性的 V-提升。我们猜测，这也应该是（21）中的定式动词出现在 pas 之前的原因。

我们的问题是，如果法语中的 Neg 投射自身的 X-杠结构 NegP，那么直接越过 pas 的 V-提升岂不是破坏了 HMC/ECP？我们看到上面的（21）是合法的句子，那么这岂不是说法语中的 Neg 不阻碍 V-提升？要回答这一问题，我们先考查法语中的非定式句的情况。

在法语的非定式句中，两个否定元素都出现在动词之前，如（22a）所示。而且非定式句还有一点和肯定句不同，那就是它不允许 ne 的脱落，当然，这一点不是这里所要关注的（Chomsky，1995b：137）。

22a. Ne pas　être　heureux…

　　　not　　be　　happy

22b. *Ne être　　pas　heureux…

　　　　not to-be　not　happy

（22）表明，非定式句与定式句不同，它的动词不能显性提升。但是，（23）中的非定式动词与副词语序［V ADV］表明动词提升，已经越过了副词，到了 VP 之外，该着陆处我们表示为 X，那么其表征式如下：

23a. Etre　souvent　heureux…

　　　to-be often　　happy

23b. $[_{IP}$ e $[_{I'}$ I $[_{XP}$ $[_V$ être$]$ X $[_{VP}$ $[_{ADV}$ souvent$]$ $[_{VP}$ t$_{être}$ heureux…

波洛克（Pollock, 1989）认为上述这一矛盾表明了在句子结构中还存在着一个额外的位置，这一位置低于 Neg（可从（22a）中的 $[$Neg V$]$ 语序看出），又高于 VP（可从（23）中的 $[$V ADV$]$ 语序看出）。波洛克认为这一位置为 Agr，乔姆斯基（Chomsky, 1991）认为这是一个 Agr_O 而不是 Agr_S。V-提升到 Agr_O 有时被称为"短距离移位"（short movement）。非定式否定句（24）的表征式如下：

24a. Ne pas être souvent heureux…

    not   be   often   happy

24b. $[_{IP}$ PRO I $[_{NegP}$ ne pas $[_{Agr_OP}$ $[_V$ être$]$ Agr_O $[_{VP}$ souvent $[_{VP}$ t$_{[V être]}$ heureux…

在我们解释为什么法语定式句中的动词能够越过 pas 之前，我们首先谈一下带有 Agr_O 的小句的结构。Agr_O 我们已经不陌生，在第十三章（§12.2）中我们已经看到，齐佩瓦语中具有显性的 Agr_O。

乔姆斯基（Chomsky, 1991）认为法语中有证据证明 Agr_O 的存在。这一证据来自凯恩（Kayne, 1987），如下：

25a. Paul les   a   repeintes.

    Paul them（f. pl）has repeinted（f. pl）

25b. Combien   de tables   Paul a repeintes?

    how-many of tables（f. pl）Paul has repainted（f. pl）

（25）中的分词和直接宾语（这里分别为附着形式和移位的 wh-短语）之间存在着性和数的一致。这很显然表明，法语句子结构中存在显性的 Agr_O。

我们回头继续看为什么法语定式句中的动词能够越过 pas，而没有导致 HMC 的破坏，如下：

26a. Marie aime pas Jean.

    Marie likes not Jean

26b. SS: *$[_{IP}$ Marie $[_{I'}$ $[_{Agr_O}$ $[_V$ aimer$]$ $Agr_O]$ I $[_{NegP}$ pas $[_{Agr_O}$P t$_{[AgrO [V] AgrO]}$ $[_{VP}$ t$_{[V]}$ Jean…

26c. LF: $[_{IP}$ Marie $[_{I'}$ $[_{Agr_O}$ $[_V$ aimer$]$ $Agr_O]$ I $[_{NegP}$ pas $[_{Agr_OP}$ $[_{VP}$ t$_{[V]}$ Jean…

乔姆斯基（Chomsky, 1991）对此的解释基于两个重要的假设。第一，语迹带有其先行语的范畴身份。所以，V 的语迹为 V，表征为 $t_{[V]}$，Agr_0 的语迹为 Agr_0，表征为 $t_{[Agr_0]}$。那么，既然（26）中移位的范畴为复杂中心语 $[_{Agr_0}\ [V]\ Agr_0]$，它的语迹的范畴身份就是 Agr_0。前面我们已经看到由中心语附接而生成的复杂中心语的范畴由它所附接的寄主的范畴所决定，那么（26b）中的动词移位到 Agr_0，其结果自然会导致复杂 Agr_0 范畴的生成。第二，如果一个范畴的语迹在句子的释义中不起作用，那么它在 LF 层面上就可以删除；如果起作用，就不能删除。例如，动词的语迹在 LF 层面上不能删去，因为动词很显然在句子释义中起作用；与此相反，Agr_0 的语迹在 LF 层面上可以删除，因为 Agr_0 在句子释义中不起作用，这就是（26c）中语迹 $t_{[AgrO\,[V]\,AgrO]}$ 缺失的原因。

在 SS 表征式（26b）中涉及一个有悖的语迹，即 $t_{[AgrO\,[V]\,AgrO]}$，它是由复杂中心语 $[_{Agr_0}\ [V]\ Agr_0]$ 越过介入的中心语 Neg 提升到 I 所形成的。Neg 所致的最小限度效应导致 I 节点下的复杂中心语 $[_{Agr_0}\ [V]\ Agr_0]$ 不能管辖其语迹。乔姆斯基（Chomsky, 1991）认为这一表征式可以通过删除有悖的语迹 $t_{[AgrO\,[V]\,AgrO]}$ 来纠正，因为这一语迹在句子的释义中不起作用。删除的结果是其 LF 表征式（26c）与 ECP 相一致，而 LF 中动词的语迹 $t_{[V]}$ 通过 γ-标记机制（§11.1.3）满足 ECP，它受到 $t_{[AgrO\,[V]\,AgrO]}$ 的先行语管辖，从而获得了特征 $[+γ]$。当然，从 LF 层面上删除 $t_{[AgrO\,[V]\,AgrO]}$ 之前应该应用 γ-标记。

虽然在法语中这一问题解决了，作为比较，我们再看一下为什么英语中不能使用语迹删除机制。如下例所示：

27a. *Mary not likes John.

27b. SS: *$[_{IP}$ Mary $[_{I'}\ t_{[I]}\ [_{NegP}$ not $[_{Agr_0P}\ Agr_0\ [_{VP}\ [_V\ [_V$ like$]$ $[I]\ ]$ John···

27c. LF: $[_{IP}$ Mary $[_{I'}\ [_{Agr_0}\ [_V$ like$]\ Agr_0]$ I $[_{NegP}$ not $[_{Agr_0P}\ t_{[AgrO]}$ $[_{VP}\ t_V$ John···

（27a）的 SS 与 LF 表征式如（27b）和（27c）所示。（27c）包括一个有悖的语迹，即 Agr_0 下的 $t_{[AgrO\,[V]\,AgrO]}$。如果这一有悖的语迹在 LF 表征式上可以删除，那么就无法解释为什么（28a）会被排除。

要回答这一问题，我们首先要界定显性 V-提升到 Agr_0 与隐性的 V-提升到 Agr_0 的一个不同之处：前者是附接移位，后者是替代移位，也就是说，（27）的隐性 V-提升到 Agr_0 再到 I，在 Agr_0 下留下一个语迹，该语迹是 $t_{[V]}$ 而不是 $t_{[AgrO]}$。因此，（27a）的 LF 表征式如（28c）所示：

28a. *Mary not likes John.

28b. SS: *$[_{IP}$ Mary $[_{I'}$ $t_{[I]}$ $[_{NegP}$ not $[_{Agr_OP}$ Agr_O $[_{VP}$ $[_V$ $[_V$ like$]$ $[I]$ $]$ John⋯

28c. LF: $[_{IP}$ Mary $[_{I'}[_{Agr_O}$ $[_V$ like$]$ $Agr_O]$ I $[_{NegP}$ not $[_{Agr_OP}$ $t_{[V]}$ $[_{VP}$ t_V John⋯

这样一来，$t_{[V]}$ 类型的语迹在 LF 层面不能删除。因此在（28c）中，ECP 遭到了破坏。

17.3 Agr_s、Agr_O 与结构格（Agr_s、Agr_O and Structural Case）

17.3.1 Agr_s、时态、主格（Agr_s、Tense and Nominative Case）

将 Neg 从 I 中分出并赋予它中心语范畴的地位，这一举动消除了 I 范畴在 X-杠理论原则方面的一些异常，比如在前面的句子结构里，I 具有双中心语的特点，既统制屈折范畴又统制非屈折范畴，这与 X-杠理论所暗示的范畴与投射之间一一对应的关系很不一致。然而，需要注意的是，这里之所以把 Neg 从 I 中分出来在本质上是经验主义的作法，因为 Neg 在句法上表现为一个独立的中心语范畴，而不是 I 的一个成员。同样，对 Agr_O 范畴的假定也是受到经验主义的启发，法语中"短距离移位"的证据来自分词的一致屈折。

通过以上修正，句子结构中的 I 只统制 Agr_s 与 Tense。然而，I "双中心语"的问题并没有由此得到消除，因为 I 此时仍然统制两个截然不同的范畴，Agr_s 与 Tense。如此一来，Agr_s 与 Tense 也应该是独立的范畴，各有自己的 X-杠结构，Agr_s 为其最大投射 Agr_sP 的中心语，Tense 为其最大投射 T（ense）P 的中心语。这一假说我们称之为"INFL 分解假说"（Split INFL Hypothesis）。

接下来的问题是，假如这一逻辑成立，Agr_s 与 T 哪一个位置更高呢？

贝莱蒂（Belletti，1990）用意大利语的例子（如下）表明，在意大利语的定式句中，与 Agr_s 相应的屈折元素在与 T 相应的屈折元素之外，这表明，Agr_s 要高于 T。

29a. Legg-eva-no.

　　read-T（imperfect）-Agr_s（1PL）

　　"They read."

29b. Parl-er-o.

　　speak-T（future）-Agr_s（1S）

"I will speak."

在（29）中，与 T 对应的屈折语素比与 Agr_s 对应的屈折语素更靠近动词词根。这表明，动词首先附接到 T，与它一起形成 [[V]T]，然后这一复杂体又附接到 Agr_s，形成表层的复杂体 [[[V]T]Agr_s]。根据 HMC，一个中心语不能越过另一个中心语，V 首先附接到 T 表明 T 要低于 Agr_s。由此，句子的结构应该如下（Chomsky，1995b：147）[①]：

30.

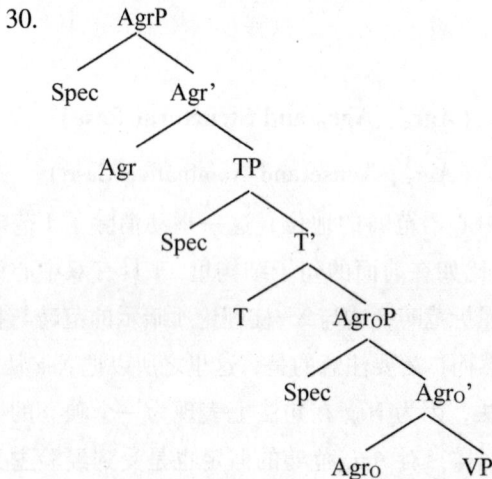

虽然（30）是基于意大利语屈折语素的顺序，但由此推及其他语言（至少与意大利语是同一类型的语言）也应该是合理的。[Spec, Agr_sP] 是一个典范主语位置，在此，主语与 Agr_s 的关系是指示语-中心语一致关系。然而，主格并不是依赖于 Agr_s（主语一致），还要依赖于 T（时态）。在英语中我们看到，只有在定式句中才有主格，非定式句中则没有，由此非定式句的主语常常从 ECM 动词那里获得宾格（§7.5）或从介词标句语那里获得旁格（§3.2.1）。为解决这一问题，乔姆斯基（Chomsky，1991）提出主格是由复杂体 [Agr_s[T]Agr_s] 通过指示语-主语一致指派。这一复杂体既包括 T 又包括 Agr_s，Agr_s 编码 φ-特征，T 编码主格特征。英语的复杂体 [Agr_s[T]Agr_s] 由 T 通过中心语提升到 Agr_s 而形成。

17.3.2　Agr_0、V、宾格（Agr_0, V and Accusative Case）

在前面（§7.3），我们区分了两种类型的格，内在格与结构格。内在格在

---

① 乔姆斯基原文的结构图和这里的有所区别，其中 TP、T 在 Chomsky 的文中为 FP、F。笔者在此用了近来流行的 TP，因为现在都使用 TP 作为最大投射。

DS 层面决定，受格成分与授格成分之间牵涉题元关系，而结构格却是在 SS 或 LF 层面上决定，受格成分与授格成分之间不牵涉题元关系的格称为结构格。结构格的典型例子是主格与宾格，主格通过与 I 的指示语-主语一致指派，宾格则是通过及物动词的管辖指派。有必要将所有的结构格用同一条件进行指派，这种统一的方法在以前是不可能的，因为此前的句子结构中不存在与 Agr_s 范畴平行的 Agr_o 范畴。那么既然现在经过修正的句子结构包含了 Agr_o 范畴，宾格可以通过 Agr_o 投射内的指定语-中心语一致进行指派。这样，结构格基本上反映了相关范畴间的指定语-中心语一致关系。

因此，宾格和主格一样，也是通过指定语-中心语一致指派的。当然，它是通过同复杂 Agr_o 范畴 $[_{Agr_o} [V] Agr_o]$ 的一致进行指派。宾格标记的 DP 同 Agr_o 在 ϕ-特征方面一致，而同动词在特征方面一致。这一设想方案保持了及物动词在宾格指派中起作用这一传统的观点。我们设想复杂 $[Agr_o [V] Agr_o]$ 由 V-提升到 Agr_o 所形成。英语中这一提升过程发生在 LF 层面，直接宾语 DP 移到 $[Spec, Agr_oP]$ 也发生在 LF 层面。因为如果直接宾语显性移到 $[Spec, Agr_oP]$，英语的语序会呈现 OV 语序而不是 VO 语序。这就暗示了格的指派关系在 LF 层面上决定而不是在 SS 层面上决定。

宾格在 $[Spec, Agr_oP]$ 决定，通过同 $[Agr_o [V] Agr_o]$ 的指示语-中心语一致关系指派，这还有一个重要的暗示，那就是对（31）中的 ECM 结构进行提升到宾语的分析（Raising to Object analysis）变得可能。

31a. John believes Bill to be intelligent.

31b. John believes $[_{IP}$ Bill to be intellegent$]$

31c. LF：$[_{IP}$ John $[_{I'} [_V$ believes$] [_{Agr_oP}$ Bill $[_{Agr_o'}$ $t_{believes}$ $[_{VP}$ $t_{believes}$ $[_{IP}$ Bill…

此前（§7.5），ECM 句式如（31a）被认为具有（31b）这样的表征式，ECM 主语呈现出宾语的特点是因为它受到根动词的管辖，并由根动词指派格。提升到宾语的分析之所以被排除是因为它要求根句中有一个基础生成的直接宾语位置，例外格 DP 移向这一位置。但从定义上看，基础生成的直接宾语位置受到 θ-标记，因此提升到宾语与 θ-标准不符。然而，现在不再存在这一争执，因为提升到宾语的目的地不再是基础生成的直接宾语位置，而是 $[Spec, Agr_oP]$ 位置，这是一个非 θ-标记的位置。这种情况下，例外格 DP 只能移到 $[Spec, Agr_oP]$，以获得格。

　　根据我们的设想，提升到宾语（在［Spec，Agr_oP］位置），如同上面的直接宾语的提升，只能隐性地应用在 LF 层面上。如果例外格 DP 显性提升，动词留在 VP 内，这样就会派生出错误的语序。因此，例外格 DP 提升到［Spec，Agr_oP］位置与 V-提升到 Agr_o 两者要么一起使用，要么就都不应用。我们下一节再讨论这种关系。

17.4　宾语转换（Object Shift）

　　宾语转换通常与大陆日耳曼语联系在一起。看下面两个丹麦语的例子（Vikner，1990）。丹麦语是一种 V2 语言，具有［V O］语序。

32a. Peter　købte　den　ikke.

　　　Peter　bought　it　　not

　　　"Peter did not buy it."

32b. Peter købte den［VP ikke［VP $t_{købte}$··· t_{den}···

　　定式动词移出 VP 到 C，这一移位的结果是代名词的直接宾语也移出了 VP，到达一个高于 VP 的位置，我们假定这一位置为［Spec，Agr_oP］（Chomsky，1991）。这一移位我们称为宾语转换（Object Shift）。（32）的分析以及下面的其他例子中假定 Neg 是一个副词元素，左附接到 VP，用以判断宾语转换。宾语出现在否定元素的左侧即被认为进行了宾语转换。

　　有了这些，我们再看（33）和（34）：

33a. Hvorfor　har　Peter　ikke　købte　den?

　　　why　　　has　Peter　not　　bought　it

　　　"Why hasn't Peter bought it?"

33b. Hvorfor har Peter［VP ikke［VP købte den···

34a. Det　var　godt　at　Peter　ikke　købte　den.

　　　it　was　good　that Peter　not　　bought　it

　　　"It was good that Peter did not buy it."

34b. Det var godt［CP at［IP Peter［VP ikke［VP købte den···

　　（33）和（34）表明，如果主动词不从 VP 中移出，直接宾语就不进行宾语转换。

　　以上丹麦语的例子表明，V-提升与宾语转换之间具有一种相互关系，只有当主动词从 VP 中移出后才能进行宾语转换。这一定律称为霍姆伯格定律

（Holmberg's Generaliation）（Holmberg，1986）。

  只有当主动词从 VP 中移出后才能进行宾语转换。

  上一节中英语的情形与这一定律相一致。英语中的主动词不做显性移位，直接宾语也不做显性移位。而法语中的情况却不是这样分明。法语定式句、非定式中的动词都要移出 VP，然而法语中的典型语序 [SUBJ V ADV OBJ] 表明直接宾语不能移出 VP。然而，这一情形没必要和霍姆伯格定律保持一致，因为动词从 VP 中移出后，宾语没有必要随后移出。

17.5 本章简评

  笔者将这一章放在"管约论"的末尾，主要是因为这部分的研究在"管约论"中是最新的，也是最具时代意义的——"管约论"提升为"简约论"的起因源于对不同语言中动词、否定成分、动词状语之间的次序问题以及 Agr 和 Neg 两个功能范畴的研究。在这两个范畴加上了"强势"和"弱势"两个概念之后，"简约论"的框架就提出来了。尽管后来 Agr 这一范畴被乔姆斯基取消了，但是它毕竟在生成语法的发展历史中留下了痕迹，我们不能对它视若不见，更何况这方面的研究本身就很有意义。

18　CP 分裂假说（Split CP Hypothesis）

18.1　CP 分裂假说的提出（The Proposal of Split CP Hypothesis）

CP 分裂假说最早由里兹（Rizzi, 1997）提出。在里兹提出 CP 分裂假说之前，句法分析多是在标句短语（即 CP）这一假设的基础上进行的。应当说，标句短语假设用来分析多数的左边缘结构都是成功的，然而，用它来处理（1）中的内嵌小句时却显得颇为棘手。

1. I am absolutely convinced [that no other colleague would he turn to].

我们知道，wh-短语通常要通过 wh-移位移到句首。事实上，不仅 wh-短语如此，有些其他成分也可能会出现在句首，如（1）中的 no other colleague 本是 to 的宾语，却出现在了句首的位置；与此同时，would 也随之提升。这时候问题就来了：如何确定 no other colleague 和 would 的句法地位？如果我们把 would 置于 C 位置上（no other colleague 位于 [Spec, CP] 位置），that 就无法处理。这是因为，通常说来，that 是一个标句语，占据 C 位置。可是，如果把 that 处理为 C 的话，no other colleague 和 would 又无法安置。如此一来，唯一可行的方案就是让句子中出现两个 C，可这又不符合句法通常的做法，如下：

2. I am absolutely convinced *[$_{CP}$ [$_C$ that [$_{CP}$ no other colleague [$_C$ would] [$_{TP}$ he [$_T$ t$_{would}$] [$_{VP}$ [$_V$ turn] [$_{PP}$ [$_P$ to] t$_{no\ other\ colleague}$]]]]]].
(Rizzi, 1997)

出于这样的原因，里兹（Rizzi, 1997, 2001, 2004）提出将 CP 分解成导句短语（force phrase, 简写成 ForceP）、话题短语（topic phrase, 简写成 TopP）、焦点短语（focus phrase, 简写成 FocP）①、限定短语（finiteness phrase, 简写成

---

① 话题短语与焦点短语的区别，根据雷德福（Radford, 2004）的观点，从语篇的角度看，焦点成分一般传达新信息，而话题（前置宾语）则是前面已经提到的信息。

FinP）等。Rizzi（1997：297）还给出了它们在树形图上的顺序，如下（其中
TopP*表明可以同时出现多个话题）：

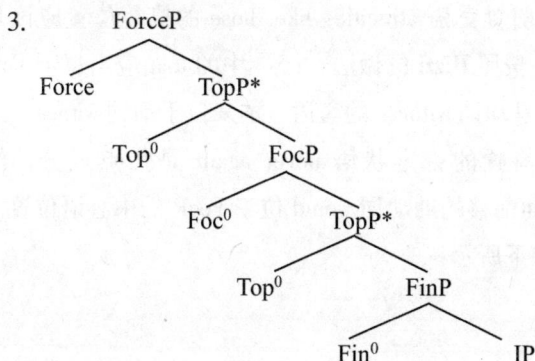

3.

```
                    ForceP
                   /      \
               Force      TopP*
                         /      \
                      Top⁰      FocP
                               /    \
                            Foc⁰    TopP*
                                   /     \
                                Top⁰     FinP
                                        /    \
                                     Fin⁰     IP
```

有了 CP 分裂假说，我们再来看例句（1）的内嵌小句。其分析如（4）所
示（Rizzi，1997；Radford，2004：328）：

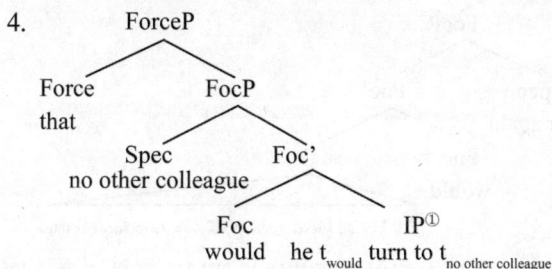

4.

```
                    ForceP
                   /      \
               Force      FocP
               that      /    \
                      Spec     Foc'
              no other colleague  /  \
                               Foc     IP①
                            would  he t_would turn to t_no other colleague
```

为方便排版，IP 部分没有进一步展开，读者如有需要，可根据前面的讨
论自行展开。

从上图可以看出，that 占据了 ForceP 的中心语位置，受焦短语 no other col-
league 源于 to 的宾语位置，移向 FocP 的指定语，助词 would 源于 T 位置，移向
FocP 的中心语。对于该移位的内在动因，雷德福（Radford，2004：328）还在
最简方案框架内做出了解释："假定 FocP 的中心语 Foc 自身携带有一个［EPP］
特征和一个不可解释的焦点特征，两个一起吸引受焦宾语 no other colleague（该
短语自身携带与不可解释的焦点特征相匹配的特征）移入［Spec，FocP］位置，
而 Foc 是一个带有词缀［TNS］特征的强势中心语，吸引助动词从 T 移到 Foc。"

18.2 话题短语和焦点短语（Topic Phrase and Focus Phrase）

然而，例（4）只涉及两个投射：导句短语和焦点短语。为更好地了解 CP
分裂假说，我们再来看一个例句：

5. He had seen something truly evil -prisoners being ritually raped, tortured and mutiliated. He prayed that atrocities like those, never again would he witness.

在（5）的画线部分中，前置宾语 atrocities like those 的典范位置应该是在 witness 之后，但出现在句首。按照 Rizzi 的做法，（5）中的 that 应当位于 ForceP 的中心语；atrocities like those 是动词 witness 的宾语，本来位于动词 witness 之后，前置后成为句子的话题①；前置的否定状语 never again 是焦点成分，位于 [Spec，FocP] 位置，因倒装而前移的助动词 would 位于 FocP 的中心语位置。这样一来，该部分的结构应当如下所示：

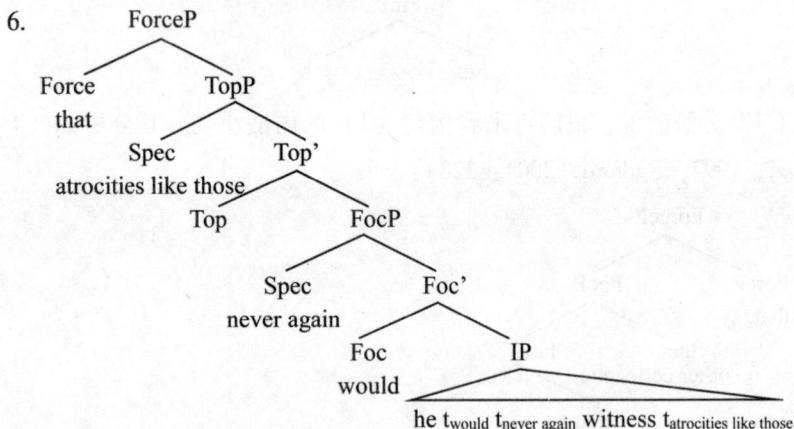

6.

```
              ForceP
             /      \
        Force        TopP
        that        /    \
                 Spec      Top'
       atrocities like those  / \
                         Top   FocP
                              /    \
                          Spec      Foc'
                       never again  /   \
                                  Foc    IP
                                 would
```
he t$_{would}$ t$_{never\ again}$ witness t$_{atrocities\ like\ those}$

另外，雷德福（Radford，2018）曾专门以口语英语为例讨论了什么是话题。他将话题分为三类，其具体区分源于它们与其关联命题（associated proposition）的链接方式：

第一种方式，句法方式——通过缺位（gap），如（1）所示：

（1）*Those kind of things* I love _____, I really do（Andy Dillon, Talksport Radio）

第二种方式，词汇方式——通过概括表达（resumptive expression），如（2）所示：

（2）*This guy*, it was only a few hours ago that he had a speech that was a mile long（Peter Allen, BBC Radio 5）

---

① 至于 atrocities like those 前置后为什么成为话题而非焦点，根据雷德福（Radford，2004：329），从语篇的角度看，焦点成分一般传达新信息，而这里的前置宾语 atrocities like those 显然代表旧信息，即语篇中前面已经提到的信息（它回指前面小句中的 rape、torture、mutilation）。这类前置的成分应视为句子的话题（Rizzi，1997；Haegeman，2000）。

第三种方式，语用方式——通过语用推理（pragmatic inferencing），如（3）所示：

(3) *Defoe*, even I could have scored that goal (Alan Green, BBC Radio 5)

18.3 限定短语（Finiteness Phrase）

到目前为止，我们只谈及三个投射 ForceP、TopP 和 FocP，尚未涉及 FinP。事实上，里兹（Rizzi，1997）提出 FinP 所依据的是意大利语语料。意大利语中存在一个介词性的非定式句标记成分 di，用以引导非定式句（引导定式句则用 che），如下例所示：

7a. Credo che loro apprezzerebbero malto il tuo libro.

"I believe that they would appreciate your book very much."

7b. Credo di apprezzare malto il tuo libro.

"I believe 'of' to appreciate your book very much."

8a. Credo che il tuo libro, loro lo apprezzerebbero molto.

"I believe that your book, they would appreciate it a lot."

8b. *Credo, il tuo l ibra, che loro lo apprezzerebbero molto.

"I believe, your book, that they would appreciate it a lot."

9a. *Credo di il tuo libro, apprezzarlo molto.

"I believe 'of' your book to appreciate it a lot."

9b. Credo, il tuo libro, di apprezzarlo malto.

"I believe, your book, 'of' to appreciate it a lot."

这个 di 的特殊之处在于，它在句法结构上的位置与引导定式句的 che（相当于英语的 that）不同：当有某种句法成分前置时，che 总是出现在该前置成分之前，如（8）所示，il tuo libro（你的书）前置后，che 只能出现在 il tuo libro 之前，而不能出现在 il tuo libro 之后；而 di 却只能出现在该前置成分之后，如（9）所示，il tuo libro 前置后，di 不能出现在 il tuo libro 之前，而只能出现在 il tuo libro 之后。这表明，di 与 che 不能归为一类成分。

以上分析不仅对单一投射的标句短语假设构成了挑战，同时还表明，CP 分裂假说设立一个高位置 ForceP 和一个低位置的 FinP 的必要性：高位置的 Force 可以容纳标句成分 che，而低位置 Fin 则用以标记一个句子是定式句还是非定式句，从而能够容纳 di 这样的成分。

有趣的是，雷德福（Radford，2004）指出，英语（包括中古英语和现代英语）中也存在类似于意大利语 di 的标记。下面以现代英语为例加以说明：

10. SPEAKER A：What was the advice given by the police to the general public?

　　　　SPEAKER B：*Under no circumstances* for anyone to approach the escaped convicts.

雷德福（Radford，2004）认为，（10）中的答句结构应该如（11）所示，其中 for 位于 Fin 位置（引自 Radford，2004：334）：

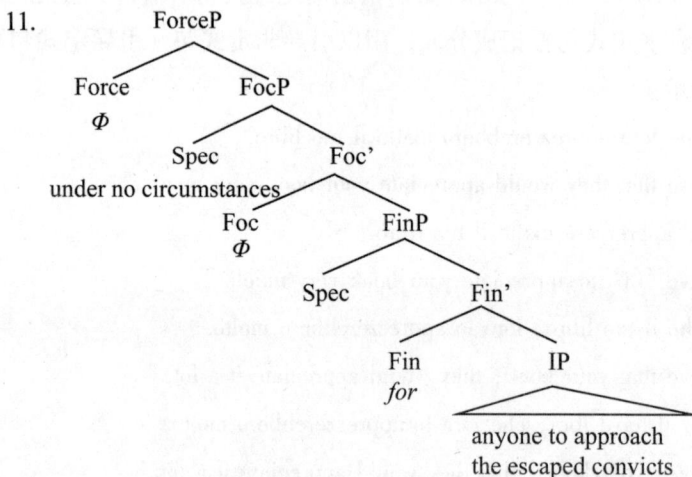

11.

```
                    ForceP
                   /      \
              Force        FocP
                Φ         /    \
                       Spec     Foc'
              under no circumstances
                         /        \
                      Foc          FinP
                       Φ          /    \
                               Spec     Fin'
                                       /    \
                                    Fin      IP
                                    for    /    \
                                   anyone to approach
                                   the escaped convicts
```

CP 分裂假说成功地解决了许多句法上的难题，一经提出，便在跨语言的研究中得到了广泛的应用（如 Frascarelli，2000；Munaro，2003；Munakata，2006；Newmeyer，2009；Darzi ＆ Beyraghdar，2010；van Craenenbroeck，2010；Wakefield，2011；庄会彬，2013）。

18.4　本章简评

"分裂"，顾名思义，就是把一个大的投射分裂成若干小的投射。这一做法在句法领域其实不是什么稀罕事。早在 20 世纪 80 年代，拉尔森（Larson，1988）便首开"分裂"之先河，把 VP 分解成两个投射，被称为"VP-壳假说"；波洛克（Pollock，1989）紧随其后又对 IP 做了分裂。应当说，以上两次分解极大地推进了句法研究，对后来 CP-分裂假说起到了发轫作用。CP-分裂假说的提出，具有极其重要的理论意义和实用价值：在理论上，它开启了一个新的理论流派——制图理论；在实践中，从形式句法的角度开展话题与焦点研究，其真正的开始当从 CP-分裂假说算起。无疑，CP-分裂假说对类似汉语这种问题突显且焦点敏感的语言而言如鱼得水，也是汉语句法研究者的福音。

19 最简方案（Minimalist Program）

19.1 表征层面（Levels of Representation）

原则参数框架假定了四个层面，DS、SS、PF、LF。PF、LF 为外接口层面，前者与发音知觉系统相连，后者与概念意向系统相连。DS 是一个内在接口层面，连接词汇与句法。LF、PF 这两个接口层面是必需的，任何语言理论都不可避免，但是 DS、SS 却是纯理论的产物。在 DS 层面应用投射原则、θ-标准，而在 SS 层面则使用各种模块（程序块），如约束理论、格理论、pro 模块。语言的最简理论就要尽可能地简化理论体系，从而尝试删除 DS 和 SS 两个层面。这需要一种全新的理论模型，完全依赖于 PF、LF 两个接口层面，同时不需要花太高的代价就能解释以前依靠 DS 和 SS 进行解释的语言现象。

除此之外，DS 的假设还导致了一些严重的内部问题，如第六章就算子的投射原则和 θ-标准出现的紧张局面。θ-标准调整词项的题元结构表征式。词项的题元结构是一种属于投射原则的词汇特征。投射原则要求词项的词汇特征在句法表征式的各个层面得到反映，这样一来，（1）和（2）中的 DS 表征式在θ-标记的位置含有一个算子（非论元）（Brody，1993）。

1a. Who did Mary see?

1b. DS：[Q [Mary saw who…

2a. Mary likes everyone.

2b. DS：[Mary likes everyone…

另一个问题是乔姆斯基在 1981 年和 1993 年分别讨论的复杂形容词结构（complex adjectival constructions）的问题：

3a. John is easy to please.

3b. SS：[John$_i$ is easy [Op$_i$ [PRO to please t$_{Op}$…

4a. It is easy to please John.

4b. SS：[It is easy [PRO to please John…

（3a）的表征式如（3b）所示，它包括一个与根句主语同标的零算子，在 SS 层面，John 所占据的复杂名词谓语的主语位置（复杂名词谓语的主语位置）是一个非-θ-标记的位置，（4）中这一位置寄留虚位主语就可以说明这一点。根句主语位置为非-θ-标记的特点意味着在 DS 层面 John 不能出现在这一位置。根据定义，非-θ-标记的位置（如被动式的主语位置，提升谓语的主语）在 DS 层面上为空。因此，DS 是一个纯题元结构的表征式。

为解决这种（easy-to-please 结构）问题，乔姆斯基（Chomsky，1981）提出论元 John 是在推导过程中（SS 层面）插入的，θ-角色在 LF 层面指派。然而这一解释也就要求进一步减弱 DS 是题元结构的表征式这一观念，而且还会导致上述（1）和（2）所示的紧张关系。

所以，除了 DS 和 SS 为理论上的层面之外，DS 的假设还带来了实用方面的问题。

乔姆斯基（Chomsky，1993）勾勒出最简系统的框架，即所谓的最简方案（Minimalist Program 或 Minimalism，简称 MP）。从它的名字可以看出，这一系统尚在孕育之中，只是一个方案，而不是一个完善的理论。MP 取消了 DS 和 SS 层面，而仅仅依赖于接口层面 LF 与 PF，它把语言看成由词库和运算系统（Computational System，简称 CS）构成，CS 从词库中选择词项，构建推导（derivation）。每一个推导决定一个结构描写（Structural Description，简称 SD）。SD 包括一对表征式（π，λ），π 取自 PF，λ 取自 LF。运算系统的某些部分只与 π 发生联系，构成音系成分（phonological component），另一部分只与 λ 联系，构成语义成分（semantic component），还有一部分同时与 π、λ 联系，称为显性句法。语言的表征式（π，λ）要在 PF 和 LF 层面上满足有关的输出条件，而且 π 和 λ 自身要协调一致，即两者要建立在同一词项选择序列上。

生成结构描写的过程称为运算过程。① 运算过程通过一种决定性的方式进行，在任何阶段从词库中自由选择，在推导的任何一点拼出（Spell-Out）都可以使用，其结果是为推导生成一个新的维度，也就是接口层面 PF。如果 PF 的最终表征式 π 满足 PF 的接口条件，就是说这一推导在 PF 层面会聚（converge），如果不能满足 PF 的接口条件，则这一推导就在 PF 层面崩溃（crash）。LF 后的最终的表征式 λ 同样也有会聚和崩溃两种可能。满足 LF 的接口条件运算在拼出的点上一直持续到 LF，直到不能再进入词库。在拼出之后，不能再插入新的词项。

从以上介绍可以看出，接口层面 PF 和 LF 之上不再有其他层面，DS 和 SS 消失了。下一步我们要弄清楚运算是如何进行的，以及确认一些需要满足 LF 的接口条件。

19.2 概化转换与移位 α（Generalized Transformation and Move α）

上面谈到，在拼出之前，推导随时从词库选择词项。每个词项被指派一个与 X-杠理论相一致的表征式。X-杠理论的核心结构是最大投射、单杠投射以及中心语。指派给被选词项的 X-杠结构是一种小短语标记，其与大短语标记在一点上相似，即概化转换（Generalized Transformation，简称 GT）。概化转换这一概念来自早期转换生成语法。起初，GT 操作相当复杂，我们这里用的是相对简单的、改进了的形式，其功能在于从词库选择词项并且指派给它们 X-杠结构，然后将它们合并到一起形成较大的短语标记。后面我们还要把这种复杂的过程分成一些独立的相对简单的操作过程。目前，我们认为这一合并是自下而上（from bottom to top）进行。GT 会扩展（extend）结构描写。②

我们看一个具体的例子：

---

① 乔姆斯基（Chomsky，1995b：189-190）对此作了专业技术性的描述：概化转换选择某个短语标示为 K¹，将其插入短语标示 K 中所标明的空位置 ∅，构成新的短语标示 K˙。运算通过一种平行的过程进行，在任何点，操作都可以从词库中自由选择词项，在派生的任何点，都可以实施拼出（Spell-Out）操作，如果运算的结构 Σ 不是一个单一完整的短语标示，就说这一派生就在 PF 层面崩溃（crash），因为 PF 规则不能应用于多个短语标示的集合；如果 Σ 是一个单一完整的短语标示，PF 规则就可以得到实施，PF 的最终表征式满足 PF 的接口条件，就产生语音表现形式 π，也就是接口层面 PF，就说这一派生在 PF 层面会聚（converge）。

② GT 是一个替换性操作，它以 K 为目标项，以 K¹ 替换 K 中的空位置 ∅，构成 K˙。∅ 通过 GT 自身的操作插入。

5a. The boy likes the girl.

5b. $[_{NP} [_{N'} girl]]$

5c. $[_{DP} the [_{NP} girl]]$

5d. $[_{VP} like [_{DP} the girl]]$

5e. $[_{VP} [_{DP} the boy] [_{V'} likes [_{DP} the girl]]]$

5f. $[_{IP} e [_{I'} I [_{VP} [_{DP} the boy] [_{V'} likes [_{DP} the girl]]]]]$

GT 首先选择 girl，指派给它的机构是 $[_{NP} [_{N'} girl]]$，然后将它与限定词 the 合并，形成$_{DP}$ $[_{DP} the [_{NP} girl]]$，DP 再与动词 like 合并，形成 $[_{VP}$ like $[_{DP} the girl]]$。短语标记 DP 形成后，合并到 [Spec, VP] 位置，VP 再与 I（屈折范畴的集合）合并，形成 IP。

除了 GT 之外，运算也使用了一个更为熟悉的操作移位 α。GT 的作用在于引入新词项，推导过程则处理早已处在短语标记中的词项，将它们移向另外的位置。在多数情况下，移位 α 是一个替换操作，它选择一个词项，在短语标记中确定一个范畴为目标项（target），替换选择的词项到目标项范畴的 Spec 位置，在原来位置留有一个语迹。因此，GT 会扩展结构描写，移位 α 则会扩展其目标项范畴（通过向其添加指示语）。如在（6）中，移位 α 选择（5f）中的 $[_{DP}$ the girl]，以 IP 为目标项，将其移到 [Spec, IP]，推导出改造了的结构描写。

6a. The boy likes the girl.

6b. $[_{IP} e [_{I'} I [_{VP} [_{DP} the boy] [_{V'} likes [_{DP} the girl \cdots$ (GT)

6c. $[_{IP} [_{DP} the boy] [_{I'} I [_{VP} t_{the\,boy} [_{V'} likes [_{DP} the girl \cdots$ (Move α)

GT 与移位 α 都会扩展它们的目标项，从而带来两个严重的后果。

第一个后果与"循环条件"（§5.2.3）有关。我们先看一个大家熟悉的例子，即附接 wh-短语从 wh-岛中提取的例子：

7a. *How does John wonder what Mary fixed?

7b. $[_{CP} C [_{IP} John wonder [_{CP} C [_{IP} Mary fixed what \cdots how \cdots$

7c. $[_{CP} how C [_{IP} John wonder [_{CP} C [_{IP} Mary fixed what \cdots t_{how} \cdots$

7d. $[_{CP} how C [_{IP} John wonder [_{CP} what C [_{IP} Mary fixed t_{what} \cdots t_{how} \cdots$

首先我们通过 GT 获得（7b），然后使用移位 α 将附接 wh-短语 how 替换到根句的 [Spec, CP] 位置，如（7c）所示。接下来，我们再一次使用移位 α 将 wh-短语 what 替换到嵌套小句的 [Spec, CP] 位置，如（7d）所示。严格地说，这两个移位都没有越过任何介入的 c-指令 wh-短语，第一次使用移位 α 是合法的，因为它扩展了目标项（应用在 SD 的顶端），然而，第二个应用移位 α 则不合法，因为这一循环早已被使用了。

我们还有可能通过与 GT 和移位 α 一致的推导获得（7a）。在合并嵌套 CP 与根句的动词之前，我们可以使用移位 α 替换 what 到嵌套［Spec，CP］位置。一旦根句 CP 形成，我们再次使用移位 α 替换 how 到根句的［Spec，CP］位置。这样一来，两次移位都与 GT 和移位 α 一致。因此,这种推导方式必须通过其他条件排除。我们看到，第二次使用移位 α 替换 how 到根句［Spec，CP］位置时，越过了一个介入 c-指令 wh-短语，即位于嵌套［Spec，CP］位置的 what。因此,该排除条件的作用应该与相关最小限度条件（§11.3）的作用相似，该条件在本章后面讲述，称为最短移位条件。按照这种条件，下面（8a）和（9a）的推导方式也能够排除。（8）中的超级提升破坏了相关最小限度条件，而（9）则破坏了 HMC。

8a. *John seems it is certain to be here.

8b. $[_{IP} \ I \ [_{VP} \ seems \ [_{IP} \ is \ certain \ [_{IP} \ John \ to \ be \ here \cdots$

8c. $[_{IP} \ John \ I \ seems \ [_{IP} \ is \ certain \ [_{IP} \ t_{John} \ to \ be \ here \cdots$

8d. $[_{IP} \ John \ seems \ [_{IP} \ it \ is \ certain \ [_{IP} \ t_{John} \ to \ be \ here \cdots$

9a. *Be John will in his office?

9b. $[_{CP} \ C \ [_{IP} \ John \ I \ [_{VP} \ be \ in \ his \ office\cdots$

9c. $[_{CP} \ be \ [_{IP} \ John \ I \ [_{VP} \ t_{be} \ in \ his \ office\cdots$

9d. $[_{CP} \ be \ [_{IP} \ John \ [_{I'} \ will \ [_{VP} \ t_{be} \ in \ his \ office\cdots$

GT 与移位 α 扩展目标项所带来的第二个严重后果，是向补语位置引入词项遭到排除。也就是说，给定一个 $[_{X'} \ X \ YP]$ 结构，我们不能引入一个词项 ZP 使之形成 $[_{X'} \ X \ YP \ ZP]$，无论这个词项是直接从词库引入（GT）还是通过移位（移位 α），因为这一操作不能满足扩展的要求。在原则参数框架下，这一过程不符合 DS 层面投射原则与 θ-标准。现在最简方案中取消了 DS 层面，随之出现了这一后果。

到目前为止，我们一直排斥下面的附接结构：

10a. $[_{X} \ [_{Y}] \ X]$

10b. $[_{XP} \ [_{YP}] \ XP]$

（10a）为中心语附接，（10b）为最大投射附接。这在 X-杠理论中是允准的。GT 和移位 α 也应该能够推导出这种结构，因为从基础生成的角度看，附接结构对形容词、副词以及一些其他修饰成分是必要的；而从移位 α 的角度看，附接移位也是不可避免的，包括中心语的附接。

19.3 LF 接口条件（LF Interface Conditions）

19.3.1 最简方案中的 X-杠理论（X-Bar Theory in MP）

运算操作从词库中选取词项，通过推导而生成语言表征式，在此过程中需要有某种普遍性的结构图式，在词库和运算系统之间发挥某种中介作用。这一图式就是我们熟悉的 X-杠理论的核心图式。如下（Chomsky, 1995b：172）：

11.

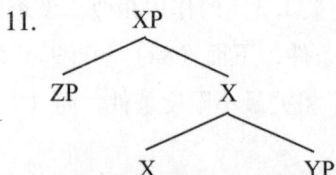

（11）表明了两种关键的局域关系。一个是指定语-中心语之间的关系（ZP 与 X 之间），另一个是中心语-补语之间的关系（X 与 YP 之间）。乔姆斯基（Chomsky, 1993）认为中心语-补语的关系"更加具有根本性"，因为这与题元关系的确定有关，而指定语-中心语的关系是 φ-特征、格关系一致的基础。这牵涉到主语一致和宾语一致（Split INFL），如下：

12. $[_{CP}$ C $[_{Agr_sP}$ Spec $[_{Agr_s},$ Agr$_s$ $[_{TP}$ T $[_{Agr_oP}$ Spec $[_{Agr_o},$ Agr$_o$ $[_{VP}\cdots$

在定式句中，T 决定指派给主语主格，T 通过中心语移位附接到 Agr$_s$ 之上，从而进入主语的指定语-中心语关系中，在这个过程推导出（13a），Agr$_s$ 决定 φ-特征一致，T 决定主格一致。同样，动词也通过移位附接到 Agr$_o$ 之上，从而进入中心语-补语的关系中，如（13b）所示，Agr$_o$ 决定 φ-特征一致，V 决定宾格。

13a. $[_{Agr_s}$ $[$T$]$ Agr$_s]$

13b. $[_{Agr_o}$ $[$V$]$ Agr$_o]$

主语与复杂 $[_{Agr_s}$ $[$T$]$ AgrS$]$ 之间的指定语-中心语关系导致了主语移向 $[$Spec, Agr$_s$P$]$ 位置，T 移向 AgrS。这两个过程派生出结构 $[_{Agr_sP}$ DP $_{NOM}$ $[$Agr$_s$,$[_{Agr_s}$V Agr$_s]$ $]$ $]$。另一方面，直接宾语与 $[_{Agr_o}$ $[$V$]$ Agr$_o]$ 之间的指定语-中心语关系导致了直接宾语移向 $[$Spec, Agr$_o$P$]$ 位置，V 移向 Agr$_o$。派

生出结构 $[_{\mathrm{Agr_OP}} \mathrm{DP_{ACC}} [_{\mathrm{Agr_O'}} [_{\mathrm{Agr_O}} \mathrm{T\ Agr_O}]]]$。

（13a&b）属于中心语–附接结构。中心语–附接结构定义了中心语–中心语之间的关系，而中心语–中心语之间的关系以及指定语–中心语之间的关系又定义了屈折形态的域。屈折形态的域，在中心语–附接结构内，它指的是屈折范畴与动词之间的关系，而在指定语–中心语关系内，它指的是屈折动词与主语和宾语之间的关系。

乔姆斯基（Chomsky，1993）建议，指定语–中心语的关系也是谓语形容词与 DP 主语一致关系的基础。虽然说这种关系在英语中是抽象的，但在某些语言（例如法语）中是具体的，如下例所示：

14a. Jean est intelligent.

Jean is intelligent（M）

14b. Marie est intelligente.

Marie is intelligent（F）

与（14）相关的结构如下：

15. … $[_{\mathrm{Agr_AP}} \mathrm{Spec} [_{\mathrm{Agr_A'}} \mathrm{Agr_A} [_{\mathrm{AP}} [_{\mathrm{DP}} \mathrm{Jean}] [_{\mathrm{A'}} [_{\mathrm{A}} \mathrm{intelligent}] \cdots$

这里 A 是一个记号，标记与形容词相联系的 ϕ-特征集。A 通过移位附接到 $\mathrm{Agr_A}$ 之上，派生出复杂中心语结构 $[_{\mathrm{Agr_A}} [\mathrm{A}] \mathrm{AgrA}]$，DP 主语也移到 [Spec，AP] 位置，进入指定语–中心语关系。当然，在（14）的推导过程中，主语还要继续移位到 [Spec，$\mathrm{Agr_SP}$]。

pro 的允准（§13.1.1）也包含在指定语–中心语的关系中。在定式句的主语位置，强势 $\mathrm{Agr_S}$ 融合定式 T：$[_{\mathrm{Agr_S}} [\mathrm{T}] \mathrm{Agrs}]$，pro 得到允准，通过指定语–中心语关系识别；在直接宾语的位置，AgrO 融合指定 V^*：$[_{\mathrm{Agr_O}} [\mathrm{V}^*] \mathrm{Agr_O}]$，pro 也得到允准，也通过指定语–中心语关系识别。

值得注意的是，以前在原则参数框架中使用中心语管辖来解释的关系现在都纳入指定语–中心语的关系中，这包括动词与宾语的格关系，动词与 ECM 主语的关系，指定 V^* 与 pro 宾语的关系等。这就为删除中心语管辖提供了可能性。

19.3.2 域（Domains）

看下面的抽象结构（Chomsky，1995b：177），其中涉及一些附接：

16.

```
                         XP₁
              ┌───────────┴───────────┐
             UP                       XP₂
                              ┌────────┴────────┐
                            ZP₁                 X'
                      ┌──────┴──────┐       ┌────┴────┐
                     WP            ZP₂      X₁        YP
                                        ┌───┴───┐
                                        H      X₂
```

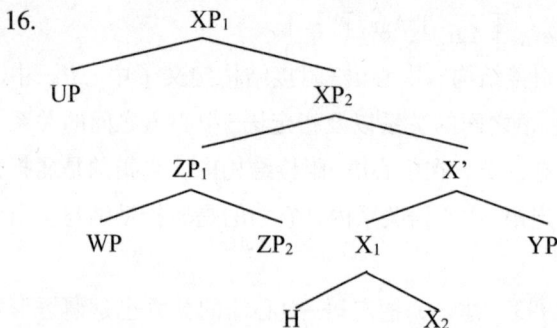

附接到一个范畴，该范畴就会派生出两个部分（segments）。因此，在（16）中，XP 有两个部分，XP₁ 与 XP₂，ZP 有两个部分，ZP₁ 与 ZP₂，X 也有两个部分，X₁ 与 X₂。

如果范畴 α 每一部分都统制范畴 β，那么范畴 α 就统制范畴 β。因此，XP 统制除了 UP 之外的所有范畴（包括 ZP、WP、X' 及它所统制的所有成分），因为 UP 是附接到 XP₂ 的，只受到 XP 的一个部分的统制，这种关系称为包含（contain）。如果范畴 α 只有一部分统制范畴 β，那么范畴 α 就包含范畴 β。

对中心语范畴 α 而言，它的域是它的所有投射部分中包含的所有范畴。比如在（16）中，X 的域包括 UP、ZP、WP、YP 以及 H。YP 为 X 的补语域（complement domain），它定义的是中心语-补语的关系。如前所述，它是 X-杠理论中最基本的关系。补语域以外的域（包括 UP、ZP、WP、H）称为 X 的余数（residue）。这些与中心语有联系的区域又称最小区域（minimal domain），因此 X 的最小区域就包括 UP、ZP、WP、YP 以及 H，其中 YP 为 X 的最小补语域，又称内在域（internal domain），ZP、WP、UP 为 X 的最小余数域，又称核查域（checking domain）。核查域定义了指示语-中心语的关系，句法运算过程在内在域与核查域内进行。

应该指出的是，这里不仅 X 的指示语 ZP 能够进入它的指示语-中心语关系，WP、UP 的也能进入。我们看 WP 是如何进入指示语-中心语关系的。

17a. Who expected what?

17b. $[_{CP}$ who $[_{C'}$ [+Q] $[_{IP}$ t_{who} expected what $\cdots$

17c. LF: $[_{CP}$ $[_{Spec}$ what [who] $]$ $[_{C'}$ [+Q] $[_{IP}$ t_{who} expected t_{what} $\cdots$

17d.

```
                        CP
              ┌──────────┴──────────┐
           Spec                     C'
             │               ┌──────┴──────┐
            NP               C             IP
       ┌─────┴─────┐        │          ╱╲
      NP          NP      [+Q]        ╱    ╲
       │           │                 ╱        ╲
     what         who              ╱_____╲
                                  t_who expected t_what
```

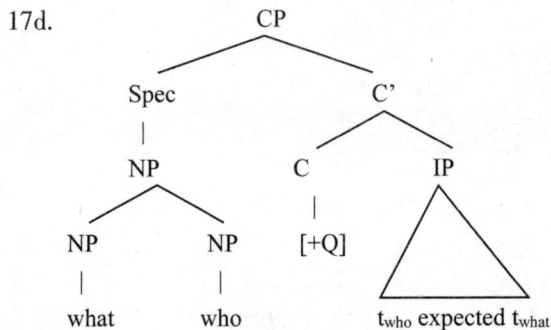

英语的多元 wh-问句通常要隐性提升原地不动的 wh-短语，将之附接到已经位于 [Spec, CP] 位置的 wh-短语之上（§6.2.3.1），如（17c）所示。该隐性移位的 wh-短语应该能够核查 [+Q] 特征。

UP 也会附接到 XP 从而进入指定语-中心语关系，这种现象涉及多重指定语存在于某些语言（例如日语）中（Fukui, 1992, 1993）。

上述（16）的 X 的内在域、核查域是 X 独有的，虽然 X 包含 H，H 无论是从词库引入（通过 GT）还是通过移位 α 移来，都不具有内在域和核查域。如果 H 是通过移位 α 移来的，H 作为移位链的成分才具有域。换句话说，移位的中心语在其着陆点不具有域，只有含有提升中心语的链才有域。设定（16）中的 X 为 Agr_0，H 为提升的动词，ZP 为直接宾语 DP，如下图所示：

18a. $\cdots [_{Agr_0P} [DP] [_{Agr_{0'}} [_{Agr_0} [V] Agr_0 [_{VP} \cdots t_V \cdots t_{DP} \cdots$

18b.

```
                AgroP
          ┌───────┴───────┐
        Spec            Agro'
          │        ┌──────┴──────┐
         DP      Agro           VP
          │    ┌───┴───┐       ╱╲
          V    V    Agro     ╱    ╲
                            ╱_____╲
                          ...tv...tDP...
```

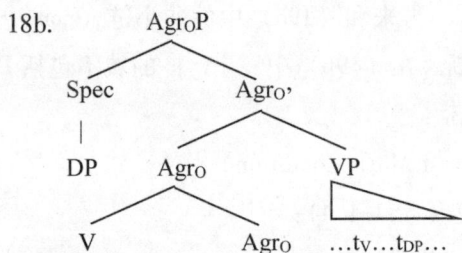

这时，由于 DP 与 Agr_0 之间的核查关系具有了一致特征，又由于它与（含有动词的）中心语移位链的核查关系具有格特征。DP 处在移位链的核查域中。

为了定义中心语-移位链的域，乔姆斯基（Chomsky, 1993）使用（19）为例进行说明。V_2 移出了 VP_2，附接到 v_1，如下所示：

19a. John put the book on the shelf.

19b. $[_{vP_1} [_{DP_1} John] [_{V'} v_1] [_{VP_2} \text{the book} [_{V'} [_{V_2} put] [PP] \cdots$

19c.

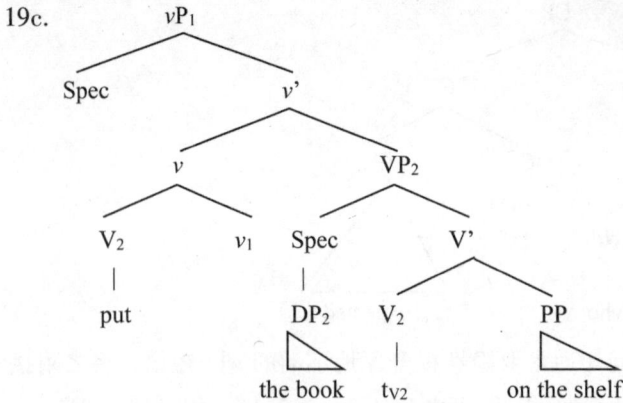

在（19c）中，移位链 $\{V_2, t_{v2}\}$ 的域为 vP_1 所包含的节点集，这当然不包括 V_2 及其语迹。这一集合包括 DP_1、DP_2 及 PP。vP_1 不在这一移位链的域内，因为它内部含有 V_2（及其语迹），VP_2 也不是移位链的域，因为它内部含有 V_2 的语迹。移位链 $\{V_2, t_{v2}\}$ 的内在域为一节点集，这一节点集包含在其寄主的补语域内，该寄主不能统制其语迹。因此，虽然 V_2 的寄主的补语域为 VP_2，但 VP_2 却不是它的内在域，因为 VP_2 统制 V_2 的语迹。这样，我们只能考虑（VP_2 内的）DP_2 与 PP 为该移位链的内在域的成员。移位链的核查域为 V_2 寄主之外节点集，那也就是 DP_1。

为了理解这一定义的作用，我们只需把（19b）中的 V_2 看作一个小链（trivial chain，参见 §8.1.1），$\{V_2\}$ 再来和（19c）中的非小链（non-trivial chain）$\{V_2, t_{v2}\}$ 比较即可做出判断。在（19b）中，$\{V_2\}$ 的域不包括 DP_1，而（19c）的非小链 $\{V_2, t_{v2}\}$ 却包括。

19.3.3 最短移位条件（Shortest Move Condition）

下面的两个例子体现了优先效应（§11.1.4）：

20a. Whom did John persuade to call whom?

20b. whom₁ did John persuade t_{whom1} [to call whom₂]

21a. *Whom did John persuade whom to call?

21b. *whom₂ did John persuade whom₁ [to call t_{whom2}]

（20）牵涉 whom₁ 的显性移位，从根句的直接宾语位置移到根句的［Spec，CP］位置。（21）则牵涉 whom₂ 的移位，从嵌套动词的直接宾语位置越过 whom₁ 移到根句［Spec，CP］位置。（20）中 whom₁ 的移位要短于（21）中 whom₂ 的移位。之所以说（20）中 whom₁ 的移位从技术上要短，是因为它没有越过一个 c-

指令 wh-短语，而（21）中的 whom$_2$ 的移位则越过了一个 c-指令的 wh-短语，即 whom$_1$。

乔姆斯基（Chomsky, 1993）认为（21）中的移位可以通过一个简单的条件，即最短移位条件（Shortest Move Condition，简称 SMC）来排除。最短移位条件要求一个移位的成分不能越过一个同类的 c-指令范畴。我们能明显看出它与相关最小限度条件之间的联系。事实上，Chomsky 指出，相关最小限度条件都涉及对 SMC 的破坏，相关例子如下：

22a. *How does John wonder what Mary fixed?

22b. *How$_1$ does John wonder [$_{CP}$ what$_2$ [$_{IP}$ Mary fixed $\cdots$t$_{how1}$$\cdots$

23a. *John$_1$ seems it$_2$ is certain to be here.

23b. *John$_1$ seems [$_{IP}$ it$_2$ is certain [$_{IP}$ t$_{John1}$ to be here $\cdots$

24a. *Be John will in his office?

24b. *[$_{CP}$ [$_{C'}$ be$_1$ [$_{IP}$ John [$_{I'}$ will$_2$ [$_{VP}$ t$_{be1}$ in his office$\cdots$

在（22）中，wh-短语 how$_1$ 越过了 c-指令的 wh-短语 what$_2$。在（23）中，DP John$_1$ 越过 C-指令的 DP it$_2$。在（24）中，中心语范畴 be$_1$ 越过了 c-指令的中心语范畴 will$_2$。

当然，目前我们得出的 SMC 还不够精确，因为有一些合法的推导会导致 SMC 的破坏，例子如下：

25a. John answered the question.

25b. [$_{IP}$ [John] I [$_{Agr_OP}$ the question [$_{Agr_O'}$ answered [$_{VP}$ t$_{John}$ [$_{V'}$ t$_{answered}$ $\cdots$t$_{the\ question}$$\cdots$

主语 John 显性提升到 [Spec, IP] 位置，动词隐性提升到 Agr$_O$，最终提升到 I。直接宾语 the question 隐性提升到 [Spec, Agr$_O$P]。直接宾语的移位越过了 John 的语迹 t$_{John}$ 所占据的 [Spec, VP]，这一移位明显破坏了 SMC。

为了解释为什么（25）中允许这种跨越，乔姆斯基（Chomsky, 1995b：184）提出了一个精确的定义：

> 如果 α，β 在同一最小域内，那么它们与 γ 之间的距离是等同的。

这一定义的基本意思是，如果两个位置都处在同一个中心语-移位链的最小域内，那么这两个位置与移位成分之间的距离是等同的。上面的动词提升到 Agr$_O$ 扩展了动词移位链的最小域，从而把 [Spec, Agr$_O$P] 也纳入域中。这样一来，（25b）中的移位链 {answered, t$_{answered}$} 的最小域既包括 [Spec, VP]，也包括［Spec，Agr_0P］。所以，［Spec，VP］离直接宾语 DP 并不比［Spec，Agr_0P］近。因此，移位直接宾语 DP 到［Spec，Agr_0P］并没有造成 SMC 的破坏。

19.3.4　形式链与最小连接条件（Form Chain and Minimal Link Condition）

最短移位条件（SMC）是一种经济手段。经济手段在前面（§17.1.1）已经有所涉及。这里有多种推导方式对应一个既定的句子，那么涉及移位最少的推导方式则优于其他的推导方式。但在长距离的（多步）移位中，通过直接移位（一步）进行推导又与 SMC 不符。因此，乔姆斯基（Chomsky，1995b：44）提出了形式链（Form Chain）来代替一个范畴的多次移位，用以解决这种矛盾。形式链的使用如（26）所示。（26b）中的表征式中，只有一步移位，所产生的表征式为（26c），移位链为 {John, t', t}。

26a. John seems to be likely to win.

26b. ［seems［to be likely［John to win…

26c. ［John seems［t'_{John} to be likely［t_{John} to win…

由于形式链不牵涉移位的步骤，因而最短移位的概念与 SMC 也可重新阐述为最小连接（minimal link）和最小连接条件（Minimal Link Condition，简称 MLC）。最小连接条件可以理解为，假定有两种推导方式，连接短的推导优于长的推导。我们后面再展开。

19.4　光杆短语结构（Bare Phrase Structure）

X-杠理论是为了限制规则不可控制地无限增多而设立。X-杠图式抽象了短语结构规则的核心特征，在句法表征中有强大的表现力，适应原则参数时代的要求。然而，在最简方案时期的句法运作中，推导远远重于表征，这就需要一个适应这一系统的理论。乔姆斯基（Chomsky，1995b）提出了光杆短语结构（Bare Phrase Structure，简称 BPS），他认为词库中所存储的词项和功能性成分都带有一组完整的句法特性，其中最显著的特性用来表示该成分的本质特征，例如，表示名词的+N、表示限定词的+D、表示动词的+V 等等。短语是核心成分的投射，也是其主要特征的投射。也就是说，动词的最大投射一定是+V 的最大投射，即 VP，所以范畴标记就显得多余了。正是出于这一考虑，乔姆斯基直接用核心成分作范畴标记，取消了 X-杠理论中的大部分技术手段。例如，the book 这样一个短语，其基本结构就成了（27b）（Chomsky，1995b：246）：

```
27a.        DP              27b.        the
         /      \                    /      \
        D        N              the          book
        |        |
       the      book
```

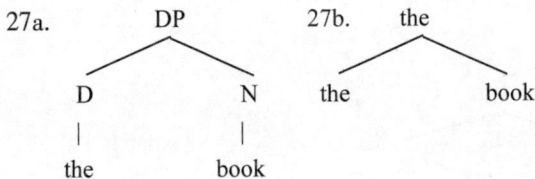

（27a）是我们熟悉的 X-杠结构，（27b）则为所谓"光杆短语结构"。我们看到，（27a）中除了终端词汇成分之外还有专门的范畴标记，而在（27b）中，只有词项而没有了范畴标记。（27b）是通过合并操作形成的，产生投射的是 the，它既是名词短语 the book 的中心语，又是其标记，这就是光杆的意义所在。

此前我们谈到，词项是通过 GT 进入 X-杠结构的。乔姆斯基（Chomsky，1995）修正了 GT，将其分解为选择（Select）和合并（Merge）两个重要的操作。[①] 选择和合并向推导过程引入新的词项，选择是指从词库中选一个词项，然后选择的词项通过合并进入短语标记。合并操作会把两个词项 α、β 合并成一个新的项目 $\{\alpha \{\alpha, \beta\}\}$，这时，$\alpha$ 进行投射，并决定新项目的性质。

如果要生成短语 the man saw it，我们首先要合并出 the man 和 saw it（注意合并要从下往上），合并 saw 与 it，我们得到 $\{saw \{saw, it\}\}$

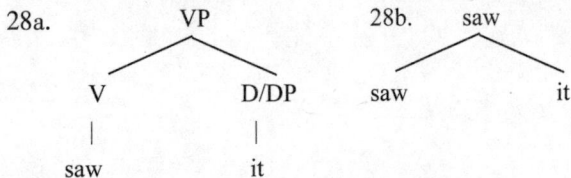

```
28a.        VP              28b.        saw
         /      \                    /      \
        V       D/DP           saw            it
        |        |
       saw       it
```

下一步是合并 the man 与 saw it，我们得到：

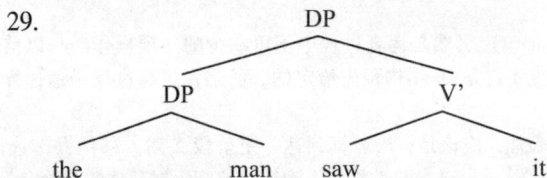

```
29.                    DP
                 /            \
               DP              V'
            /      \        /      \
          the      man    saw        it
```

这时，我们再把屈折范畴与（30）合并，我们还是把 I 看作是屈折范畴的集合标记，合并后我们得到：

---

① 合并操作是选择词项 α、β，将其合并为新的句法实体。乔姆斯基（Chomsky，1998：50）提出了"对子合并"（pair-merge）和"集合合并"（set-merge）来区分两种不同操作，附接和替换。

30.

```
                        IP
              ┌──────────┴──────────┐
              I                      VP
                          ┌──────────┴──────────┐
                         DP                      I'
                   ┌──────┴──────┐         ┌──────┴──────┐
                   D           N/NP        I            D\DP
                   │             │         │             │
                  the          man        saw           it
```

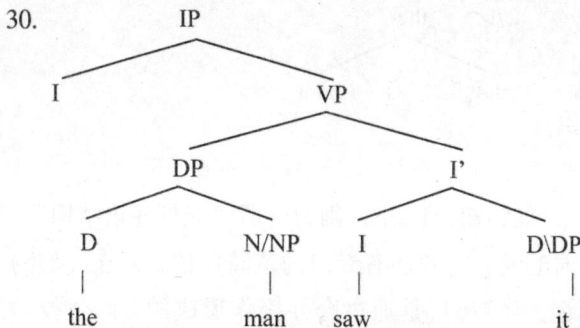

（30）中充当主语的 DP *the man* 处在 VP 的 Spec 位置，这符合我们前面（§8.2）谈到的"VP 内主语假设"。根据"VP 内主语假设"，DP 要进行显性移位。这时，我们应用移位 α① 以合并 DP 主语与 I，其操作过程②是：移位操作提升 DP *the man*，对准目标项 IP，这时 IP 产生投射，为 DP 提供着陆点；DP 即可落到这一着陆点。

主语 DP 移走后，留下一个拷贝③，推导生成的结构大致如下：

---

① 除了选择和合并，移位（move）仍然是运算过程中不可缺少的一项操作。与以前的理论不同，移位成分的着陆点不再是 D-结构预先给定的，而是在运算过程中通过操作动态产生的。

② 移位过程用形式化的术语表述，应该是，当运算到达一定阶段 Σ 时，移位操作选择 α，对准 Σ，从而构成 {γ {α, Σ} }，这是显性移位，隐性移位则为嵌套性的：给定 Σ，移位操作在 Σ 中选择 K，提升 α 对准 K，构成 {γ {α, K} }，以之替换 Σ 中的 K。

③ "拷贝"的英文为 copy。乔姆斯基（Chomsky，1993）建议使用"拷贝"的概念代替"语迹"，即一个范畴的移位会在原来位置留下一个拷贝，这一拷贝与其先行语具有相同的特点。在 PF 层面上这两个拷贝中的一个会通过一些特定的规则删除，英语中被删除的那个拷贝应该是较低的一个。然而，在 LF 层面上两个拷贝都保留，因为两个拷贝在释义中都起到重要的作用。这一理论被称为"复制理论"（Copy Theory），来自早期的转换语法。笔者认为此处 copy 不宜翻译成"复制""复制品"，故在此使用了音译，但在翻译 Copy Theory 时仍然按照习惯译成"复制理论"。有关复制理论，有兴趣的读者可以参阅欧哈拉（Ouhalla，1999：416-432）。雷德福（Radford，2004：155）对其也有所涉及，其概念表述在 155 页。

31.

```
                    IP
            ／            ＼
          DP              I'
        ／    ＼        ／    ＼
      D       N/NP   I       VP
      |        |           ／    ＼
     the      man        DP       V'
                         |      ／    ＼
                     t_the man  V      D/DP
                                |        |
                               saw      it
```

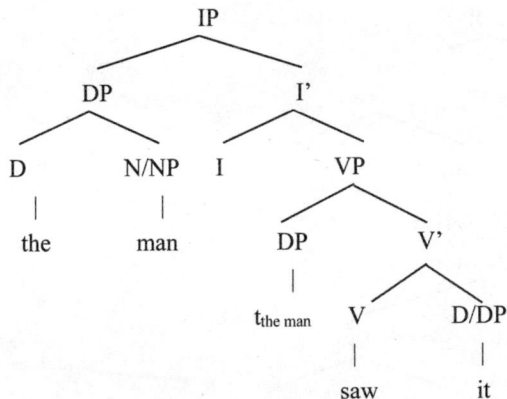

当然，(31) 中的移位并没有完成，saw 和 it 还需要隐性移位。鉴于动词移位我们已经比较熟悉，我们只看 it 在 LF 层面的隐性移位，其过程为：移位操作提升 it，对准目标项 $Agr_O P$，这时 $Agr_O P$ 产生投射，为 it 提供着陆点；it 即可提升至 $Agr_O P$ 的 Spec 位置。

应该指出，目前我们使用的范畴标记，还是局限在 X-杠结构。乔姆斯基 (Chomsky, 1995b) 指出，这种范畴标记仍然可以使用，但这只是为了表达和描写的方便，没有理论方面的意义和价值。比如下面的结构 (Chomsky, 1995b: 247)：

32.

```
                    XP
            ／            ＼
          ZP              X'
        ／    ＼        ／    ＼
       z       w      x        y
```

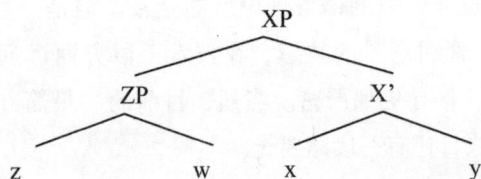

(32) 是非正式的表达方式。正式的表达应该是，ZP = {z, {z, w}}；X' = {x, {x, y}}；XP = {x, {ZP, X'}}。也就是说，与 ZP、X'、XP 相对应的正式标记应该是 z、x、x。合并后产生投射的 z、x 既是所构成的句法实体①的中心语，又是其标记。以 ZP、X'、XP 作为正式标记的节点称为根 (roots)，这些标记不具备理论地位。在 (32) 中，x 是整个结构的中心语，y 是其补语，zp 是其指示语，代入具体的项目，我们有了如下的结构 (Chomsky, 1995b: 247)：

---

① 乔姆斯基 (Chomsky, 1995b) 提出 Syntactic Object (简称 SO) 的概念，给定读数 (numeration)，运算系统的操作使用读数中的 LI 构成"句法实体"。实际上，句法实体就是词项本身或大于词项的句法成分。

33.

```
              DP
         ┌─────┴─────┐
        DP          V'
      ┌──┴──┐      ┌──┴──┐
     the   man    saw    it
```

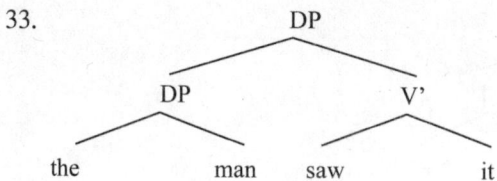

如果用正式的形式，则要表示为：

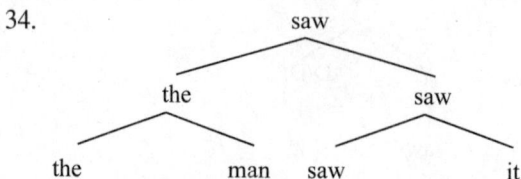

34.

```
              saw
         ┌─────┴─────┐
        the         saw
      ┌──┴──┐      ┌──┴──┐
     the   man    saw    it
```

我们看到，规定性的 X-杠图式已经消除，只有一些术语还非理论性地继续使用。

19.5 本章简评

作为原则参数的组成部分，"最简方案"和"管约论"在本质上差别并不大，其假设主要来自"管约论"。要真正理解"最简方案"，就必须理解"管约论"。生成语法发展到"最简方案"，已经达到了高度抽象的程度，其技术运作手段离语言越来越远，严密性也非一般的语言理论所能企及。但是，"最简方案"的基本精神并没有脱离"管约论"的轨道，在技术手段方面远远超越了"管约论"，它的细节更加烦琐，推导更加严密。当然，目前的"最简方案"还是框架式的理论模型，离成熟之日还有一段路要走。

20 核查理论（Checking Theory）

20.1 特征核查（Feature Checking）

在原则参数的框架中，动词被认为是以词干形式（bare form）从词库中插入，不带时态和一致的屈折，通过句法移位，词干同形态节点结合，它们才带有屈折形式。到了"最简方案"时期，X-杠结构已经具备了足够的抽象性和独立性，不再受具体词汇的影响，词汇无论以什么方式进入句子结构对句法过程都不会有什么影响。正因为如此，乔姆斯基（Chomsky, 1993）建议改变短语和句子结构的生成方式，放弃单一的词干形式。这样一来，词汇在词库中就已经带有屈折形式。因此，"最简方案"时期的词库要比原则参数时期的词库大得多。这样，动词所带有的特征再与相应的屈折范畴进行核查。以 I 为屈折范畴的标志，特征核查发生在中心语附接所形成的结构 $[_{I^0}\ [V]\ I]$ 之内。在运算过程中，如果 $[V]$ 的特征与 $[I]$ 所具有的特征两者相匹配（match），中心语 I 就此消失，V 进入 PF，作为一个语音词被拼出；如果 $[V]$ 的特征与 $[I]$ 的有关特征相互冲突，I 就继续存在，直到 PF，这一推导过程就在 PF 层面发生崩溃。这就是乔姆斯基（Chomsky, 1995b）主张的"特征核查"。

一旦一个特征得到核查就会消失，不再进入运算系统。在 LF 层面，所有的特征必须得到核查，如果哪一个特征没有得到核查，就会在 LF 层面崩溃。这样做的结果是主动词最终要移到 I，如果不能显性移位，就采取隐性的方式进行移位。

根据这一设想，屈折范畴 Agr_0、Agr_s 和 T 带有与词库中动词相对应的特征，乔姆斯基称之为 V-特征[①]（V-features）。其功能在于核查动词的形态特征，在

[①] 乔姆斯基（Chomsky, 1995b：349-356）取消了一致性动能成分 Agr，代之以"多重指示语结构"（multiple Spec construction）的分析方法。

MP 中这是一个非常重要的概念。动词先后移到 Agr_O、T 和 Agr_S 以核查其形态特征，因此，在推导的任何阶段，动词都能移位并核查其 V-特征。除了核查动词 V-特征的动能，屈折范畴 Agr_O、T 和 Agr_S 还能够核查（移到其 Spec 的）DP 的 NP-特征，这种核查发生在指示语-中心语结构中，以确保"DP 与 V 恰当搭配"。因此，功能性的中心语 T 和 Agr 所具有的特征有两项功能：1. 核查提升附接到它们之上的动词 V 的特征；2. 核查提升置于其 Spec 位置上的名词短语 NP 的特征。

根据这一核查理论，牵涉主语一致的 φ-特征在拼出之前存在于三种独立的范畴之上：V、Agr_S 以及 DP 主语。拿个句子来说，在"John hits the question"中，与主语一致相关的 φ-特征存在于 hits、Agr_S 以及 John 中，动词在（由 V-提升至 Agr_S 而形成的）中心语-附接结构中核查 φ-特征。DP 主语在（由主语移位到 [Spec, Agr_SP] 位置而生成的）指示语-中心语结构中核查其特征。屈折范畴如 Agr_S 一旦行使了其核查相关范畴特征的功能，就会消失，这意味着只有两套 φ-特征能够保留到 PF 和 LF 层面，一套与动词相关联，另一套与 DP 主语相关联，Agr_S"只起到一个促成作用"，核查动词时态特征以及 DP 主格特征的 T 也是如此。

核查域涉及中心语-附接结构 $[_X [Y] X]$ 和指示语-中心语结构 $[_{XP}$ Spec $[X' X]]$。在这些域中得到核查的形态特征称为 L-特征（L-features），与这些特征相关的位置是 L-相关（L-related）的。这样，中心语-附接结构 $[_X [Y] X]$ 中的 [Y] 的位置由于和 [X] 的特征具有局部关系，因此是 L-相关的；而指示语-中心语结构 $[_{XP}$ Spec $[X' X]]$ 中的 Spec 位置与 [X] 的特征具有局部关系，也是 L-相关的。乔姆斯基认为 $[_{XP} [YP] XP]$ 结构中的附接位置也可以进入与 XP 的中心语 X 的核查关系，XP 的指示语和附接语以严 L-相关（指示语）和宽 L-相关（附接语）进行区分。

20.2 经济原则（Economy Principles）

核查理论产生了一个有意思的结果：以前我们说英语的定式句的推导涉及一个 I-降落的步骤，现在不需要了。我们不妨结合一个具体的例子看一下：

1a. John often kisses Mary.

1b. $[_{Agr_SP} [John] [_{Agr_S'} [T] Agr_S [_{TP} T [_{Agr_OP} Agr_O [_{VP} often [_{VP}$ kisses Mary…

1c. $[_{Agr_SP}$ [John] $[_{Agr_S'}$ [kisses] [T] Agr_S $[_{TP}$ T $[_{Agr_OP}$ [Mary] $[_{Agr_O'}$ [V] Agr_O $[_{VP}$ often $[_{VP}\cdots$

在拼出之前，（1a）的表征式如（1b）所示。主语显性提升到［Spec, Agr$_S$P］以核查其特征。假定 T 也显性提升到 Agr$_S$。动词仍然留在 VP 内，直接宾语也留在其中。拼出之后，（1a）的表征式大致如（1c）所示，动词隐性提升到 Agr$_S$ 以核查自身的 V-特征，直接宾语隐性提升到［Spec, Agr$_O$P］位置以核查自身的 NP-特征。

以前（§17.1.1）讨论（1）时要回答的问题之一是，为什么主动词不能显性提升，或者说为什么主动词的显性提升受到阻碍。如（2）所示：

2a. *John kisses often Mary.

2b. *$[_{Agr_SP}$ [John] $[_{Agr_S'}$ $[_V$ kisses] $[_{TP}$ T $[_{Agr_OP}$ Agr$_O$ $[_{VP}$ often $[_{VP}$ $\cdots$ Mary$\cdots$

乔姆斯基（Chomsky, 1993）对此的回答是，英语中的动词为弱势，"'弱势'特征在 PF 层面上是看不见的"。这就暗示了如果它们没有被显性核查并删除，就不会引起推导在 PF 层面上的崩溃。上面提到，当［［T］Agr$_S$］的 V-特征在中心语-附接结构中核查了一个提升来的动词的相应特征后就会消失，如果它们一直保留到 PF 层面，这一推导就会在 PF 层面上崩溃。也就是说，动词不能显性提升到［［T］Agr$_S$］，就意味着［［T］Agr$_S$］的 V-特征保留到 PF 层面可能引起推导的崩溃。然而，英语的推导不会崩溃，因为英语中的［［T］Agr$_S$］的 V-特征是弱势的，PF"看"不到弱势的特征。这就解释了为什么英语中的动词不需要显性提升。

虽然英语中的动词不需要显性提升，它必须在 LF 层面隐性提升。因为所有的特征必须在 LF 层面上得到核查并删除，否则推导就会在 LF 层面上崩溃。"弱势特征"的概念是语音上的，而不是 LF 层面的，LF 不能区分弱势特征和强势特征。所有的特征（包括弱势的）在 LF 层面上都可见的，必须通过核查删除。

那么为什么英语中的主动词的显性提升受到阻碍呢？这需要用一个拖延（procrastinate）来解释。这是一个经济原则：（隐性）LF 移位比显性移位更经济。"运算系统要'尽快'达到 PF 层面，最大限度缩小显性句法的范围和程度。"因为英语中现行的 V-提升不是必需的，它遵循"拖延"原则，能不移位就不移位。

那么，英语中的助动词为什么要显性移位呢？如下：

3a. John is often in the garden.

3b. John has completely lost his mind.

前面我们提到波洛克（Pollock，1989）的观点是，助动词与主动词不同，因为它不能指派 θ-角色。乔姆斯基（Chomsky，1993）将这一点重新解释为，助动词语义上为空。它们"在某些结构中只是占位符号，至多不过是'非常轻'的动词"。因此，它是不能为 LF 规则所见的，也就是说，在 LF 层面它们不受移位过程的影响。这样一来，如果助动词不经过显性提升，它们也就不能在 LF 层面隐性提升，从而导致推导在 LF 层面上崩溃。

除了拖延原则，乔姆斯基（Chomsky，1993）还讨论了另一条原则：自利（greed）原则。这一原则是在讨论 there-结构的基础上得出的。看下面的例子（Chomsky，1995b：200）

4a. There is a strange man in the garden.

4b. There is [$_{DP}$ a strange man] in the garden.

4c. [[a strange man] there] is [t] in the garden.

（4a）中的范畴 "a strange man" 的拼出位置不处在 [[T] Agr$_s$] 的核查域，所以在 LF 层面它必须提升到 [Spec，Agr$_s$P] 以核查自身的特征。乔姆斯基认为这是一个附接移位，提升的 DP 附到了 there 之上，形成了一个复杂的结构 [[a strange man] there]，从而通过与 [[T] Agr$_s$] 的指示语-中心语关系进入核查。

再看另一个来自 Chomsky 的例子：

5a. There seems to a strange man that it is raining outside.

5b. There seems [$_{PP}$ to [$_{DP}$ a strange man]] [that it is raining outside].

（5）中的 DP 处在 PP 之中，DP "a strange man" 的格特征在 PP 内核查。根据拖延原则，DP 不需要提升到 there 的位置。因此，there 是一个独立的成分。就其格特征而言，there 得到了满足，是一个合格的实体。因此，（5）的推导能够会聚。然而，这并不意味着它在语义方面是清晰的。根据乔姆斯基的观点，这一推导的结果在意义方面是不完全的（semigibberish），因为虽然 there 与 θ-标记的位置相连接，但它并没有一个意义上的解释。这种情况在（4）中不存在，因为在（4）中，there 所连接的位置最终会有 DP *a strange man* 通过提升移过去。

我们要说的是，即便（5）中 DP 移到 there 的位置能够克服 there 在语义上的不足，这一移位也是不允许的。乔姆斯基将这一特点称为"移位为最后一招"。也就是说，一个范畴移位的唯一目的是满足自身的要求，这就是所谓的"自利"原则。

这种"服务自我"的移位本质可以从（6）中领略到。

6a. *Seems to a strange man that it is raining outside.

6b. ［e］seems ［PP to ［DP a strange man］］［that it is raining outside］.

（6）中缺少了 there，其结果复杂中心语的 ［［T］Agr_s］ 的格特征无法得到核查，从而导致了推导在 LF 层面上崩溃。这时，如果 DP 移向 ［Spec，Agr_sP］位置以核查格特征，这一推导就能够得到挽救，但这一提升却不可能，因为它不是"服务自我"的移位。

自利原则在解释英语中的 T 显性移到 Agr_s 这一现象时似乎有一些问题。这种移位应该是一种利他主义（altruism）。有些疑问算子的移位也是由利他主义驱动的（参 Radford，1997：134）。

20.3 核查的特征（Feature for Checking）

目前我们涉及的特征有以下几类：

a. 范畴特征；

b. ϕ-特征；

c. 格特征；

d. 强性特征 F（F 为范畴性的，如疑问句中的 Q 特征）

这些特征有的是可以解释的（［Interpretable］），有的则是不可解释的（［-Interpretable］）。解释指的是特征在语义方面的解释，即特征是否具有可以在 LF 层面上得到解释的语义内容。（a）范畴特征是词项内在具备的，一般可以获得解释；（b）ϕ-特征包括人称、性、数，对于名词而言，人称和性是内在性的，数是选择性的，全部可以获得解释；对于动词来说，这些特征是在操作过程中选择性地添加的，不可解释；（c）格特征是指结构格。对于动词、名词、时态 T 而言，主格和宾格特征是内在性的，但都不可解释①；（d）所说的强特征是指某些中心语所具有的范畴特征，一般是不可解释性的。

就移位操作而言，起重要作用的是有关特征的可解释性或不可解释性，特

---

① 英语中出现在主格、宾格位置的名词短语可以承担各种 θ-角色，就此而言，名词的结构格不具有语义方面的可解释性。而充当某些表示方位、目标等介词宾语的名词短语的有关格特征可以解释。

征核查是移位操作的动因。核查主要涉及的是某些不可解释性特征，这些特征在核查之后要被删除以至最终消除（erasure）①，所以，在移位特征和其目标 K 下的某些标记 F' 所形成的核查关系中，必须牵涉某些不可解释性特征，否则核查将失去意义。为加深理解，我们看乔姆斯基的例子（Chomsky，1995b：277）：

7. We build airplanes.

（7）中的 DP 主语 we 所具有的形式特征包括范畴特征、φ-特征和结构格特征，而中心语 I 则具有强势特征 D-特征（即 EPP 要求），因此主语 we 要显性移到 I 的指示语位置。DP we 的结构格特征是不可解释的，在核查后将被删除，其范畴特征则可继续使用。中心语 I 的 D-特征、φ-特征和结构格特征都是不可解释的，一经核查就被删除乃至消除。再看一个来自 Chomsky 的例子：

8a. We are likely to be asked to build airplanes.

8b. We are likely [t" to be asked [t' to [t build airplanes]]]

（8）需要连续提升，DP we 连续提升的目的还是在于核查各个小句的 D 特征。这里特征 D 是可解释的，核查后不会消失，可以连续使用。而（9）中的结构格特征具有不可解释性，一经核查便被删除，因此不能继续使用，这一过程被称为冻结（frozen）。

9. INFL seems [that John is intelligent].

再看核查理论对虚位成分所构成的有关结构的解释。英语中的虚位成分一直是生成语法研究的重点。乔姆斯基（Chomsky，1995b：273）认为，就形式而言，英语中的 there 只具有范畴特征 D，而不具有 φ-特征和结构格特征。看下面的例子：

10a. *There seem to be a man in the room.

10b. There seems to be a man in the room.

显然，（10a）不符合语法，而（10b）符合语法，这该如何解释呢？有关解释如下：这表明 there 具有范畴特征 D，可以核查并最终消除中心语 I 的强性特征 D，这正是虚位成分的功能所在。然而，由于 there 缺乏 φ-特征和结构格特征，不能核查中心语 I 的这些特征。对于 I 而言，这些特征是不可解释的，必须得到核查并删除。（10a）不合格是因为 I 的一致性特征未能得到核查，（10b）合格是因为关联成分 a man 的 φ-特征和结构格特征通过 LF 层面的隐性移位得

---

① 消除一词比删除更强性，消除的特征对于 LF 层面是不可见的，而且不能用于任何操作。

到了核查，从而主动词 seem 与关联性成分 a man 达到了形式上的一致。

与 there 不同，英语中的另一个虚位成分 it 则具有完全的形式特征。看以下比较：

11a. *There seem that a lot of people are intelligent.

11b. It seems that a lot of people are intelligent.

（11a）表明，there 只能以它所具有的范畴特征核查中心语 I 的强特征 D，而不能核查其同样不可解释的 φ-特征和结构格特征，因此导致了表征式的崩溃。（11b）则表明，具有完全形式特征的 it，可以核查并删除中心语 I 所具有的一切不可解释性特征。与 it 相比，there 被认为是纯粹的虚位成分，缺少语义和形式特征。

除了 D 特征，另一个值得注意的是 Q 特征，看下面的形式（Chomsky，1995b：289）：

12. Q [$_{IP}$ John gave DP to Mary]

Q 代表 C① 的疑问性特征，在早期文献中，其被称为"名义的标符"。在推导过程中的某个阶段，Q 特征选择已构成句法实体的 IP 作为其补语。在英语一类的语言中，Q 具有不可解释性的强特征，出于删除的需要，它要求结构中的某一成分所具有的相应匹配特征提升并与之构成核查关系。这一特征是疑问性的，用符号 F_Q 表示。我们看相关例证（Chomsky，1995：200）：

13a. Did [$_{IP}$ John give a book to Mary]

13b. (Guess) which book [$_{IP}$ John gave a book to Mary]

13c. (Guess) which x, x book, John gave to Mary

（13a）表明，（12）中的 DP 为 a book；由中心语 I 和动词构成的复合体 did 提升附接到目标 Q 上，构成一般疑问句形式。在（13b）中，DP 为 which book；这一短语提升到 Q 的指示语位置。在这两项移位操作中，主要的移位成分是特征 F_Q。F_Q 本身是可解释的，移位的目的在于核查并删除 Q 所具有的不可解释性特征。

根据以上讨论，在核查理论中，起主导作用的是目标 K 所携带的不可解释性特征，正是这一特征出于自身核查的需要，吸引较低位置的有关特征提升移位并与之形成核查关系。所以，移位操作实质上是一种"吸引/移位（Attract/

---

① 除了 Q，C 还有表示话题、强调等内容的变体，因此，里兹（Rizzi，1997，2001）提出了 CP 分解假说，有兴趣的读者可阅读相关文献。

Move）"的过程。

现在我们再回头看一下最小连接条件（§19.3.4）的作用。我们看一个例子（Chomsky，1995b：194-195）：

14a.（Guess）[Q' they remember [which book Q [John Gave t whom]]]

14b.（Guess）[which book Q' [they remember [t' Q [to give t to whom]]

14c. *（Guess）[[to whom]$_2$ Q' [they remember [[which book]$_1$ [to give t to t_1 t_2]]

（14b）能够会聚而（14c）却不能会聚。根据最小连接条件，K 在（14）中是疑问性中心语 Q'。为了得到核查，Q 吸引有关特征 F' 提升移位，结构中所涉及的两个疑问短语都具有特征 F'，但 Q 吸引的是与之形成最小连接关系的，即移位最短的那个。所以，（14b）会聚，而（14c）被排除。

20.4 移位与θ-理论（Movement and θ-theory）

我们知道，移位操作所涉及的是词项的形式特征，而θ-理论所涉及的是语义特征。所以，移位和θ-理论之间不存在相互作用的关系。在句法运算过程中，表示语义特征的θ-角色的指派是在内在域中实施的，有关的形式特征则进入核查域。

关于θ-理论和核查理论的关系，乔姆斯基（Chomsky，1995b）认为两者相互补充。为了完成特征核查，移位操作形成移位链 CH（a_1…，a_n）；a_n 在内在域的原始位置接受一个θ-角色，而 a_1 继续进入核查域与目标的某种特征形成核查关系。从位置上讲，只有 a_n 所处的位置与论元有关，能够指派或获得θ-角色。移位时 a_n 从一个与论元有关的位置移向一个与论元无关的位置。也就是说，如果 a_n 是一个论元，它就从θ-位置移向非θ-位置，如果 a_n 是一个中心语或谓词，它就从一个能指派θ-角色的位置移向一个不能指派θ-角色的位置。由于θ-角色的指派或获得是在内在域完成的，所以已经被提升的成分不能再指派或获得θ-角色。θ-位置由合并操作所决定，涉及的是内部结构，与移位操作所涉及的位置和结构无关。我们不妨看一个例子（Chomsky，1995b：314）：

15a. John likes Bill.

15b. [John I VP]

（15a）是个简单句，（15b）是其拼出之前的结构。（15b）的推导有两种分析方法：1. 通过合并操作直到将名词短语 John 插入现在所处的 [Spec, I] 位置；2. 从［Spec，VP］提升 John 到［Spec，I］。从经济的角度讲，第一种方式较为省力，但是这种推导方式是不合理的，原因在于 θ-角色的获得问题。通过第一种方式，虽然 DP John 的插入能够满足 I 的 EPP 特征及其形式特征，但是，插入的成分 John 此时缺乏所需要的 θ-角色，中心语 like 不能在此处将外 θ-角色指派给 John（不是内在域）。

我们再看一下乔姆斯基（Chomsky，1995b：315）对 VP 内主语的表述。其结构如下：

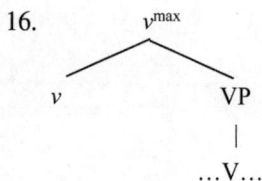

16.

$$v^{max}$$

```
        v^max
       /     \
      v       VP
              |
            ...V...
```

v 是一个轻动词，它是一个功能性范畴，VP 是这一功能范畴的补语，V 是动词中心语，V 提升附接于 v 之上，与之构成复杂动词。如果动词中心语 V 具有两个"内论元"，它们则分别居于 V 的补语和指示语位置，其中，外论元不能低于 v 的指示语位置［Spec，v］。轻动词与其补语 VP 构成的结构 v-VP 决定和表达外论元的"使役"或"施事"角色。这种结构是用于分析一般语法所说的双宾语及物动词和夺格动词（ergative verbs），也可以推广到所有的及物动词。对于单宾语及物动词，动词及其宾语所构成的结构，不再是原则参数时代的中间投射 V'，而是最大投射 VP，如（16）所示。这种分析还可以进一步推广到不及物动词，包括非夺格动词（unergative）所构成的结构。以上动词的外论元总是处在［Spec，v］位置，由结构 v-VP 指派外论元的"使役"或"施事"角色。

根据以上分析，由实体动词和轻动词联合构成的双重动词结构，是运算的内部区域，或者说是基础结构。论元关系的确立和 θ-角色的指派都在这一区域内进行。与此有关的操作是合并。轻动词以上属于核查域，涉及内部区域中的某些特征以及范畴的移位操作，主要是由核查域内某些功能中心语所携带的需要核查的强性特征所引发的。移位不改变论元关系及 θ-角色的数量和性质，移位所形成的移位链的成分共享 θ-角色。

20.5 本章简评

纵观生成语法发展过程，我们发现移位始终是研究的一条主线。早期的移位具有严格的限制条件，句子只有符合预先设定的结构分析才能进行转换；而到了"管约论"时代，乔姆斯基取消了移位的所有先决条件，不刻意区分各种移位，仅以移位 α 概括了所有的移位类型，然后再以一定的条件验收移位的结果，排除错误的推导，从而生成正确的句子。但这样一来，移位 α 是以大量的无用功为代价而换来最后的结果。我们认为，语言是完美的，不容许任何劳而无功的句法过程。出于这一考虑，后来，乔姆斯基给出了移位的动因——核查。时至今日，核查已经成为移位的主导力量，毫不夸张地说，要想理解"最简方案"，核查是关键中的关键。

21 语段 （Phase）

21.1 语段 （Phase）

乔姆斯基（Chomsky，1998：19-26）提出了语段（Phase）的概念，大致内容如下：运算之初选定的词项序列（Lexical Array，简称 LA）是由一些次集合（subset）组成的。在运算过程的不同阶段，运算操作从 LA 之中提取某一个次集合 LA_i，将其置于"积极记忆"（active memory）或者称为"工作空间"（work space）之中，随之交付于语言运算程序得以使用。运算将这一 LA_i 使用完毕后，可以继续进行推导过程中的其他操作，也可重新返回 LA，提取另一个次集合 LA_j，重复有关过程，如此再三，直至使用完 LA 中所有的词项。词项的次集合又称为次序列（subarray）。每一个次序列决定一个自然句法实体的生成。每个这样的句法实体，相当于一个命题，是一个 θ-角色齐全的动词短语，或者是一个包括时态和语气特征的分句。所以，每个次序列中都应该包括一个决定生成分句或动词短语的 C 或 v。所谓的"语段"，就是通过选择次序列进行运算而生成的句法实体。一个语段是一个 CP 或 vP；TP 不是语段。由缺少名词性特征的动词中心语构成的动词性短语，因为不能进入结构格和一致关系的核查关系之中，也不是语段。语段需要满足强性层级条件（stronger cyclicity condition）。其内容如下（Chomsky，1998：20）：

> 语段一经完成，其中心语丧失活力，不能再引发新的操作。

在此，语段的中心语是 C 或 v。操作指的是合并、吸引和移位。层级在早期研究中，主要是就转换和移位而言的。现在强调的是推导过程中的层级，每一个推导层级的完成，其结果就是语段。这一条件同时也强调了运算的局部性。

因此，每个语段都是由一个次词汇序列形成的，语段是由功能性范畴 C 和 v 构成的 CP 和 vP，从语义上讲应该是一个完整的命题，具有完整的论元结构。

语段框架改变了早期模式中的拼出概念和整体操作体系。早期的句法推导过程以拼出为分界线，分为显性和隐性两个阶段（cycles）。拼出之前涉及音系特征的运算是显性句法，从拼出开始则进入逻辑语义层面 LF 的运算则是隐形句法。拼出将表征式的音系特征送交语法的音系部分处理，转化为语音表现形式 PF。图式如下：

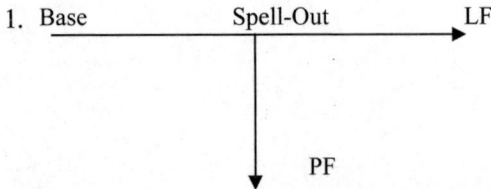

1. Base   Spell-Out   LF

              PF

根据语段框架的概念和设想，拼出是多次性的操作，循环性地实施于每一个语段所构成的层面。其图式如下（S-O 指的是拼出，PH 指的是语段）：

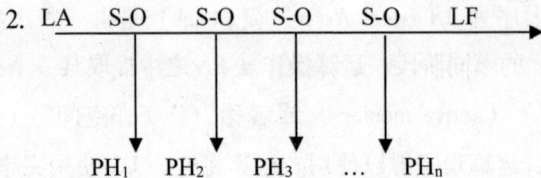

2. LA   S-O   S-O   S-O   S-O   LF

      PH_1 PH_2 PH_3 … PH_n

与（1）相比，（2）所标示的系统由一个单一的 LA 向 LF（狭义句法）的运算层面构成，不存在显性和隐性之分。从 LA 向 LF 的派生过程中，运算操作逐步生成语段；在每一个语段所形成的层面上，拼出实施操作，将整个语段移交给音系部分。音系部分的运算，倾向于"忘记"先前派生完成的内通，以减轻"记忆"负担。在此，"忘记"和"记忆"都是比喻的说法，意思是说，音系部分的规则以拼出语段为单位实施运算，将音系表现逐步转换为语音表现。而狭义句法的运算操作与音系部分的运算操作是并行的，这就进一步减轻了运算的负担。

较之（1）中的运算体系，语段推导极大地减轻了运算的负担。每个语段在拼出之后，被删除的不可解释性特征随之从狭义句法中消失。而在（2）所表示的运算体系中，不可解释性特征被删除后，由于其所反映的音系特征的存在，还需要滞留在整个通往 LF 运算层面的所谓"显性部分"内，直至有关的句法实体完全产生后，才由其他内容统一拼出。

21.2 一致（Agree）

我们看下面的例子（Chomsky，1998：36）：

3a. An unpopular candidate T-was elected *t*

3b. T be elected an unpopular candidate

（3a）是通过对（3b）实施移位操作而生成的。操作涉及的是不可解释性特征：1. 功能性中心语 T 所具有的一致性特征，即 ϕ-特征集合（ϕ-set）；2. T 的 EPP 特征；3. 名词短语 an unpopular candidate 的结构格特征。T 的一致特征，ϕ-特征，可以被看作是一个"探针"（Probe），它寻找"目标"（Goal），与其有关的特征相"匹配"（match），确立一致关系。T 的探针与目标之间的关系，是关联（T-associate）的关系。在（3）中，唯一可以充当目标的成分是名词短语 candidate，它所具有的一致特征，ϕ-特征，可以与 T 的有关特征相匹配。寻找并确定目标后，T 的探针，即其 ϕ-特征在一致性特征相匹配的情况下得以消除；名词短语 candidate 的结构格特征，作为 ϕ-特征的映像①，也在此关系中得以消除。这种消除探针和目标所具有的不可解释性特征的操作，被称为"一致"（Agree）②。此时，目标提升移位合并成为 T 的指示语 Spec，从而消除了其 EPP 特征。P（G）的几项操作（选择、合并、匹配条件下的特征删除）实现了名词短语 an unpopular candidate 的移位，消除了（3）中不可解释性特征。

再看另一个例子：

4. There T-was elected an unpopular candidate.

在此，词汇序列（Lexical Array，简称 LA）中包含虚位成分 there。在上述（3b）的推导过程中，在通过一致关系的确立取消了有关的一致特征（ϕ-特征）之后，纯粹合并操作将 there 置于 T 的 Spec 位置，消除了其 EPP 特征。在（4）中，T 与其关联成分的关系称为远距离一致（long-distance agreement）。

我们将探针与目标之间的系统关系总结如下（Chomsky, 1998：38）：

　　a. 匹配为特征的同一；

---

① 在以探针和目标这一对概念主导的分析中，发挥核心作用的是 ϕ-特征，结构格、词汇性范畴不能进入一致或移位操作，因为探针不显示这些特征。移位是由探针的不可解释性特征引发的，结构格的核查和消除是附带的。结构格的作用是激活（activate）目标以选择词组 P（G），通过合并来满足探针的 EPP 特征。

② "一致"是乔姆斯基（Chomsky, 1998：14）提出的又一项新的操作，其内容为："一致"操作是在一个词项和一个特征间建立一致关系和结构格的核查关系，这种关系在有限的搜索空间（searching space）内或者说有关的域内建立的。"一致"是人类语言所特有的。有了"一致"操作，此前 MP 中讨论过的特征吸引和特征移位就失去了其理论和应用上的存在意义。

b. D（P）① 为 P 的"姐妹"结构;

c. 目标必须是探针所 c-指令的最近的匹配特征。

在递归性运算系统所需的操作中，必不可少的是合并，其使用是自由的、无条件的。与之相比较，"一致"操作的使用是有条件的，一致条件是由探针和目标之间的关系形成的，涉及不可解释性特征的匹配和删除。有关实施条件如下（Chomsky，1999：4）：

a. 探针和目标必须是活性的（active），以便"一致"操作的实施;

b. α 必须具有完整的 φ-特征集合，以删除与之匹配的元素 β 的不可解释性特征。

句法成分 α 必须具有完整的 φ-特征集合。我们不妨结合例子看一下:

5. $[_\beta P [_\alpha [SUBJ [H YP]]]]$

6a. There are likely to be awarded several prizes.

6b. Several prizes are likely to be awarded.

7a. We expect there to be awarded several prizes.

7b. We expect several prizes to be awarded.

（5）表示的为一般性结构，β 代表主句，P 是其探针，α 代表的是一个动词不定式结构，具备主语（SUBJ）、中心语（H）和补语（YP），即我们在原则参数时期的非定式句。主语的结构格和一致性特征是由主句中的探针决定的，而不是在 α 内部确定的，因为 α 是一个由缺陷性的中心语 T_{def} 所构成的 TP。有缺陷的 T_{def} 具有 EPP 特征，但不具有完整的 φ-特征集合，所以不能删除 SUBJ 的结构格特征，因为 SUBJ 只满足 T_{def} 的 EPP 特征。（6）和（7）为具体例子。前者为主语提升，后者是 ECM 结构。（6）中的主句探针为 T，（5）中的探针为轻动词 v。在构成（6a）和（7a）的过程中，运算选择了虚位词 there 作为 LA 的成员。在（6a）中，there 提升到主句 T 的 Spec 位置，将语迹留在非定式小句的主语位置。（7a）中的 there 不进行移位。在满足 T_{def} 的 EPP 特征方面，两者都采用合并的手段，这体现了合并优先于移位的原则。在（6b）和（7b）中，由于 LA 中没有虚位词 there，不得已而采用复杂的移位，将充当直接宾语的名词短语提升到 SUBJ 的位置，以满足 T_{def} 的 EPP 特征。

T_{def} 实际上就是非定式句的中心语，它是缺陷性的，只有人称特征，而没有性和数的特征，因此不能确定其 SUBJ 的结构格和一致特征。另一方面，它的人

---

① 即探针的统制域，探针的目标必须在这一域内。

称特征与 SUBJ 的人称特征相匹配，促成了充当主语的名词短语的提升移位。

在"匹配"和"一致"的概念的基础上，乔姆斯基（Chomsky，1999：6）给出了主要范畴之间的选择性条件：

C 选择 T_{comp}，V 选择 T_{def}。

C 的 φ-特征总是完整的，而 T 的 φ-特征只有必要时才是完整的。

这里的 T_{comp} 与 T_{def} 分别指有完整一致性的时态和有缺陷的时态。标句语 C 必须具有完整的一致性特征，这是强制的，而 T 则是选择性的。所以，C 选择有完整一致性的时态 T_{comp}。

与 C 和 T 之间的选择关系相类比，轻动词 v 也表现为两种形式，具有完整一致性的 v 与不具有完整一致性的 v，我们用 v^* 和 v 表示。v^* 选择具有完整一致性特征的 V，即 V_{comp}。

不为 C 和 v^* 所选择的 T、V，就是有缺陷的，在结构上分别表现为提升性的 T 和被动态或非宾格 V。它们不进入结构格和一致性操作。作为选择成分，有缺陷的 V 可以选择有缺陷的 T。因此，主要范畴的选择特征在此被还原为特征匹配和一致。

功能范畴 v 在一致特征方面有完全和不完全之分，即 v^* 和 v。为此，乔姆斯基（Chomsky，1999：9）主张，语段也分强弱，由 C 与 v^* 构成的 CP、v^*P 是强语段（strong phase），强语段具有指示语 Spec，这就为有关名词短语的移位提供了条件。

我们看两个例子（Chomsky，1999：12）：

8a. $[_C [_T$ be likely $[_{EXPL}$ to arrive a man $]]]$

8b. There is likely to arrive a man.

9a. $[_C [$ we $[_{v^*P} v^*$-expect $[_{EXPL}$ to arrive a man $]]]]$

9b. We expect there to arrive a man.

上文已经谈到，（8）和（9）中的 EXPL 代表虚位成分，只具有范畴特征，这一特征对于虚位成分来说，是不可解释的。在局部匹配的情况下，EXPL 与 T 相一致，并提升至其 Spec 位置，最后体现为（8b）。这一操作删除了 T 的 EPP 特征，但是，T 的 φ-特征和结构格特征仍然保留，因为 EXPL 不足以删去 T 的 φ-特征。所以探针 T 继续寻求与远处的目标 a man 建立一致关系，以便最终消除其 φ-特征集合和目标 a man 的结构格特征。（9）和（8）不同，其探针为轻动词 v^*，它分别与虚位成分 EXPL 和目标 a man 建立局部和完全的一致关系；EXPL 无须提升移位。就结构格而言，（8）中的探针 T 指派给目标 a man 的是主格，（9）中的探针 v^* 所指派的是宾格。

应该指出的是，（8）和（9）中的虚位成分不会产生干扰作用。也就是说，它并不妨碍探针 T 或 v^* 与相对较远的目标建立一致关系。这里涉及两个原则：第一，匹配作用最大化原则：有关特征的匹配作用要尽可能大。因此，探针 T 或 v^* 所具备的 φ-特征集合除了和较近 EXPL 建立一致外，还可以和较远的目标建立一致。第二，只由论元所构成的移位链的中心语或整个移位链才能阻碍一致的确立。EXPL 不是论元，因此不存在干扰作用（Chomsky，1999：12-13）。

21.3　狭义句法运算操作（Computational Operation of Narrow Syntax）

乔姆斯基（Chomsky，2001）对语言机能的系统模式和主要运算操作作了进一步的总结和描述。其要点如下：

语言机能的初始状态 S_0，为语言可以获得的特征 F 的集合 {F}。每一种具体语言 L 在语言特征集合中，一次性地选择一个次集合 [F]，并将这一次集合的成分组织称为词库 LEX，这就是语言知识获得的过程。对于具体的言语生成来说，语言 L 一次性选择它所需要的词汇序列 LA，通过语言的三个组成部分，狭义句法（NS）、音系组成部分 φ 和语义组成部分 Σ。[①] 狭义句法将 LA 映射为推导式 D_{NS}，而音系组成部分 φ 将推导式 D_{NS} 映射为语音表现形式 PHONE，语义组成部分 Σ 将推导式 D_{NS} 映射为语义表现形式 SEM。这样，语言系统的推导过程最后产生一对表征式，即由语音表现和语义表现所组成的对子<PHONE, SEM>，语音表现 PHONE 为感觉运动系统所涉及提取，语义表现为概念意向系统所涉及提取，如果 PHONE 和 SEM 均可满足有关的层面条件，推导就会聚，否则就崩溃。

上述三个组成部分在运算方式上都是层级性的，逐层循环实施其操作系统，促成推导过程分叉的运算操作叫作移交（transfer），移交将 D_{NS} 产品交给 φ 和 Σ，以实施进一步的运算。前者最后生成 PHONE，后者最后生成 SEM。如下面图示：

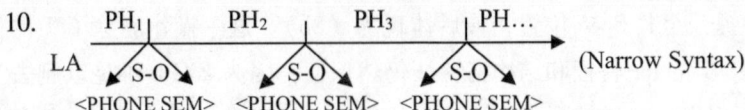

10.

```
        PH₁      PH₂      PH₃      PH...
          \        \        \        \
LA ————————\S-O\————————\S-O\————————\S-O\————————————→  (Narrow Syntax)
           /        /        /
    <PHONE SEM> <PHONE SEM> <PHONE SEM>
```

---

① 语义组成部分 Σ 对于所有的语言都是一样的。如果能将参数区别局限于词库的话，所有语言的狭义句法也是一样的。人类语言只因为在音系组成部分 φ 方面存在显著的差别，具有完全不同的表现。

简单地说，这一推导方式按照结构将小句分成若干层级。层级是一个结构概念，这里指代表小句的 CP 和具有完整 φ-特征的 vP，TP 不是语段。这是因为在 SEM 层面，CP 和 vP 是完整的命题结构，vP 具有完整的论元结构，CP 则是包含时态、事件结构以及语气力度的最小的句法实体。因此，在语段理论中，真正起作用的运作成分是语段中心语 C 和 v。

最简方案的假设是，所有语言从 LA 到 LF 的运算是一致的，其相互之间的差别仅限于话语方面的特征，即语法模式的音系组成部分。据此，具体语言中的与语义无关的一些特别的规则应该属于音系组成部分。乔姆斯基（Chomsky, 1999：15）探讨了将有关具体语言中的特殊移位归为音系规则的可能性，他的例子如下：

11a. *There came several angry men into the room.

11b. *There arrive a strange package in the mail.

11c. *There was placed a large book on the table.

（11）中的例子在英语中都是不可接受的，但同样的结构在许多欧洲语言中却是合乎语法的。这里的原因在于，动词与直接宾语构成的结构 V-DO 中，如果动词 V 是非宾格动词，或者是被动形式，那么直接宾语就需要发生某种方式的移位。如下例所示：

12a. There were several packages placed on the table.

12b. There were placed on the table several packages.

13a. There entered the room a strange man.

13b. There hit the stand a new journal.

在（12）和（13）中，充当动词直接宾语的名词性词组都经历了移位操作，这种移位称作主题化（thematization）或提取（extraction）移位。移位操作将有关的名词性词组向右或向左移到 vP 的边缘。这种移位不是由 LF 层面上的语义解释需要引起的（即不是具体特定性、信息焦点等原因），而是出于英语中的特殊需要，所以可以将这种移位看作是音系组成部分的操作。

如此一来，凡是与语义解释无关的移位操作，都可以归纳为音系部分的规则，而与狭义句法的运算无关。

我们再讨论一下拼出实施的具体位置和所拼出的具体内容和范围。看下面的结构（Chomsky, 1999：11）：

14. $[_{ZP} Z \cdots [_{HP} \alpha [H YP]]]$①

（14）中的 ZP、HP 都是强性语段。根据语段不可渗透条件，② 对于 ZP 的中心语 Z 的操作，不能进入 HP 中的中心语的域，即其补语 YP，而只能触及其中心语 H 和边缘语 α。根据最简方案的设想，音系部分拼出那些不再需要进一步移位的成分，而（14）中的 YP 就在 HP 语段层面上拼出，因此它不再需要移位。也就是说，它不再为有关 ZP 的中心语 Z 的操作所触及。如果中心语 H 和边缘语 α 无须再移位，他们也在 HP 自身的层面上拼出，如果需要移位，它们就在 ZP 语段的层面上拼出。（Chomsky，1999：11）

在语段 PH 与拼出 S-O 的关系问题上，一方面，S-O 必须能够将语段整体拼出，以得到根句；另一方面，不能要求 S-O 总是拼出整体的 PH，因为这样就否认位移③的存在。看一个典型的语段结构（Chomsky，2001）：

15. PH = $[\alpha [H \beta]]$

（15）中的成分组合 α -H 称为边缘。上一节我们谈到，根据 PIC，β 可以直接拼出，边缘成分有时候会出于需要发生位移，如果需要，H 会经历中心语提升移位，α 则经历指示语提升移位，移至高一级的层面上拼出。

狭义句法的操作过程中不再存在 MP 中设想的特征移位和由此而来的改进的词项④。也就是说，选择进入 LA 的成分，在狭义句法中不发生任何形式的改变。狭义句法仍然使用合并操作，但分为两种合并操作，外部合并（external merge）和内部合并（internal merge）。外在性合并所涉及的两个成分都是独立的实体，内在性合并所涉及的一个成分是另一个成分的组成部分，即通常所说的移位操作。内在性合并在有关位置留下一个移位成分的"拷贝"，内在性合并可以在拼出前实施，也可以在拼出后实施，前者产生的是显性移位，后者产生的

---

① 此处的省略号，表示有其他句法实体的存在，此处应为 TP，但是由于 TP 不为 PIC 所限，其中心语 T 作为探针可以触及 YP 的成分。

② 语段不可渗透性条件（Phase Impenetrability Condition，简写为 PIC），乔姆斯基（Chomsky，1998：22）提出这一条件以进一步强化层级推导的概念，在语段 α 中，其中心语的域不得为本语段之外的操作（一致或移位）所进入，但可以触及中心语本身和语段的边缘。

③ 位移，英文为 displacement，乔姆斯基（Chomsky，1995b）所提出的概念，指的是某些客体成分在感官输出上所出现的位置，不同于其接受予以解释的位置。实质上就是我们熟悉的转换或移位。乔姆斯基还指出，位移是人类自然语言所独有的。

④ MP 设想进入运算过程的主要成分是特征 F 和由特征组成的集合：a. 词项（LI）；b. 改进的词项（MLI）；c. 由给定成分构成的集合 K。在此，改进的词项指的是那些在运算中被有关操作删除了其不可解释性特征的词项。

是隐性移位。显性移位和隐性移位形成对子<α, β>，两个成分之一在拼出后失去音系特征，显性移位的情况下是α，隐性移位的情况下是β。外部合并和内部合并产生的动机都由概念意向系统所施加的语义解释条件所致，与语音表现没有关系。

在词库 LEX 中，不可解释性特征与可解释性特征必须有所区别。最简单的方法是，一个不可解释性特征 F 在词库中是未赋值的，因为有关的值是冗余的，是由在运算中的一致关系所决定的。所以，匹配不是同一的，而是非区别性的。不可解释性特征〔uF〕具有以下重要特征：

a. 它必须在一致条件下被赋值；

b. 一旦赋值，它就必须从推导中消除；①

c. 它必须在消除前被移交给音系部分，因为它可能有语音表现。

为了确保推导式在语义解释层面 SEM 得到会聚，除了不可解释特征〔uF〕之外，一切有关的音系和形态特征也必须从推导式中消除。乔姆斯基（Chomsky, 2001）将与一致操作有关的不可解释性特征总结如下：

a. 探针（T, v）的 φ-特征（T 是有时态的、完整的，即 C-T）；

b. 目标（N 或 D）的结构格特征；

c. 探针的 EPP 特征（OCC②）

内在性合并必须具备以上所列的所有信息。

相互独立的运算层级统一并行，狭义句法派生过程中的显性、隐性成分的消除，这些都极大降低了运算过程的复杂性，先前的"拖延原则"也就失去了存在的理由。

21.4　附接成分（Adjunct）

上一节我们指出，运算操作具有层级性。然而，除了层级性的合并外，运算过程还允许非层级性的合并操作，这就增加了语言 L 的狭义句法、音系部分以及语义部分在运算上的复杂性。这种操作就是我们通常所说的附接，附接于句法 α 之上的成分 β 被称为附接成分（adjunct）。乔姆斯基（Chomsky, 2000c）

---

① （b）必须快速实施，所以应被视为移交操作的组成部分。

② 出现特征（occurrence），中心语选择性地具备出现特征，其目的是新增加的语义解释的需要，所涉及的语义特征具有辖域特征，与话语有关的特征等。内在性特征删除中心语的出现特征，同时也就确立了语义解释条件。

就附接成分作了启发性的讨论。看下面的例子：

16. [wh-which [$_\alpha$ [$_{NP}$ picture [$_\beta$ of Bill]] [$_{ADJ}$ that John liked]]] did he buy t_{wh-}

在（16）中，连接代词 he 与表达式 Bill 产生 BC C（§4.3）的效应，而连接 John 与 he 就没有 BC C 效应。（Bill，he）的关系要求（强行的）重构①，而（John，he）则没有这种要求。如果附接语 ADJ 是后来合并上去的，但它不是补语，这样就符合了这一事实：β 是语义选择的，ADJ 不是。

我们能否做到既解释这一问题，又维持只允许单一层面的层级推导？就其本质特征而言，附接成分不是中心语投射产生的。例如，对于 NP-附接成分而言，有关结构是 [NP XP]。因此，这一结构很不对称：α 附接到 β，除了语义解释之外，α 似乎对这一结构没有任何影响；在所构成的结构中，整个结构标记由 β 担任，β 所具有的特征保持不变，包括其选择角色。所以，α 与 β 之间没有选择关系。

附接的操作也是不对称的，α 与 β 两个实体合并成为有顺序的对子<α，β>，α 附接到 β 之上。这种合并称为对子合并（pair merge）。对子合并与集合合并（set merge）分别来自早期理论的附接和替换。集合合并相对简单，只涉及一个基本平面（primary plane），对子合并则相对复杂，涉及两个平面，除基本平面，还有第二平面（secondary plane）。

那么，为什么存在附接呢？它又是如何操作的呢？

第一个问题的答案在于 SEM 层面，语义表现层面需要 SEM 的多样性，丰富的表达需要是简单的集合合并所不能满足的。

对于第二个问题，我们假定 α 附接于 β 的操作按层级方式进行。那么 β 的表现始终如一。按照标准的集合合并得到 β 后，再通过附接将 β 换成对子<α，β>，β 的信息为<α，β>获得（即在该对子的解释中 β 的信息占一部分）。结合（16）的分析，在移位前，NP 首先以集合合并的简单方式进入运算，然后附接成分 ADJ 附接到 NP 之上，构成复杂结构 [DET <ADJ, NP >]，该结构按正常方式接受 θ-角色。

如果 [DET <α，β>] 进入 SEM，β 选择作用以及其他的语义解释作用都得到保留，其表现始终如一。

---

① 重构（reconstruction）指的是显性移位的 wh-短语在 LF 层面回到其原始位置以做出解释。典型的例子为照应语（BC A）与 r-表达式（BC C）。

再看 SEM 层面上 BC C 的情况，如果说 c-指令<α，β>，它是否也 c-指令 α 与 β 呢？β 是通过集合合并引入运算的，在 α 附接到 β 之前，X c-指令 β。附接的核心特点是，α 附接到 β 不会改变 β 的特征，那么<X，β>的 c-指令关系就不会改变。因此在（16）中，BC C 仍然发挥作用。

我们在上一节谈到，在语段推导的过程中，狭义句法、音系部分、语义部分的操作是并行的，实施于一个单一的层面。为了符合最简性的要求，在狭义句法中通过附接生成的复杂结构<α，β>，需要以简单集合结构的形式 |α，β| 出现在 PHONE 和 SEM 层面之上。为此，我们设想，应该有一个简化（SIMPL）操作——这一操作属于移交，能将复杂对子<α，β>转化为简单集合 |α，β|。一经拼出，<α，β>转化成 |α，β|，附接成分 α 从第二平面融入基本平面，与 β 在同一平面上形成集合。在语音组成部分 φ 中，有关规则确定成分之间的顺序，在语义组成部分 Σ 中，简化后的结构仍然被解释为附接。拼出所遵循的原则是：

在<α，β>中，α 在 β 拼出的地方拼出。

<α，β>拼出后，通过实施简化操作，分别移交给语音部分 φ 和语义组成部分 Σ。同样，在狭义句法的推导方面，移位操作将对子<α，β>看作是一个整体单位，对它实施移位操作。

21.5 本章简评

语段是近期生成语法研究的一个重要课题。其句法运算主要依靠合并操作和语段拼出，这使得理论上消除所有内部语言层面的努力成为可能。T-模式或者说 Y-模式中的内部层面 DS、SS 和 LF 可以不必存在，也没有构成的可能，所有层面全部归结为一个以合并为核心的单一层级。

纵观生成语法，总的发展趋势是理论的概括化和抽象化。在"最简方案"时期的研究中，设想的成分多了，分析所涉及的语言事实少了；文字性的述说多了，形式化的描写少了。从科学的观点看，这是生成语法发展的必然结果。目前的生成语法主要是对内在性语言机能进行抽象的描写和刻画。对于设想存在于心智或大脑中的语言机能的内在性研究，就目前的科学研究发展水平来看，只能以假设的方式或方法进行。一旦认知水平提高，我们今天的研究方式也必然改变，从假设转向真实数据。因此可以毫不掩饰地说，生成语法的研究还有一个漫长的过程。

参考文献

[1] Abney, S. (1987) . *The English Noun Phrase in its Sentential Aspect*. Doctoral dissertation, MIT.

[2] Aoun, J. (1982) . *The Formal Nature of Anaphoric Relations*. Doctoral dissertation, MIT.

[3] Aoun, J. (1985) . A Grammar of Anaphora. *Linguistic Inquiry Monograph 11*. Cambridge, MA: MIT Press.

[4] Aoun, J. (1986) . *General Binding*. Dordrecht: Foris.

[5] Aoun, J. & Sportiche, D. (1983) . On the Formal Theory of Government. *Linguistic Review*, 2, 211-236.

[6] Aoun, J. , Hornstein, N. & Sportiche, D. (1981) . Some Aspects of Wide Scope Quantification. *Journal of Linguistic Research*, 1, 69-95.

[7] Baker, M. C. (1988) . *Incorporation: A Theory of Grammatical Function Changing*. Chicago: The University of Chicago Press.

[8] Baltin, M. (1995) . Floating Quantifier, PRO and Predication. *Linguistic Inquiry*, 20, 219-251.

[9] Belletti, A. (1988) . The Case of Unaccusatives. *Linguistic Inquiry*, 19, 1-34.

[10] Belletti, A. (1990) . *Generalized Verb Movement*. Turin: Rosenberg & Sellier.

[11] Bresnan, J. (1970) . On Complementizers: Toward a Syntactic Theory of Complement Types. *Foundations of Language*, 6, 297-321.

[12] Borer, H. (1984) . *Parametric Syntax: Case Studies in Semitic and Romance Languages*. Dordrecht: Kluwer.

[13] Borer, H. (1996) . The Construct in Review. In J. Lecarme, J. Lowen-

stamm & U. Shlonsky (Eds.), *Studies in Afroasiatic Grammar* (pp. 30−61). The Hague: Holland Academic Graphics.

[14] Brody, M. (1993). θ−Theory and Arguments. *Linguistic Inquiry*, *24*, 1−24.

[15] Cheng, L. (1991). *On the Typology of Wh−Question*. Doctoral dissertation, MIT.

[16] Cheng, L. & Sybesma, R. (1999). Bare and not−so−bare nouns and the structure of NP. *Linguistic Inquiry*, *30*, 509−542.

[17] Chomsky, N. (1965). *Aspects of the Theory of Syntax*. Cambridge, MA: MIT Press.

[18] Chomsky, N. (1970). Remarks on nominalization. In R. Jacobs & P. S. Rosenbaum (Eds.), *Readings in English Transformational Grammar* (pp. 184−221). Waltham, MA: Ginn.

[19] Chomsky, N. (1973). Conditions on Transformations. In S. R. Anderson & P. Kiparsky (Eds.), *A Festschrift for Morris Halle* (pp. 232−286). New York: Holt, Rinehart & Winston.

[20] Chomsky, N. (1981). *Lectures on Government and Binding*. Dordrecht: Foris.

[21] Chomsky, N. (1982). *Some Concepts and Consequences of the Theory of Government of Binding*. Cambridge, MA: MIT Press.

[22] Chomsky, N. (1986a). *Knowledge of Language: Its Nature, Origin and Use*. New York: Praeger.

[23] Chomsky, N. (1986b). *Barrier*. Cambridge, MA: MIT Press.

[24] Chomsky, N. (1991). Some Notes on Economy of Representation and Derivation. In R. Freidin (Ed.), *Principles and Parameters in Comparative Grammar* (pp. 417−454). Cambridge, MA: MIT Press.

[25] Chomsky, N. (1993). A Minimalist Program for Linguistic Theory, *MIT Occasional Papers in Linguistics*. Cambridge, MA: MIT Press.

[26] Chomsky, N. (1995a). Language and Nature. *Mind*, *104*, 1−61.

[27] Chomsky, N. (1995b). *The Minimalist Program*. Cambridge, MA: MIT Press.

[28] Chomsky, N. (1995c). Bare Phrase Structure. In G. Webelhuth (Ed.),

Government and Binding Theory and the Minimalist Program (pp. 383–439). Oxford: Blackwell.

[29] Chomsky, N. (1998). Minimalist Inquiries: the Framework. *MIT Occasional Papers in Linguistics*, 15. Cambridge, MA: MIT Press.

[30] Chomsky, N. (1999). Derivation by Phrase. *MIT Occasional Papers in Linguistics*, *18*. Cambridge, MA: MIT Press.

[31] Chomsky, N. (2000a). *The New Horizons in the Study of Language and Mind*. Cambridge: Cambridge University Press.

[32] Chomsky, N. (200b). Minimalist inquiries: The framework. In R. Martin, D. Michaels & J. Uriagereka (Eds.), *Step by Step–Essays in Minimalist Syntax in Honor of Howard Lasnik* (pp. 89–155). Cambridge, MA: MIT Press.

[33] Chomsky, N. (2001). Beyond Explanatory Adequacy. MIT occasional papers in linguistics. Available at http: //mitwpl. mit. edu/catalog/#mitopl

[34] Chomsky, N. (2002). *On Nature and Language*. Cambridge: Cambridge University Press.

[35] Chomsky, N. (2004a). Biolinguistics and the Human Capacity. Delivered at MTA, Budapest, May 17.

[36] Chomsky, N. (2004b). Beyond Explanatory Adequacy. In A. Belletti (Ed), *Structure and Beyond: The Cartography of Syntactic Structure*, Vol. 3. (pp. 104–131). Oxford: Oxford University Press.

[37] Chomsky, N. (2005a). Three Factors in Language Design. *Linguistic Inquiry*, 36, 1–22.

[38] Chomsky, N. (2005b). On Phase. MS, MIT. Also in C. P. Otero et al. (Eds.), *Foundational Issues in Linguistic Theory* (pp. 133–166). Cambridge, MA: MIT Press, 2008.

[39] Cinque, G. (1995). On the Evidence for Partial N–Movement in the Romance DP. In G. Cinque (Ed.), *Italian Syntax and Universal Grammar* (pp. 287–309). Cambridge: Cambridge University Press.

[40] Culicover, P. (1992). Topicalisation, Inversion and Complementizers in English. In D. Delfitto, M. Everataert, A. Evers & F. Stuurman (Eds.), *OTS Working Papers. Going Romance and Beyond* (pp. 1–45). University of Utrecht.

[41] Darzi, A. & Beyraghdar, R. M. (2010). A Minimalist Approach to the

Landing Site of Persian Topics. *Journal of Researches in Linguistics*, *2* (1), 1–18.

[42] den Besten, H. (1983). On the Interaction of RootTransformations and Lexical Deletive Rules. In W. Abraham (Ed.), *On the Formal Syntax of Westgermania* (pp. 47–131). Amsterdam: John Benjamins.

[43] Diesing, M. (1990). Verb Movement and the Subject Position in Yiddish. *Natural Language and Linguistic Theory*, *8*, 41–79.

[44] Dowty, D. (1979). *Word Meaning and Montague Grammar*. Dordrecht: Kluwer Academic Press.

[45] Dryer, Matthew S. (1992). The Greenbergian Word Order Correlations. *Language*, *68*, 43–80.

[46] Emonds, J. E. (1978). The Verbal Complex V'–V in French. *Linguistic Inquiry*, *21*, 49–77.

[47] Emonds, J. E. (1980). Word Order in Generative Grammar. *Journal of Linguistics Research*, *1*, 33–54.

[48] Ernst, T. (1995). Negation in Mandarin. *Natural Language and Linguistic Theory*, *13*, 665–707.

[49] Frascarelli, M. (2000). *The Syntax–Phonology Interface in Focus and Topic Constructions in Italian*. Dordrecht/Boston/London: Kluwer Academic Publishers.

[50] Friedin, R. (1991). *Principles and Parameters in Comparative Grammar*. Cambridge, MA: MIT Press.

[51] Fukui, N. (1992). *The Principles & Parameters Approach. A Comparative Syntax of English and Japanese*. MS. University of California, Irvine.

[52] Fukui, N. (1993). Parameters and Optionality. *Linguistic Inquiry*, *24*, 399–420.

[53] Gibson, J. (1980). *Clause Union in Chamorro and in Universal Grammar*. Doctoral dissertaion, University of California, San Diego.

[54] Haegeman, L. (2000). Inversion, Non–adjacent Inversion and Adjuncts in CP. *Transactions of the Philological Society*, *98*, 121–160.

[55] Hale, K. & Keyser, S. (1993). On Argument Structure and the Lexical Expression of Syntactic Relations. In K. Hale & S. J. Keyser (Eds.), *The View from Building 20: Essays in Linguistics in Honor of Sylvain Bromberger* (pp. 53–109).

Cambridge, MA: MIT Press.

[56] Hale, K. & Keyser, S. (2002). *Prolegomenon to a Theory of Argument Structure*. Cambridge, MA: MIT Press.

[57] Holmberg, A. (1986). *Word Order and Syntactic Features in the Scandinavian Languages and English*. Doctoral Dissertation, University of Stochholm.

[58] Huang, C.-T. J. (黄正德) (1982). *Logical Relations in Chinese and the Theory of Grammar*. Doctoral dissertation, MIT.

[59] Huang, C.-T. J. (黄正德) (1984). On the Distribution of Reference of Empty Pronouns. *Linguistic Inquiry*, *15*, 531-574.

[60] Huang, C.-T. J. (黄正德) (1987). Remarks on Empty Categories in Chinese. *Linguistic Inquiry*, *18*, 321-337.

[61] Huang, C.-T. J. (黄正德) (1988). *Wo pao de kuai* and Chinese phrase structure. *Language*, *64*, 274-311.

[62] Huang, C.-T. J. (黄正德) (1989). Pro-drop in Chinese: a generalized control theory. In O. Jaeggli & K. Safir (Eds.), *The Null Subject Parameter* (pp. 185-214). Dordrecht: Kluwer.

[63] Huang, C.-T. J. (黄正德) (1992). Complex predicates in control. In Richard Larson, Utpal Lahiri, Sabine Iatridou & James Higginbotham (Eds.), *Control and Grammar* (pp. 109-147). Dordrecht: Kluwer.

[64] Huang, C.-T. J. (黄正德) (1994). Verb Movement and Some Syntax-Semantics Mismatches in Chinese. *Chinese Languages and Linguistics*, *2*, 587-613.

[65] Huang, C.-T. J. (黄正德) (1997). On Lexical Structure and Syntactic Projection. *Chinese Languages and Linguistics*, *3*, 45-89.

[66] Huang, C.-T. J. (黄正德) (2005). *Syntactic Analyticity and the Other End of the Parameter*. Lecture notes, Harvard University.

[67] Jaeggli, O. (1980). *On Some Phonologically Null Elements in Syntax*. Doctoral dissertation, MIT.

[68] Jaeggli, O. (1982). *Topics in Romance Syntax*. Dordrecht: Foris.

[69] Jaeggli, O. & Safir, K. (1989). Parametric Theory. In O. Jaeggli & K. Safir (Eds.), *The Null Subject Parameter* (pp. 1-45). Dordrecht: Kluwer.

[70] Jones, M. & Thomas, A. (1997). *The Welsh Language*. Cardiff: University of Welsh.

［71］Kayne, R. S. (1975). *French Syntax*. Cambridge, MA: MIT Press.

［72］Kayne, R. S. (1984). *Connectedness and Binary Branching*. Dordrecht: Foris.

［73］Kayne, R. S. (1989). Null Subjects and Clitics Climbing. In O. Jaeggli & K. Safir (Eds.), *The Null Subject Parameter* (pp. 239–262). Dordrecht: Kluwer.

［74］Koopman, H. (1984). *The Syntax of Verbs*. Dordrecht: Foris.

［75］Koster, J. (1987). *Domain and Dynasties: The Radical Autonomy of Syntax*. Dordrecht: Foris.

［76］Kung, Hui-I. (1993). *The Mapping Hypothesis and Postverbal Structures in Mandarin Chinese*. Doctoral dissertation, University of Wisconsin, Madison.

［77］Larson, Richard. (1988). On the Double Object Construction. *Linguistic Inquiry*, 19, 335–392.

［78］Larson, Richard. (1991). Promise and the Theory of Control. *Linguistic Inquiry*, 22, 103–139.

［79］Lasnik, H. & Saito, M. (1984). On the nature of proper Government. *Linguistic Inquiry*, 14, 235–289.

［80］Li, Y. -H. A. (李艳惠) (1985). *Abstract Case in Chinese*. Doctoral dissertation, University of Southern California.

［81］Li, Y. -H. A. (李艳惠) (1990). *Order and Constituency in Mandarin Chinese*. Dordrecht: Kluwer Academic Publishers.

［82］Li, Y. -H. A. (李艳惠) (1999). Plurality in a Classifier Language. *Journal of East Asian Linguistics*, 8, 75–99.

［83］Madeira, A. -M. (1993). Clitic-second in European Portuguese. *Probus*, 5, 155–174.

［84］Manzini, R. & Wexler, K. (1987). Parameters, Binding Theory and Learnability. *Linguistic Inquiry*, 18 (3), 413–444.

［85］McCawley, James D. (1968). Lexical Insertion in a Transformational Grammar Without Deep Structure. *Papers from the 4th Regional Meeting of the Chicago Linguistic Society* (pp. 71–80). Chicago: University of Chicago Press.

［86］Mithun, M. (1984). The evolution of Noun Incorporation. *Language*, 62, 32–38.

［87］ Mohammad, M. A. (1989). *The Sentence Structure of Arabic*. Doctoral dissertation, University of Southern California.

［88］ Munakata, T. (2006). Japanese topic‐constructions in the minimalist view of the syntax‐semantics interface. In C. Boeckx (Ed.), *Minimalist Essays* (pp. 115-159). Amsterdam/Philadelphia: John Benjamins Publishing Company.

［89］ Munaro, N. (2003). On some differences between interrogative and exclamative wh‐phrases in Bellunese: further evidence for a split‐CP hypothesis. In C. Tortora (Ed.), *The Syntax of Italian Dialects* (pp. 137-151). Oxford/New York: Oxford University Press.

［90］ Newmeyer, F. J. (2009). On Split CPs and the "perfectness" of language. In B. Shaer, P. Cook, W. Frey & C. Maienborn (Eds.), *Dislocated Elements in Discourse: Syntactic, Semantic, and Pragmatic Perspectives* (pp. 114-140). London: Routledge.

［91］ Ouhalla, J. (1988). *The Syntax of Head Movement: A Study of Berber*. Doctoral dissertation, University College London.

［92］ Ouhalla, J. (1999). *Introducing Transformational Grammar: From Principles and Parameters to Minimalism*. London: Edward Arnold.

［93］ Platzack, D. (1987). The Position of Finite Verb in Swedish. In H. Haider & M. Prinzhorn (Eds.), *Verb Second Phenomena in Germanic Languages* (pp. 27-48). Dordrecht: Foris.

［94］ Pollock, J. -Y. (1989). Verb Movement, UG and the Structure of IP. *Linguistic Inquiry, 20*, 365-424.

［95］ Radford, A. (1988). *Transformational Grammar*. Cambridge: Cambridge University Press.

［96］ Radford, A. (1997). *Minimalist Syntax: A Minimalist Introduction*. Cambridge: Cambridge University Press.

［97］ Radford, A. (2004). *Minimalist Syntax*. Cambridge: Cambridge University Press.

［98］ Radford, A. (2018). *Colloquial English: Structure and Variation*. Cambridge: Cambridge University Press.

［99］ Radford, A., Atkinson, M., Britain, D., Clahsen, H. & Spencer, A. (1999). *Linguistics: An Introduction*. Cambridge: Cambridge University Press.

[100] Raposo, E. (1986). On the Null Object in European Portuguese. In O. Jaeggli & C. Silva-Corvalan (Eds.), *Studies in Romantic Linguistics* (pp. 373-390). Dordrecht: Foris.

[101] Ritter, B. (1991). Two Functional Categories in Noun Phrase. *Syntax and Semantics, 25,* 37-62.

[102] Rivas, A. (1977). *A Theory of Clitics.* Doctoral dissertation, MIT.

[103] Rizzi, L. (1982). *Issues in Italian Syntax.* Dordrecht: Foris.

[104] Rizzi, L. (1986a). Null Objects in Italian and the Theory of *Pro. Linguistic Inquiry, 17,* 501-558.

[105] Rizzi, L. (1986b). On the Status of Subject Clitics in Romance. In O. Jaeggli & C. Silva-Corvalan (Eds.), *Studies in Romance Linguistics* (pp. 191-419). Dordrecht: Foris.

[106] Rizzi, L. (1990). *Relativized minimality.* Cambridge, MA: MIT Press.

[107] Rizzi, L. (1991). *The Wh Criterion.* Technical Report, University of Geneva.

[108] Rizzi, L. (1997). The Fine Structure of the Left Periphery. In M. -A. Fteidemann & L. Rzzi (Eds.), *Elements of Grammar* (pp. 281-337). Dordrecht: Kluwer.

[109] Rizzi, L. (2001). On the Position "Int (errogative)" in the Left Periphery of the Clause. In G. Cinque & G. Salvi (Eds.), *Current Issue in Italian Syntax* (pp. 287-296). Amsterdam: Elsevier.

[110] Roberts, I. & Shlonsky, U. (1995). Pronominal Enclisis in VSO Languages. In R. Borseley & I. Roberts (Eds.), *The Syntax of Celtic Languages* (pp. 171-199). Cambridge: Cambridge University Press.

[111] Rögnvaldsson, E. & Thráinsson, H. (1990). On Icelandic Word Order Once More. In J. Maling & A. Zaenen (Eds.), *Modern Icelandic Syntax* (pp. 3-40). San Diego, CA: Academic Press.

[112] Safir, K. (1985). Missing Subjects in German. In J. Toman (Ed.), *Linguitic Theory and the Grammar of German* (pp. 193-229). Dordrecht: Foris.

[113] Santorini, B. (1990). *The Generalization of the Verb-Second Constraint in the History of Yiddish.* Doctoral dissertation, University of Pennsylvania.

[114] Simpson, A. & Wu, Z. (2002). IP-Raising, Tone Sandhi and the

Creation of S-Final Particles: Evidence of Cyclic Spell-Out. *Journal of East Asian Linguistics*, *11*, 67-99.

[115] Sproat, R. (1985). Welsh Syntax and VSO Structure. *Natural Language and linguistic Theory*, *3*, 173-216.

[116] Steriade, D. (1980). *Clitic Doubling in the Romanian Wh Constructions and the Analysis of Topicalisation*. Paper presented at Chicago Linguistic Society meeting.

[117] Tai, J. (戴浩一) (1973). Chinese as an SOV Language. In *Proceedings of the Ninth Regional Meeting of the Chicago Linguistic Society* (pp. 659-671). Chicago, 13-15 April 1973.

[118] Tang, C.-C. J. (汤志真) (1990). *Chinese Phrase Structure and the Extended X'-theory*. Doctoral dissertation, Cornell University.

[119] Travis, L. (1984). *Parameters and the Effects of Word Order Variation*. Doctoral dissertation, MIT.

[120] van Craenenbroeck, J. (2010). *The Syntax of Ellipsis*. Oxford/New York: Oxford University Press.

[121] Vergnaud, J.-R. (1974). *French Relative Clause*. Doctoral dissertation, MIT.

[122] Vikner, S. (1990). *Verb Movement and Licensing of NP-Positions in the Germanic Languages*. Doctoral dissertation, University of Geneva.

[123] Wakefield, J. (2011). *The English Equivalents of Cantonese Sentence-final Particles: A Contrastive Analysis*. Doctoral dissertation, Hong Kong Polytechnic University.

[124] Wang, W. S.-Y. (王士元) (1965). Two aspect markers in Mandarin. *Language*, *41*, 457-470.

[125] Webelhuth, G. (1989). *Syntactic Saturation Phenomena and the Modern Germantic Languages*. Doctoral dissertation, University of Massachusetts at Amherst.

[126] Xu, L. (徐烈炯) (1986). Free Empty Category. *Linguistic Inquiry*, *17*, 75-93.

[127] 程工 (1999).《语言共性论》. 上海: 上海外语教育出版社.

[128] 戴炜栋 (2002).《新编简明英语语言学教程》. 上海: 上海外语教育

出版社.

[129] 格林伯特（Greenberg, Joseph H.）（1984）. 某些主要跟语序有关的语法普遍现象（陆丙甫、陆致极译）.《国外语言学》（2），45-60.

[130] 胡建华（2010）. 论元的分布与选择——语法中的显著性和局部性.《中国语文》，（1），3-20.

[131] 胡树鲜（1990）.《现代汉语语法理论初探》. 北京：中国人民大学出版社.

[132] 胡壮麟（2001）.《语言学教程》. 北京：北京大学出版社.

[133] 胡壮麟、刘润清、李延福（1988）.《语言学教程》. 北京：北京大学出版社.

[134] 黄正德（1983）.《汉语生成语法》（宁春岩、侯方、张达三译）. 哈尔滨：黑龙江大学科研处.

[135] 计永佑（1983）.《语言学趣谈》. 北京：书目文献出版社.

[136] 克里斯特尔（Crystal, D.）（2000）.《现代语言学词典》（沈家煊译）. 北京：商务印书馆.

[137] 李宝伦、潘海华（1999）. 焦点与"不"字句之语义解释.《现代外语》，（2），114-127.

[138] 刘振前（2003）. 句法分析在外语阅读中的作用——一项实验研究.《外语教学与研究》，（3），219-224.

[139] 陆丙甫（2006）. 论形式和功能的统一是语法分析的根本基础.《外国语》，（3），36-51.

[140] 苗兴伟（1998）. 系统功能语法与转换生成语法对比刍议.《外语研究》，（3），26-30.

[141] 戚雨村（1985）.《语言学引论》. 上海：上海外语教育出版社.

[142] 石定栩（2002）.《乔姆斯基的形式句法：历史进程与最新理论》. 北京：北京语言文化大学出版社.

[143] 石定栩、胡建华（2006）."了₂"的句法语义地位.《语法研究和探索》，94-112.

[144] 石毓智（1992）.《肯定与否定的对称与不对称》. 台北：台湾学生书局.

[145] 孙天琦（2009）. 谈汉语中旁格成分作宾语现象.《汉语学习》，（3），70-77.

［146］孙天琦（2019）．试析汉语的旁格成分作宾语现象与施用结构——兼议零形素施用标记的设立标准．《当代语言学》，（1），68-82.

［147］汤森、贝弗（Townsend, D. & Bever, T.）（2004）.《句子理解——习惯与规则的整合》（刘振前译）．齐鲁书社．（原著出版年：2001年）.

［148］温宾利（2002）.《当代句法学导论》．北京：外语教学与研究出版社.

［149］徐烈炯（1988）.《生成语法理论》．上海：上海外语教育出版社.

［150］徐烈炯（1994）．与空语类有关的一些汉语语法现象.《中国语文》，（5），3-11.

［151］袁毓林（1994）．话题化及相关的语法过程.《中国语文》，（4），3-16.

［152］袁毓林（2000）．论否定句的焦点、预设和辖域歧义.《中国语文》，（2），5-14，95.

［153］庄会彬（2013）."王冕死了父亲"句式的CP分裂假说解释.《外国语言文学》，（4），242-250.

附录　术语表

［+Q］-Comp 条件（［+Q］-Comp Condition）

［+Q］-CP 原则（［+Q］-CP Principle）

A-链（A-chain）

A-位置（A-position）

A'-链（A'-chain）

ADV（adverb）

AP（adjective phrase）

Aux（auxiliary）

Aux-提升（Aux-raising）

BC A（Binding Condition A）

BC B（Binding Condition B）

BC C（Binding Condition C）

Burzio 定律（Burzio's Generalization）

C（complementizer）

COMP（complementizer）

CED（Condition on Extraction Domain）

CNPC（Complex-NP Condition）

COMP-加标（COMP-indexing）

CP（complementizer phrase）

CP-缩减（CP-reduction）

c-选择（c-selection）

c-指令（c-command）

DET（determiner）

Do-支撑（Do-support）

DP（determiner phrase）

DP 假设（DP Hypothesis）

DP-语迹（DP-trace）

DS（D-structure）

ECM（Exceptional Case Marking）

ECP（Empty Category Principle）

EPP（Extended Projection Principle）

GC（Governing Category）

GTC（Government Transparency Corollary）

HMC（Head Movement Constraint）

I（inflection）

INFL（inflection）

INFL 分解假设（Split INFL Hypothesis）

IP（inflection phrase）

LF（Logic Form）

LIR（Lexical Insertion Rule）

L-标记（L-marking）

L-特征（L-feature）

L-相关（L-related）

269

MP（Minimalist Program）

NegP（negative phrase）

NP（noun phrase）

NP-移位（NP-movement）

Op（operator）

PF（Phonetic Form）

PP（preposition phrase）

P&P（Principles and Parameters）

QP（quantifier phrase）

QR（Quantifier Raising）

RPO 定理（PRO Theorem）

r-表达式（referential expression）

SAI（Subject Aux Inversion）

SCO（strong crossover）

SS（S-structure）

SSC（Specified Subject Condition）

s-选择（s-selection）

that-语迹连用效应（that-trace effect）

TSC（Tensed S Condition）

UG（Universal Grammar）

UTAH（Uniformity of Theta Assignment Hypothesis）

VP（verb phrase）

VP-壳（VP-shell）

VP-壳动词（VP-shell verb）

VP 内主语假说（Subject-inside-VP Hypothesis 或 VP-internal subject hypothesis）

VSO 型语言（VSO Language）

V-特征（V-feature）

V-提升（V-raising）

WCO（weak crossover）

wh-岛（wh-island）

wh-短语（wh-phrase）

wh-问句（wh-question）

wh-移位（wh-movement）

wh-移位参数（wh-movement parameter）

wh-原位（wh-in-situ）

X-杠理论（X-Bar theory）

θ'-位置（θ-position）

θ-标准（θ-criterion）

θ-管辖（θ-government）

θ-角色（θ-role）

θ-理论（θ-theory）

θ-位置（θ-position）

ϕ-特征（ϕ-feature）

包含（contain）

被动式（passive）

崩溃（crash）

变量（variable）

标句语（complementizer）

表征层面（level of representation）

宾格（objective）

宾语（object）

宾语一致元素（Agr_0）

宾语转换（Object Shift）

补语（complement）

补语域（complement domain）

不恰当移位（improper movement）

不透明（opaque）

部分（segment）

部分量（partitive）

参数设置（parameter-setting）

层面（level）

陈述句（declarative sentence）

成分（constituent）

成分验证（constituency test）

词干形式（bare form）

词库（lexicon）

词项（lexical item）

词项插入规则（Lexical Insertion Rule）

词缀（affix）

词缀跳跃（affix-hopping）

次范畴规则（subcategorization rule）

次范畴化（subcategorization）

次范畴框架（subcategorization frame）

次要格（secondary Case）

存在句（existential sentence）

大代语（PRO）

代词（pronoun）

代词脱落（pro-drop）

代名语（pronominal）

岛条件（Island Condition）

倒置（inversion）

层级结构（hierarchy）

典范的（canonical）

定式（definite）

定式动词（finite verb）

定式句（finite clause）

动词短语（verb phrase）

动词提升到 C（Verb-raising to C）

动词位二（Verb Second / V2）

动词位二制约（Verb Second Constraint）

动词性被动式（verbal passive）

动名词（gerund）

动名词短语（gerundive noun phrase）

短语标记（phrase marker）

短语范畴（phrasal category）

短语结构（Phrase Structure）

短语结构规则（Phrase Structure Rule）

多元 wh-问句（multiple wh-question）

二元谓词（two-place predicate）

范畴（category）

范畴标签（categorial label）

范畴化（categorization）

范畴选择（categorical selection）

方向参数（directionality parameter）

放行（license）

非定式句（infinite clause）

非受格动词（unaccusative）

非小链（non-trivial chain）

分布（distribution）

分支（branch）

否定（negation）

否定范畴（Neg）

浮游量化词（floating quantifier）

附接（adjoin / adjunction）

附接成分（adjunct）

附接移位（adjunction movement）

附接语岛（adjunct island）

附接语-语迹（Adjunct-trace）

附接转换（adjunction transformation）

附着词（clitic）

附着法（cliticisation）

附着形式第二位（Clitic Second）

附着形式叠加（clitic doubling）

附着形式攀升（clitic climbing）

复合语链（chain composition）

复数（plural）

复杂 NP 移位条件（Complex – NP Condition）

复制理论（Copy Theory）

副成分（associate member）

副词（adverb）

改写（rewrite）

概化短语结构（Generalized Phrase Structure）

概化转换（Generalized Transformation）

概化约束条件（Generalized Binding Conditions）

搁浅（stranded）

格（Case）

格标记（Case-marker）

格的指派（Assignment of Case）

格过滤（Case Filter）

格理论（Case Theory）

格位置（Case position）

格吸收（Case-absorption）

格要求（Case Requirement）

格转移（Case transfer）

根节点（root node）

工具（Instrument）

功能范畴（functional category）

构建态 DP（construct state DP）

固有语阻（inherent barrier）

关联成分（T-associate）

关系小句（relative clause）

冠词（article）

管辖（government）

管辖范畴（governing category）

管辖理论（Government Theory）

管辖透明性推论（Government Transparency Corollary）

管辖约束理论（Government and Binding）

光杆短语结构（bare phrase structure）

光杆名词（bare noun）

光杆名词短语（bare NP）

合并（merge）

核查（checking）

核查理论（Checking Theory）

核查域（checking domain）

话题化（topicalisation）

回声问句（echo question）

会聚（converge）

基础（base）

基础生成（base-generate）

继承语阻（barrier by inheritance）

寄生（parasitical）

寄生空位（parasitic gap）

寄主（host）

加标节点（labeled node）

加标括号法（labelled bracket）

假位成分（dummy element）
简化（SIMPL）
简约论（MP）
接口条件（interface condition）
结构（configuration）
结构格（structural Case）
结构描写（structural description）
姐妹节点（sister node）
介词短语（preposition phrase）
界限节点（bounding node）
界限理论（bounding theory）
经济原则（economy principle）
局部域（local domain）
距离（distant）
抗 c-指令条件（anti-c-command condition）
可复原性（recoverability）
可及性（accessibility）
可见的（visible）
可见性假说（Visibility Hypothesis）
可接受性（acceptability）
空范畴（empty category）
空范畴原则（Empty Category Principle）
控制（control）
控制语（controller）
跨越受阻（crossover）
框架（frame）
扩展（extend）
扩展投射原则（Extended Projection Principle）
利他主义（altruism）

例外格标记（Exceptional Case Marking）
连带移位（pied-piping）
连续体（continuum）
链首（head）
链尾（root / tail）
两分支（binary-branching）
量化词（quantifier）
量化词提升（Quantifier Raising）
邻接条件（adjacency condition）
零 wh-短语（null wh-phrase）
零宾语（null object）
零话题（zero-topic）
零虚位语（null expletive）
零虚位主语（null expletive subject）
零主语（null subject）
论元（argument）
论元结构（argument structure）
论元位置（argument position）
逻辑形式（Logic Form）
名词被动式（nominal passive）
名词短语（Noun Phrase）
明确（explicit）
模块（modularity）
母节点（mother node）
目标（Goal）
目标项（target）
内论元（internal argument）
内省（introspection）
内隐的论元（implicit argument）
内在格（inherent Case）
内在域（internal domain）

女儿节点（daughter node）

派生（derivation）

派生（derive）

派生的经济性（economy of derivation）

派生名词（derived nominal）

旁格（oblique）

毗邻（subjacency）

毗邻参数（subjacency parameter）

匹配（match）

偏离程度（degree of deviance）

拼出（Spell-Out）

祈使句（imperative sentence）

恰当管辖（proper government）

嵌套（embed）

嵌套小句（embedded clause）

强跨越受阻（strong crossover）

强势（strong）

轻动词（light verb）

情态范畴（modal）

涉用宾语（applied object）

涉用结构（applicative construction）

涉用语素（applied morpheme）

区别特征（distinctive feature）

屈折（inflection）

人称（person）

任意的（arbitrary）

融合（Incorporation）

融合理论（Incorporation Theory）

融合现象（incorporation phenomena）

弱跨越受阻（weak crossover）

弱势（weak）

生成（generation）

生成语法（generative grammar）

施事（agent）

时态范畴（tense）

实体（entity）

使役动词（causative verb）

使役结构（causative construction）

首要格（primary Case）

受格（accusative Case）

受格附着词（accusative clitic）

受使役动词（causativised verb）

受事（patient）

述题（proposition）

树形图（tree diagram）

数（number）

双宾结构（double object construction）

双填标句语过滤（Doubly Filled Comp Filter）

算子（operator）

算子移位（operator movement）

探针（probe）

特征（feature）

特征核查（feature checking）

特征束（bundle of feature）

提取（extraction）

提取域条件（Condition on Extraction Domain）

提升结构（raising construction）

题元指派一致关系假说（Uniformity of Theta Assignment Hypothesis）

题元角色（thematic role）

体（aspect）

替代移位（substitution movement）

替换转换（substitution transformation）

天赋（innateness）

同指（co-reference）

统制（dominance）

投射原则（projection principle）

透明（transparent）

拖延（procrastinate）

脱位的（dislocated）

外论元（external argument）

外置（extraposition）

完全功能复杂体（Complete Functional Complex）

谓词（predicate）

吸收（absorption）

习语（idiom）

狭义句法（narrow syntax）

辖域（scope）

下标（index）

先行语（antecedent）

先行语－管辖（antecedent－government）

显性的（overt）

线性的（linear）

限定词（determiner）

相关最小限度条件（Relativised Minimality）

消除（erasure）

小代语（pro）

小句（clause）

小链（trivial chain）

小小句（small clause）

形容词（adjective）

形容词短语（adjective phrase）

形容词性被动式（Adjectival passives）

形式链（form chain）

形式主义（formalism）

形态使役式（morphological causative）

性（gender）

修饰语（modifier）

虚位（expletive）

虚位－论元链（Expletive－argument chain）

选择（select）

选择限制（selectional restriction）

循环（cycle）

循环条件（Cyclicity Condition）

一元谓词（one-place predicate）

一致（agree 或 agreement）

移位（Move）

移位 α（Move α）

移位链（chain）

移交（transfer）

移位（movement）

疑问句（Interrogative）

影响 α（Affect α）

影响性限制（Affectedness Constraint）

映射（mapping）

优先效应（superiority effect）

有悖的语迹（offending trace）

有标记的（marked）

有缺陷的（deficit）

有时句条件（Tensed S Condition）

右侧附接（right-adjoined）

余数（residue）

与格（dative）

与格附着词（dative clitic）

与格转换（Dative Shift）

语段（phase）

语法（grammar）

语迹（trace）

语境（context）

语言（language）

语言共性（language universal）

语言类型（language typology）

语言能力（competence）

语言行为（performance）

语言学（linguistics）

题元结构（thematic structure）

语义选择（semantic selection）

语音形式（Phonetic Form）

语阻（barrier）

域（domain）

约束（binding）

约束关系（binding relation）

约束理论（Binding Theory）

约束条件（Binding Condition）

运算系统（computational system）

照应语（anaphor）

证据（evidence）

直接（immediate）

直接宾语（direct object）

直接成分（immediate constituent）

直接统制（immediately dominate）

指称表达式（referential expression）

指定语（specifier）

指定语-中心语一致（Spec-Head Agreement）

指定主语条件（Specified Subject Condition）

指派（assign）

指示词（deictic）

中动词（Middle Verb）

中间语迹（intermediate trace）

中心语（head）

中心语参数（head parameter）

中心语移位（head-movement）

中心语移位限制（Head Movement Constraint）

终端节点（terminal node）

重读人称代词（strong pronoun）

重型 NP 后置（Heavy NP Shift）

主动词（main verb）

主格（nominative Case）

主句（main clause）

主题化（thematization）

主语-宾语不对称（subject-object asymmetry）

主语岛（subject-island）

主语附着词（subject clitic）

主语一致元素（Agr_s）

后　记

　　本书来自我近几年为硕士生、博士生开设的"转换生成语法"课程讲义。最初决定开这门课时，我们讲授句法学用的是国外原著，教师费力，学生也吃力，以致很多人学着学着就跑了——开学第一堂课可能有三十人，等到结课时剩下十个也算是超出了预期。出于这一考虑，我决定编写这本转换生成语法的基本概念，以方便国内语言学界对句法感兴趣的同仁阅读。

　　本书根据付有龙教授、我以及我的研究生收集的资料编写而成，在编写过程中我们参阅了乔姆斯基的原著和多本在国内外有重大影响的著作。编写时我们首先精读原著，反复揣摩，再用中文阐述并详加解释，将其中的转换精神及方法论意义传达给读者，这样一来，其转换精神、方法论不变，但语言模式、思维体系完全适合中国读者的，读起来也容易得多。

　　这本书从构思到成稿经历了无数次修改，看着它一点点地长大，我欣喜之余，也不免忧心忡忡：我们这一番辛苦劳动，是否能得到认可？多年来，我们潜心向学，我们的文字也写得小心翼翼，生怕自己才疏学浅，给自己留下一生的遗憾。

　　在本书行将完成之际，回首写书的过程，不禁感慨万千，在此，我要向那些给予我们关心、帮助和支持的人们表示最诚挚的谢意！

　　首先，我们感谢授业恩师刘振前先生，他传道、授业、解惑，手把手地教会我们学习，教会我们做学问，使我们从学术上的懵懂儿童成长为攀登书山、游弋学海的青壮年。他知识渊博，平易近人，无论是学识还是人品，都是我们学习的楷模。毕业多年，他还是一如既往地关注着我们的发展。正是有了恩师的悉心培养，我们才能够在今天呼吸生成语法天地里的空气。感谢他对我们的关心，在本书的编写过程中，他不仅关心书的进展情况，还在本书编写的关键时期提出了建设性的意见。

　　其次，还要感谢我在美国学习时的导师李亚非教授。在我留学期间，无论在做人、做事，还是做学问方面他都给了我悉心的教诲和耐心的指导，他缜密的思维、严谨的学风、渊博的知识、精彩的授课，都给我留下了深刻的印象，为我日后的学习、工作和生活打下了坚实的基础。我对生成语法的浓厚兴趣与他的谆谆教诲和热情引导是分不开的。

再次，我们要感谢国内外语言学界的许多专家教授，如乔姆斯基（Noam Chomsky）、哈吉曼（Liliane Haegeman）、欧哈拉（Jamal Ouhalla）、雷德福（Andrew Radford）、黄正德、李艳惠、潘海华、石定栩等。他们的著作培养了我们，他们在国内外开展的讲座给了我们许多启迪，吸引着我们不知不觉地走进生成语法理论的圣地。此外，他们还一次次热情地回答我们的问题，通过邮件为我们指点迷津。

此外，我要特别感谢本书的五位合作者：付有龙、孙文统、马宝鹏、田良斌、王蕾。付有龙是我的师兄，十年之前我们两个曾合作《转换生成语法诠释》（山东大学出版社，2009）。本书的内容有很大部分来自该书，感谢付师兄的慷慨允准。

孙文统、马宝鹏本就有极好的句法基础，对原则参数以及最简方案有着全面的把握和独到的见解，书中的原则参数和最简方案部分交由他们执笔，我非常放心。

田良斌、王蕾虽非句法出身，但他们跟随我学习多年，精研句法，并有独到见解，在本书的编纂过程中他们投入了极大的热情，特别是以他们年轻人特有的能力和智慧，帮我收集了大量的素材及参考资料，并帮助完成了无数次的校对工作。

本著作的完成和出版，还得到了河南大学外语学院以及山东大学文化传播学院领导和同事们的支持和帮助，在此也向他们表示真诚的谢意。

最后，我要特别感谢我的妻子张培翠。作为我的语言学同门，在本书编写过程中，她出谋划策。本书编写过程中，她投入了极大的热情，承担了全部家务，让我全心投入本书的编写；她英汉兼通，才思敏捷，常常在夜深时，拿起书稿，认真地咀嚼其中的文字。书稿初成，她又反复阅读，对语言文字进行了润色，对探讨得不够彻底的问题提出了许多修改意见。本书一开始编纂时本来没有考虑为她署名，但她所投入的心血和精力大家有目共睹。书稿既成，我们书稿编写团队一致要求署上她的名字，也算对她付出的一份见证。

本书能够顺利出版，还要感谢樊仙桃女士。她为这本书的问世花费了大量的心血，从书的标题到书的内容，她无一不是周密思虑，对本书的内容和结构也提出了宝贵的建议。在本书最后定稿的时刻，她更是牺牲了自己的休息时间，通读全文，剔除书中的文法错误，改正错别字。

本书编写过程中，我们不仅大量引用乔姆斯基原著里的理论、例句，还参照了许多国内外的著作，如欧哈拉的《转换生成语法导论：从原则参数到最简方案》，雷德福的《转换生成语法教程》《最简句法入门：探究英语的结构》，徐烈炯的《生成语法理论：标准理论到最简方案》，温宾利的《当代句法学导论》，以及一些其他著作（详见参考书目）；书中所用的汉语术语大部分来自沈家煊先生的翻译（戴维·克里斯托尔，现代语言学词典，沈家煊译，商务印书馆，2000），同时尊重国内其他句法学元老所使用的术语。在此向以上前辈致以崇高的敬意和真挚的感谢。书中所有从国内外句法学的有关著作和论文中引用的观点、例句，都按照学术研究惯例和规范进行了标示，但也难免在某些引用上未能及时明确指出，尚祈望作者见谅。由于编者才疏学浅，再加上时间仓促，文中难免有不妥之处，恳请专家学者和广大读者不吝指正。

本书的最终成果；本书的出版还得到山东大学（威海）文化传播学院"河南大学研究生教育创新与质量提升计划项目"（项目编号：SYL19050102）、国家语委汉语辞书研究中心资助。

庄会彬　执笔

2022 年 12 月 26 日